イラストでわかるリハビリテーション

新スポーツ外傷・障害とリハビリテーション

【第2版】

NAP Limited

はじめに

　本書は，"スポーツ外傷・障害"や"アスレティックトレーナー"という言葉がまだ一般的でなかった1987年8月に鍼灸師と柔道整復師の専門誌であった医道の日本社発行の月刊誌「医道の日本」に，1989年12月まで28回にわたり連載した『アスレティック・トレーナーズ・コーナー』が土台となっています。この連載は，治療家向けにスポーツ外傷・障害を解説したものでした。

　その連載を改訂したのが，「月刊フィジーク」に1993年7月から1995年9月まで28回にわたり連載した『完全復帰のシナリオ』です。この連載は治療家向けではなく，アスレティックトレーナーの基礎知識としての情報をまとめたものでした。

　そして，その連載をまとめたものが1996年5月に山海堂から「スポーツ外傷・障害とリハビリテーション」として出版され，2005年には第14刷が再版されましたが，2007年12月3日に山海堂が業務を停止し，倒産しました。本書は，特にアスレティックトレーナーを養成する専門学校のテキストとしてご好評を得ており，教員の方々からの強い要望もあり，それを受けて2008年10月にナップから「新スポーツ外傷・障害とリハビリテーション」として出版されました。

　さらに今回，第2版の出版の依頼を受け，初版の文言と図表をよりわかりやすくなるよう全体的に見直し，第Ⅰ章と第Ⅲ章の項で次のような項目を加筆しました。

　第Ⅰ章　スポーツ外傷・障害の発生と予防
　　4．スポーツ外傷・障害の予防
　　　3　スポーツ外傷・障害への対処
　　5．リハビリテーションの基本
　　　1　リハビリテーションとは
　　　2　リハビリテーションのステップ
　第Ⅲ章　スポーツ障害の予防と対策

19. オーバーユースとオーバートレーニング
    4　オーバートレーニング
20. 投球障害とその予防
    4　肘の傷害のメカニズム
    5　投球による肘の傷害
    6　投球障害の予防
21. ランニングによる障害と予防
    3　ランニングによる障害

　さて，適切にスポーツを楽しんだり勝利を目指して練習・トレーニングしたりすれば，それなりの結果を獲得することができますが，一歩手順をまちがえたり，無茶・無理をすると，たちまち自分のからだを傷つけ，精神的にも肉体的にも苦痛に苛まれてしまいます。このことは，特にチャンピオンシップを目指すアスリートにとっては，競技生命が断ち切られる恐れがあるほど重要な問題です。競技レベルが高くなればなるほど，自分自身の肉体の限界に挑戦するわけですから，絶えず故障や障害の危機にさらされており，いつもその境に立っているといえます。

　スポーツ選手やスポーツ愛好者に故障・障害はつきものだと考えるのは大きな誤りです。どのようなレベルであってもスポーツをする以上，故障・障害を未然に防ぐ必要がありますし，また防ぐことができます。

　そのためには，なぜ故障や障害を起こすのか，正しく理解することが何より大切です。また，はからずも故障・障害を起こしてしまった選手は，適切なリハビリテーションの処方と手順に則り，早急にスポーツに復帰できるように努力する必要があります。このリハビリテーションが適切に行われないことで復帰に長期間を要したり，故障・障害前のレベルにもどることができずに，競技生命が絶たれてしまったりする選手は数知れません。

　本書はスポーツ外傷・障害に悩む人たちのために簡易にまとめたスポーツ外傷・障害の予防とリハビリテーションのガイドブックです。本書を参考にして多くの競技選手やスポーツ愛好者が再びスポーツに復帰されることを願うとともに，トレーナーを目指す人たちのスポーツ外傷・障害の導入書となれば幸いです。

2013月11月

著　者

本書の使い方

　本書は第Ⅰ章～第Ⅳ章と付録からなっており，最も多くのページが割かれているのが「第Ⅱ章　部位別障害とリハビリテーション」です。

　この，第Ⅱ章は，

①各部位の構造と機能
↓
②よくみられる外傷・障害
↓
③リハビリテーション

という順序で構成されています。

　さらに，このリハビリテーションの方法を「第Ⅳ章　リハビリテーションプログラム」でイラストを使って具体的に紹介してあります。知りたい部位のリハビリテーションプログラムは，第Ⅱ章の各部位の冒頭に該当ページを記してありますので，そのページをみてください。

　本書の最も重要な部分がこの「第Ⅳ章　リハビリテーションプログラム」にあり，より使いやすくするためにこのような構成にしました。

　また，本書の性格上，専門用語が少なからず出てきます。すべてを覚える必要はありません。一部の用語については，随時欄外に「注」をつけました。また，12～24ページに人のからだの基本的な筋肉や骨格，関節，からだの動きなどをまとめてありますので参考にしてください。

目次

本書の使い方………5

からだのつくりと動き………12

第Ⅰ章　スポーツ外傷・障害の発生と予防

1　スポーツトレーナー概論 …………………… 26
　　1　日本の現状………26
　　2　日本のトレーナーの役割………28

2　スポーツ外傷・障害の基本的処置 ………………… 30
　　1　RICEの原則………30
　　2　一般的なスポーツ外傷・障害………33
　　3　アイシング………40
　　4　身体各部位のアイスマッサージ………43

3　スポーツ外傷・障害の発生メカニズム ………… 44
　　1　軟部組織………45
　　2　関　節………45
　　3　骨………47

4　姿　勢……… 49
　　5　ストレスの繰り返しと顕微外傷……… 49

4　スポーツ外傷・障害の予防 ……………………… 51
　　1　スポーツ外傷・障害について……… 51
　　2　スポーツ外傷・障害発生の要因……… 52
　　3　スポーツ外傷・障害への対処……… 56

5　リハビリテーションの基本 ……………………… 58
　　1　リハビリテーションとは……… 58
　　2　リハビリテーションのステップ……… 59
　　3　受傷から復帰までの流れ……… 60
　　4　リハビリテーションとファーストエイド……… 62
　　5　「冷やす」と「温める」……… 63
　　6　リハビリテーションエクササイズ……… 66
　　7　専門的エクササイズの開始……… 68
　　8　リハビリテーションのポイント……… 73

第Ⅱ章　部位別障害とリハビリテーション

6　足部の障害とリハビリテーション ………………… 76
　　1　足部の構造と機能……… 76
　　2　足部の障害……… 77
　　3　リハビリテーション……… 80

7　足首の障害とリハビリテーション ………………… 81
　　1　足首の構造と機能……… 81
　　2　足首の障害……… 82
　　3　リハビリテーション……… 84

目　次

  4　足首捻挫のためのクライオセラピー………85

8　下腿部の障害とリハビリテーション ………91
  1　下腿部の構造と機能………91
  2　下腿部の障害………93
  3　リハビリテーション………96

9　膝の障害とリハビリテーション …………97
  1　膝の構造と機能………97
  2　膝の障害………98
  3　リハビリテーション………103

10　大腿部の障害とリハビリテーション …………105
  1　大腿部の構造と機能………105
  2　大腿部の障害………107
  3　リハビリテーション………110

11　股関節の障害とリハビリテーション …………111
  1　股関節の構造と機能………111
  2　股関節の障害………112
  3　リハビリテーション………114

12　腰部の障害とリハビリテーション ………115
  1　腰部の構造と機能………115
  2　腰部の障害………117
  3　リハビリテーション………120

13　腹部の障害とリハビリテーション ………121
  1　腹部の構造と機能………121

2　腹部の障害………122
　　3　リハビリテーション………124

14　頸部（首）の障害とリハビリテーション　……125
　　1　頸部の構造と機能………125
　　2　頸部の障害………126
　　3　リハビリテーション………128

15　肩の障害とリハビリテーション　……………129
　　1　肩の構造と機能………129
　　2　肩の障害………130
　　3　リハビリテーション………133

16　肘の障害とリハビリテーション　……………134
　　1　肘の構造と機能………134
　　2　肘の障害………135
　　3　リハビリテーション………137

17　手と手首の障害とリハビリテーション　………138
　　1　手と手首の構造と機能………138
　　2　手と手首の障害………139
　　3　リハビリテーション………141

第III章　スポーツ障害の予防と対策

18　暑熱の障害と対策　……………144
　　1　熱に対する生理………144
　　2　暑熱の障害………145
　　3　暑熱の障害の予防………147

目　次

19　オーバーユースとオーバートレーニング ……150
- 1　オーバーユースの原因……… 150
- 2　オーバーユースによる障害……… 152
- 3　オーバーユースによる障害を防ぐ……… 156
- 4　オーバートレーニング……… 158

20　投球障害とその予防 ……………………………162
- 1　投球動作……… 162
- 2　肩の障害のメカニズム……… 164
- 3　投球による肩の障害……… 165
- 4　肘の障害のメカニズム……… 169
- 5　投球による肘の障害……… 169
- 6　投球障害の予防……… 170

21　ランニングによる障害と予防 ………………172
- 1　ランニング障害の原因……… 172
- 2　姿勢と体重分布……… 173
- 3　ランニングによる障害……… 174
- 4　ランニング障害の予防……… 178

第Ⅳ章　リハビリテーションプログラム

足部のリハビリテーションプログラム …………………………………182
足首のリハビリテーションプログラム …………………………………184
下腿部のリハビリテーションプログラム① ……………………………186
下腿部のリハビリテーションプログラム② ……………………………188
膝のリハビリテーションプログラム① …………………………………190
膝のリハビリテーションプログラム② …………………………………192

膝のリハビリテーションプログラム③ ……………………………… 194
大腿部のリハビリテーションプログラム① …………………………… 196
大腿部のリハビリテーションプログラム② …………………………… 198
股関節のリハビリテーションプログラム ……………………………… 200
腰部のリハビリテーションプログラム① ……………………………… 202
腰部のリハビリテーションプログラム② ……………………………… 204
腹部のリハビリテーションプログラム ………………………………… 206
頸部（首）のリハビリテーションプログラム ………………………… 208
肩のリハビリテーションプログラム …………………………………… 210
肘のリハビリテーションプログラム …………………………………… 212
手と手首のリハビリテーションプログラム …………………………… 214
投球障害のリハビリテーションプログラム① ………………………… 216
投球障害のリハビリテーションプログラム② ………………………… 218

付　録　テーピング …………………………………221

1　テープの選択……… 222
2　テープの強度……… 223
3　スムースに巻く……… 223
4　機能解剖学的知識の必要性……… 224
部位別テーピング法……… 225

筋肉

骨格筋の模式図

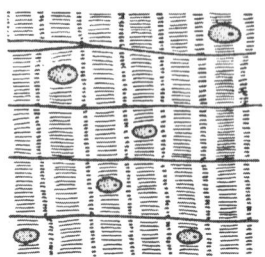

人体の筋肉は，内臓や血管壁についている「内臓筋」（平滑筋），心臓壁をつくっている「心筋」，そして手足や胴体など骨に付着し身体の肉づきとなっている「骨格筋」（横紋筋）の3つに大別されます。普通「筋肉」という場合は，身体を動かす「骨格筋」を指します。

筋肉の形状による分類

紡錘筋　　二頭筋　　三頭筋　　四頭筋

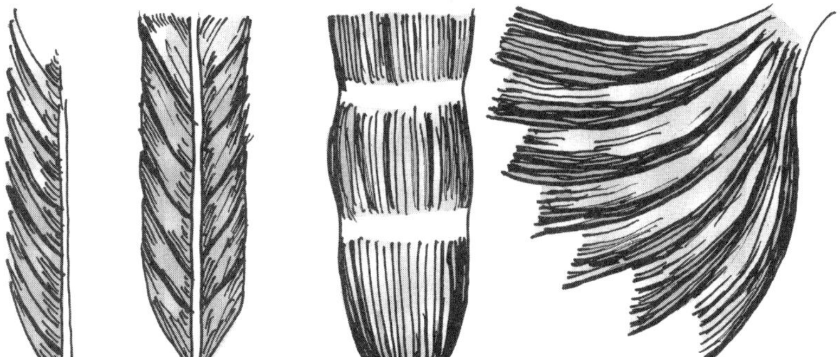

半羽状筋　羽状筋　　多腹筋　　鋸筋

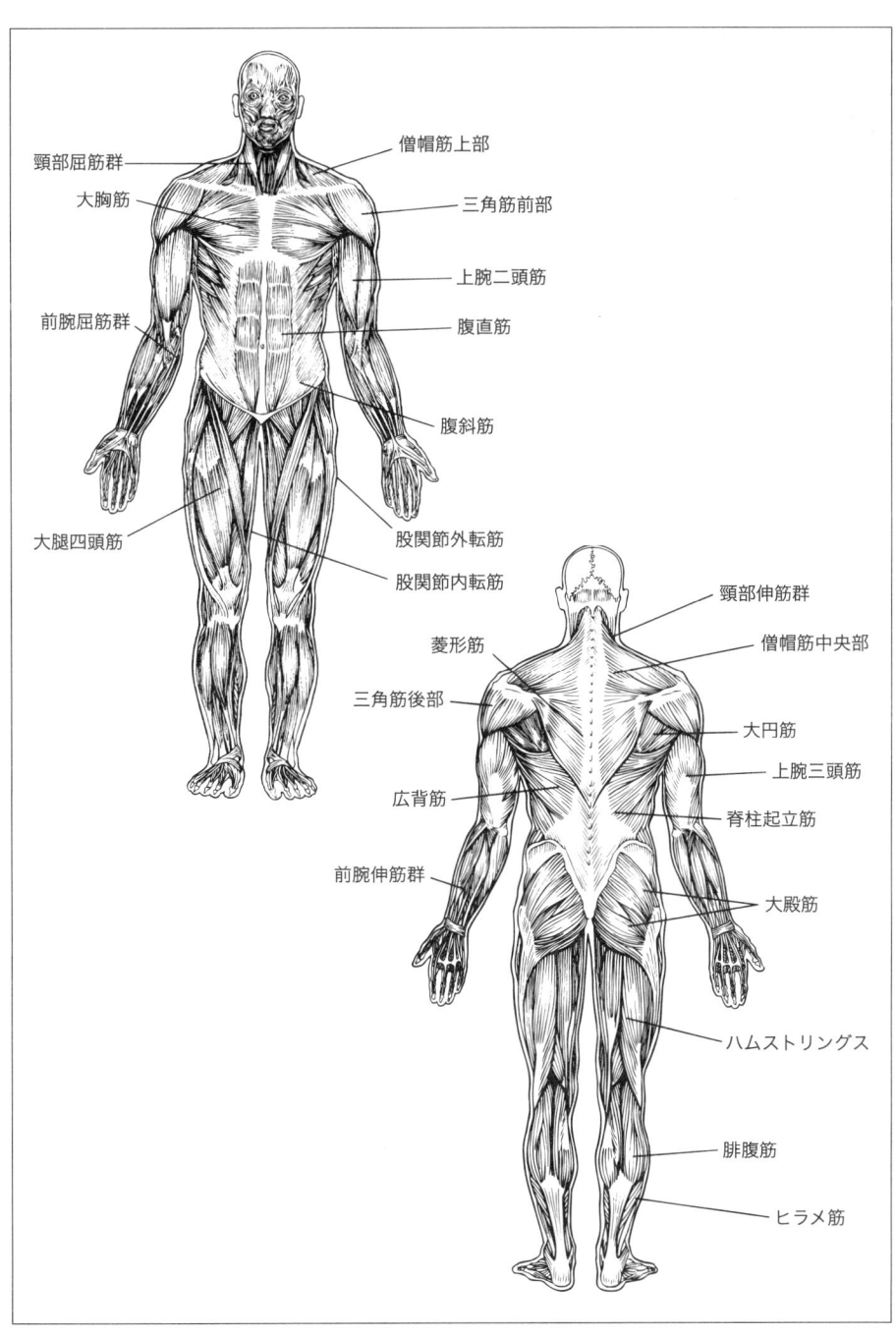

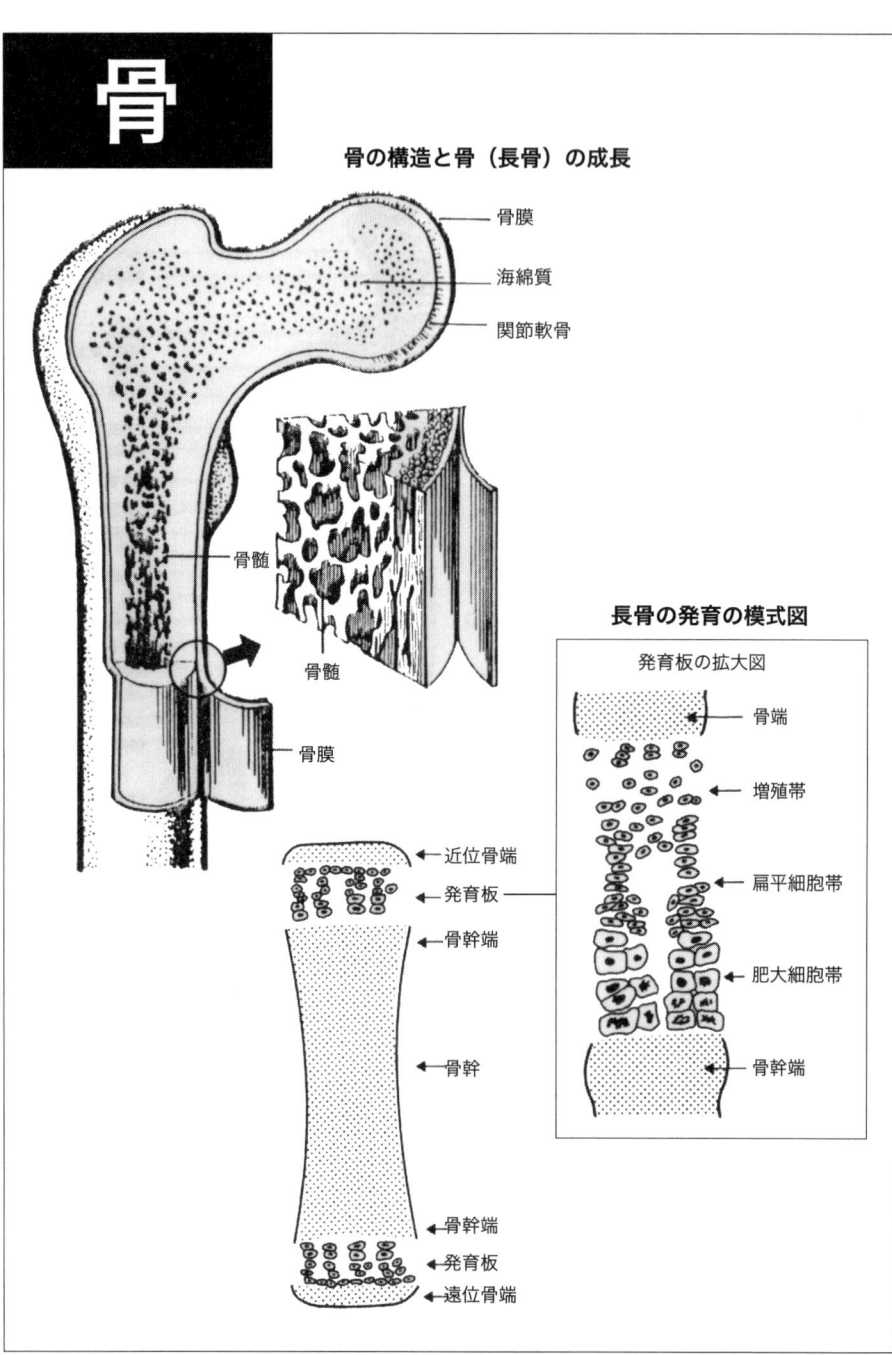

全身の主な骨と骨格

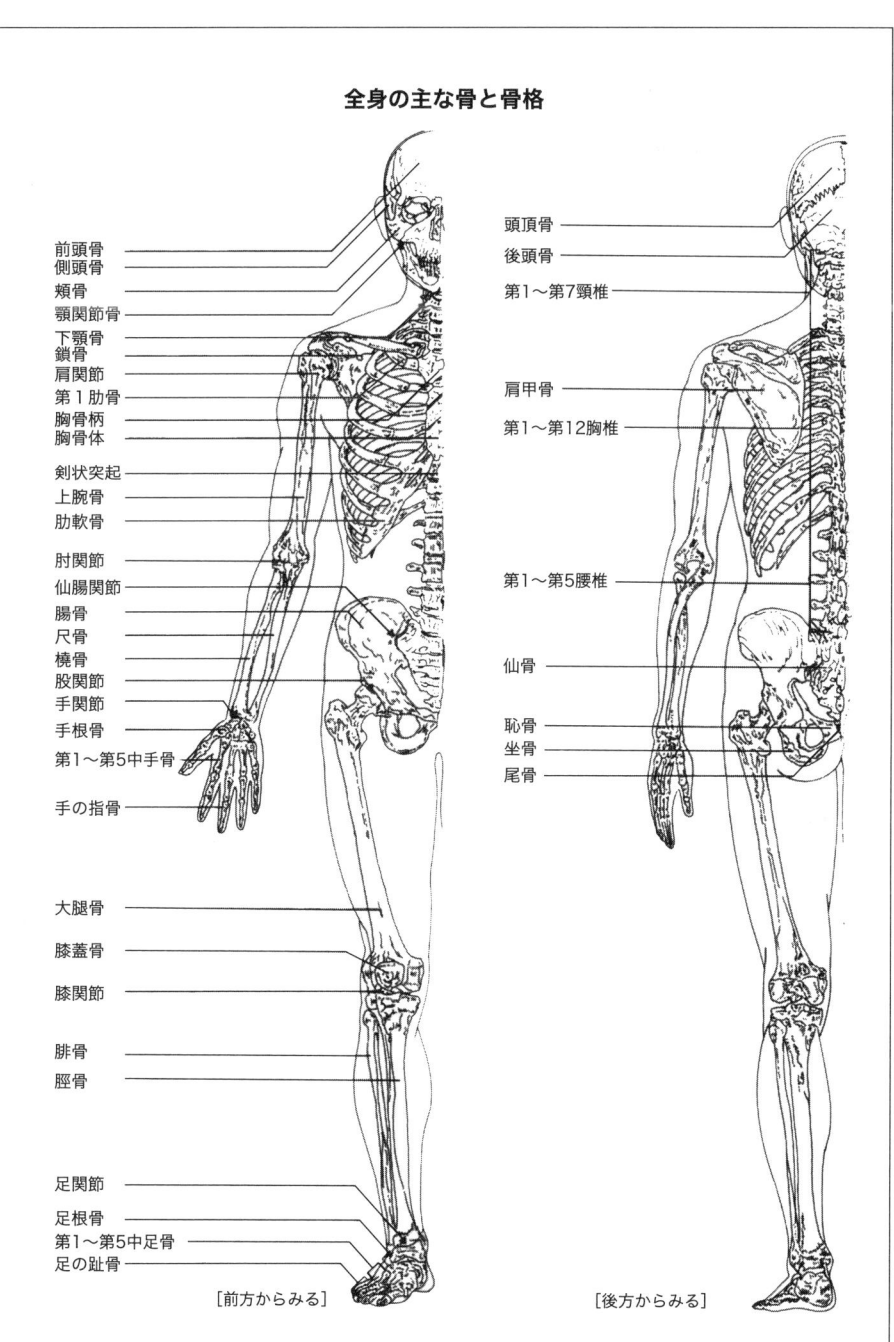

前頭骨
側頭骨
頬骨
顎関節骨
下顎骨
鎖骨
肩関節
第1肋骨
胸骨柄
胸骨体
剣状突起
上腕骨
肋軟骨
肘関節
仙腸関節
腸骨
尺骨
橈骨
股関節
手関節
手根骨
第1〜第5中手骨
手の指骨

大腿骨
膝蓋骨
膝関節
腓骨
脛骨

足関節
足根骨
第1〜第5中足骨
足の趾骨

[前方からみる]

頭頂骨
後頭骨
第1〜第7頸椎
肩甲骨
第1〜第12胸椎
第1〜第5腰椎
仙骨
恥骨
坐骨
尾骨

[後方からみる]

関節

関節の基本的な構造

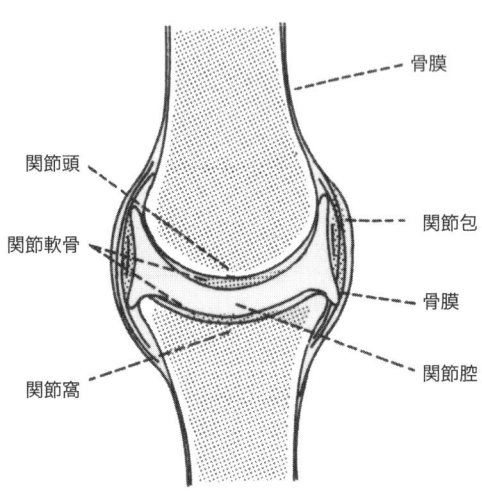

関節内の補助組織

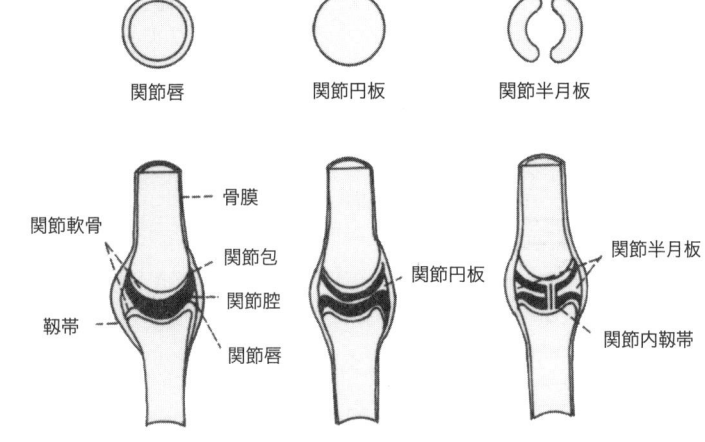

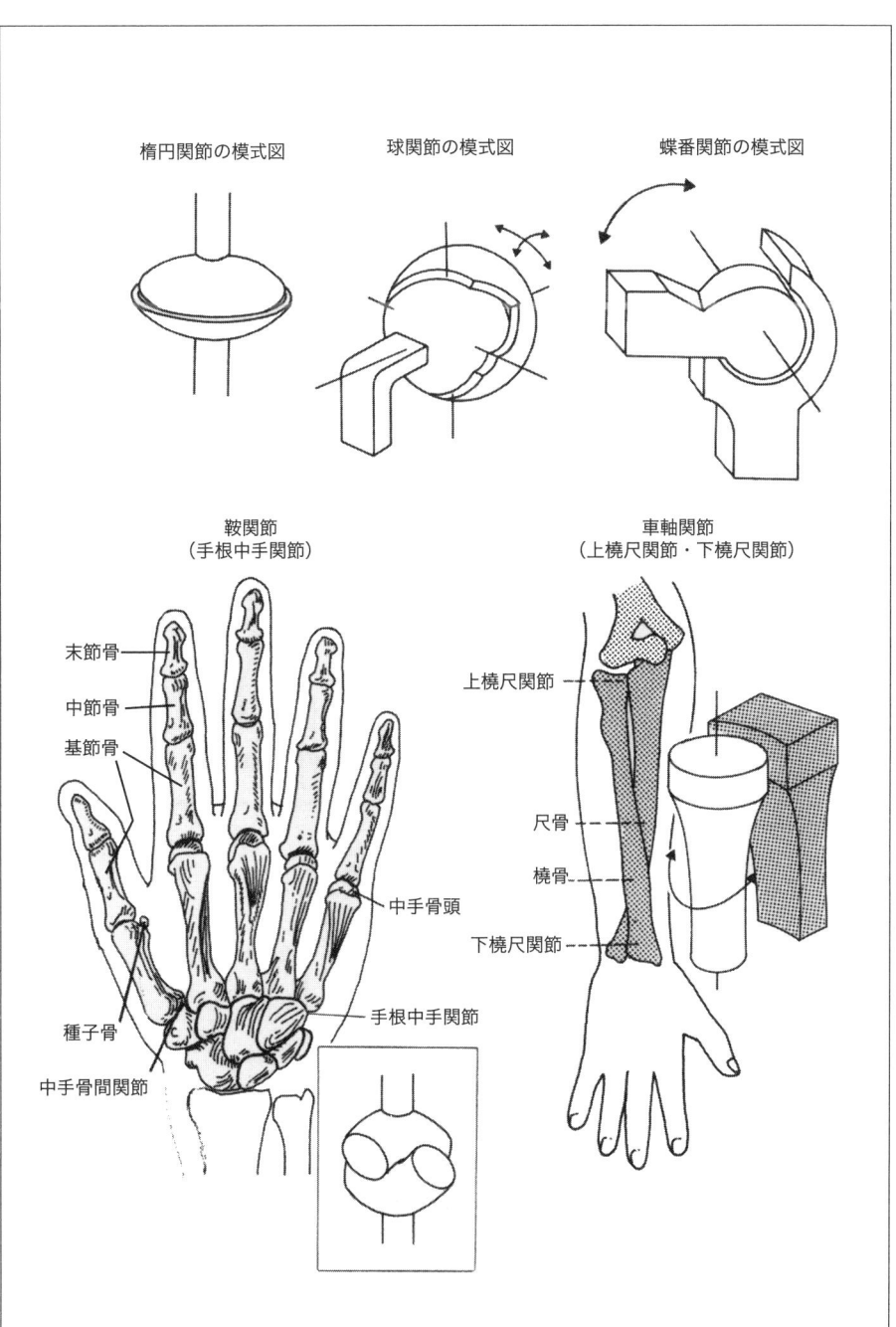

関節

狭義の肩関節と広義の肩関節

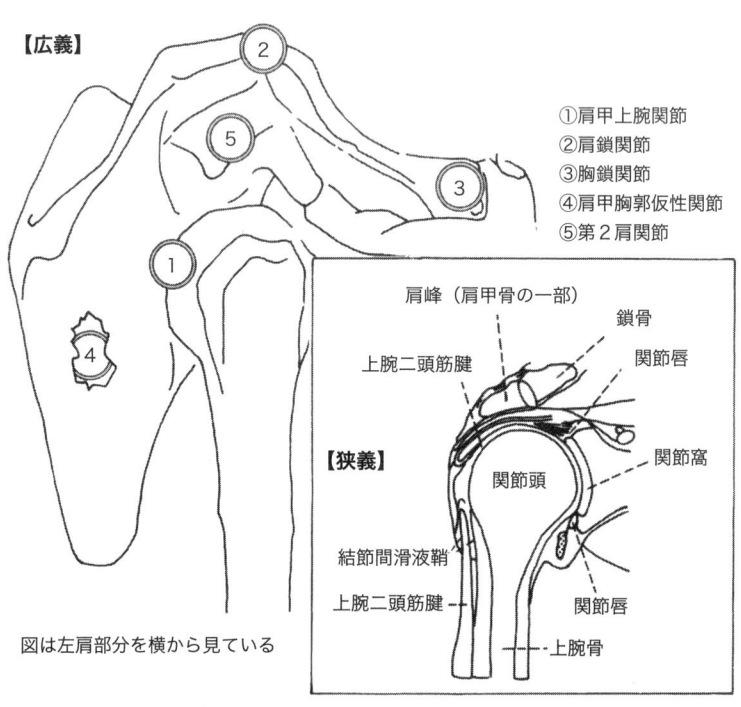

①肩甲上腕関節
②肩鎖関節
③胸鎖関節
④肩甲胸郭仮性関節
⑤第2肩関節

図は左肩部分を横から見ている

肩に関係する主な筋肉

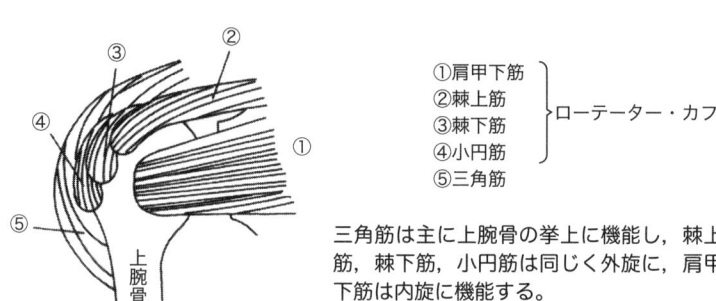

①肩甲下筋
②棘上筋
③棘下筋
④小円筋
⑤三角筋

①〜④ ローテーター・カフ

三角筋は主に上腕骨の挙上に機能し、棘上筋、棘下筋、小円筋は同じく外旋に、肩甲下筋は内旋に機能する。

膝関節

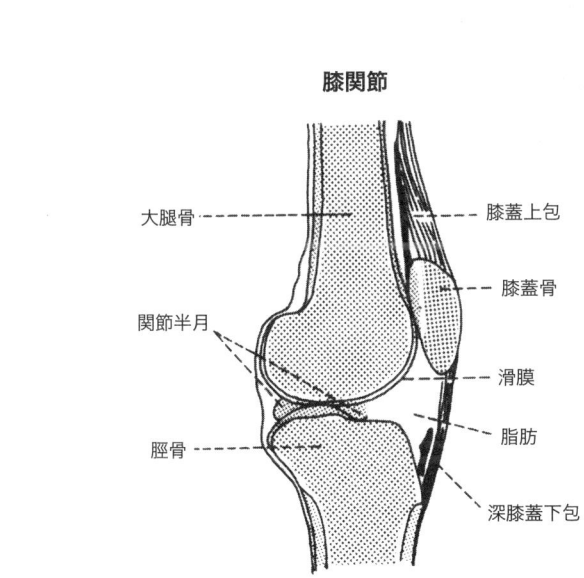

膝関節と主な靱帯

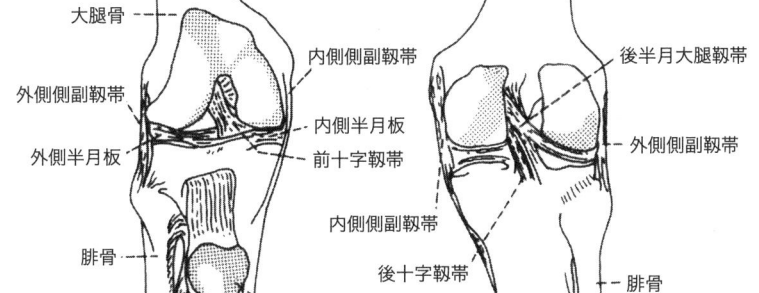

前面　　　　　後面

関節

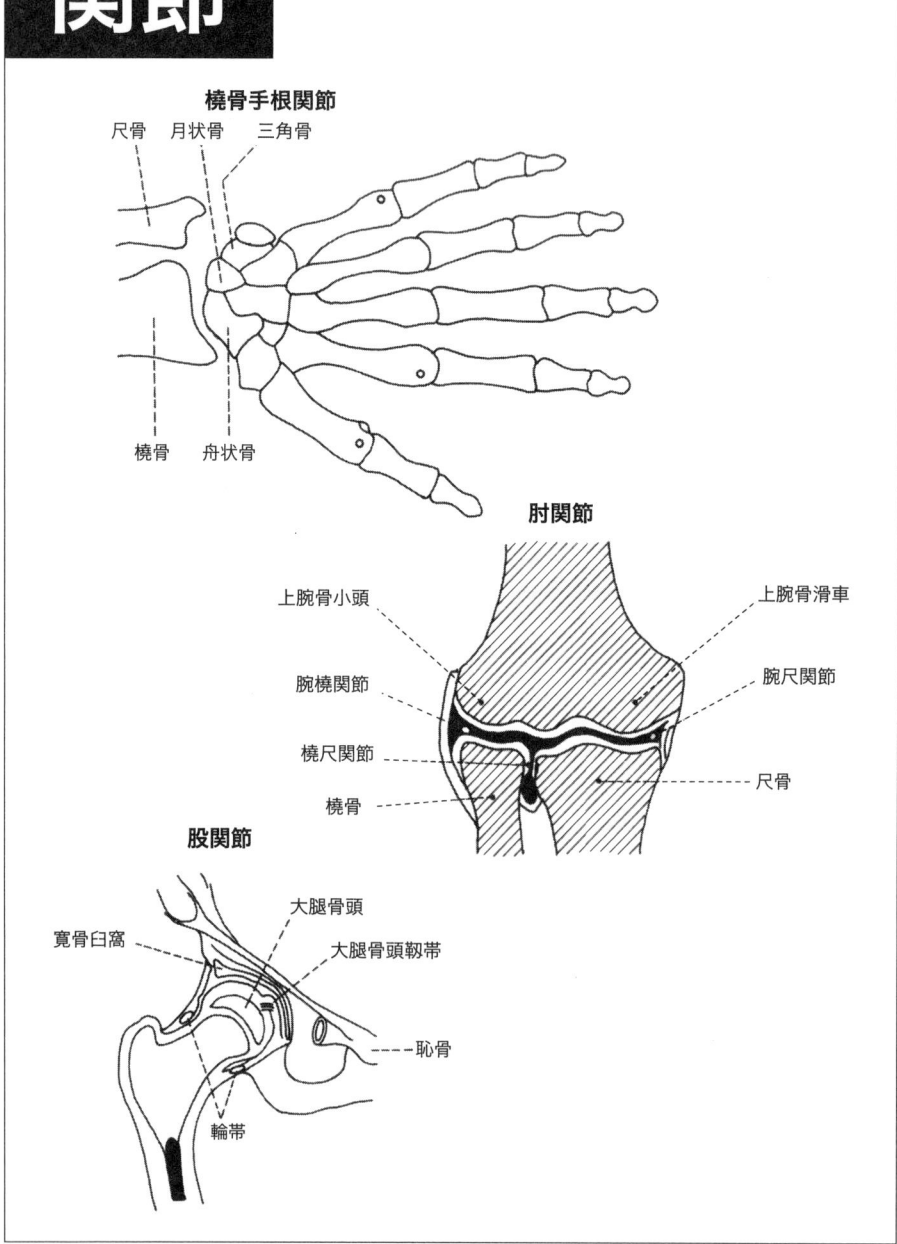

足関節

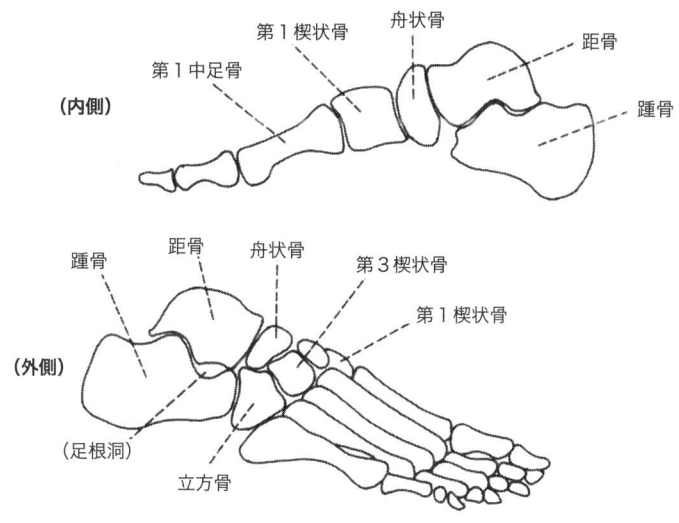

足関節外側の靭帯

らせん状関節（距腿関節）

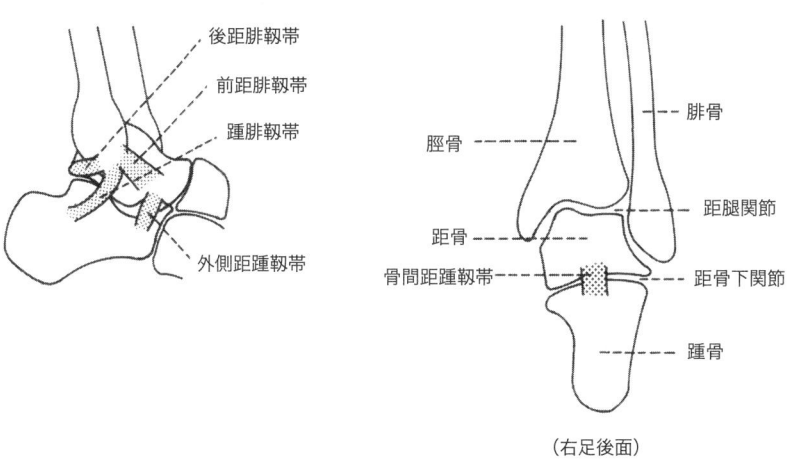

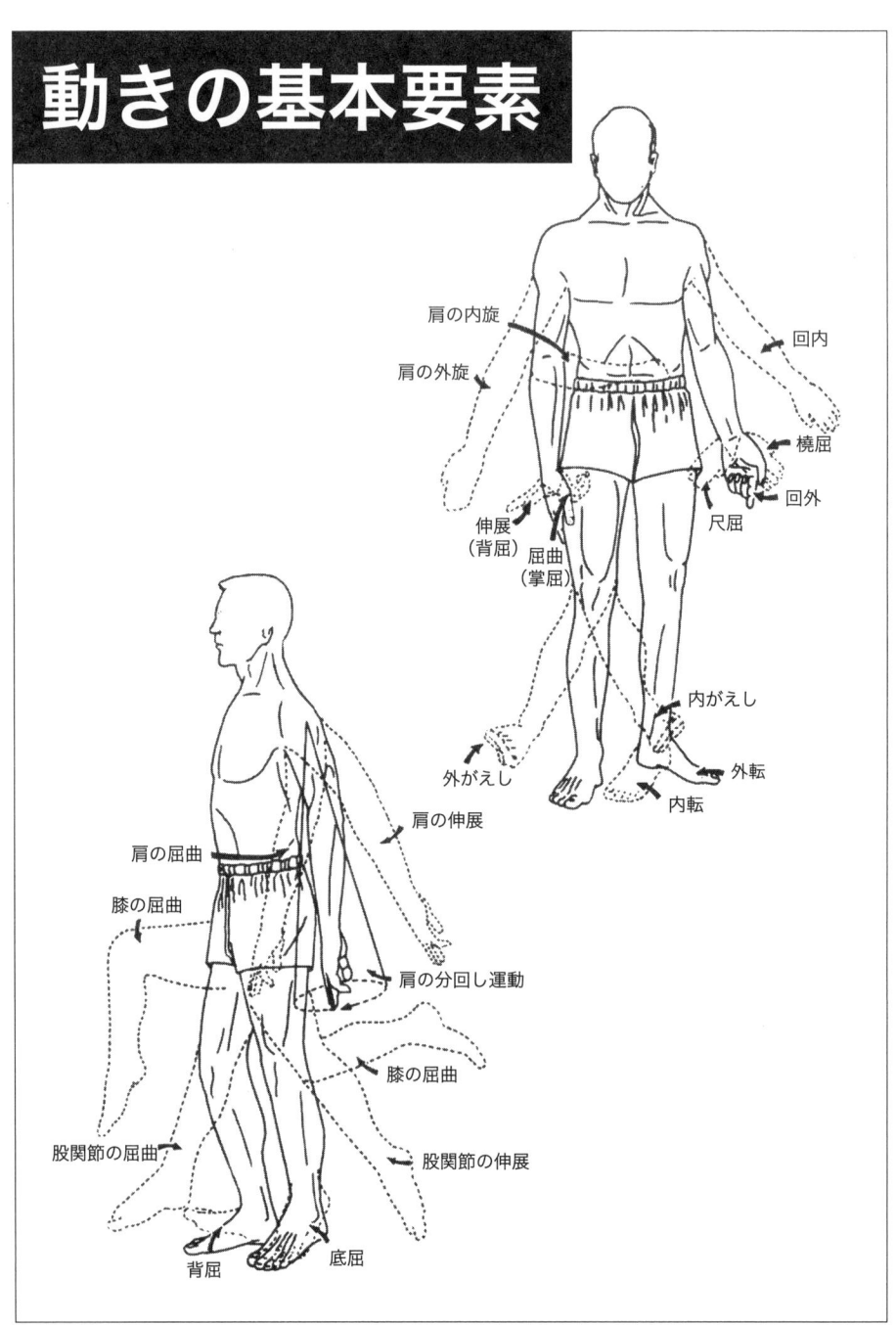

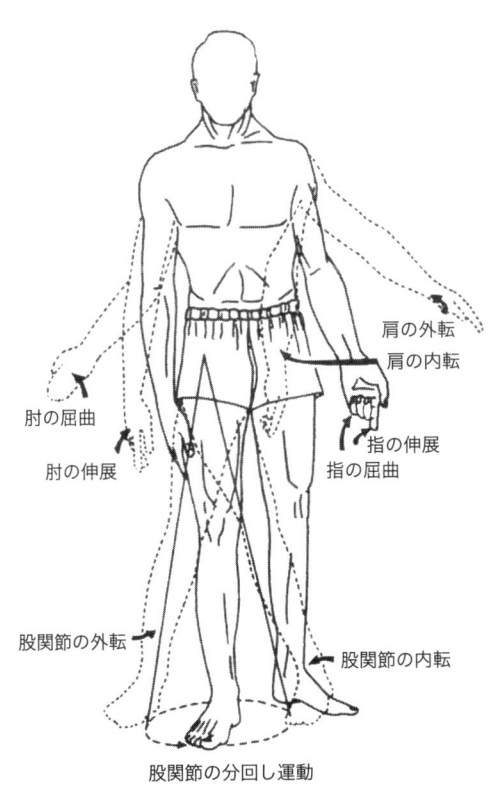

動作の基本形態

- 屈曲：筋肉がついている骨と骨が接近する動作。
- 伸展：筋肉がついている骨と骨が遠ざかる動作。
- 内転：腕や脚を体幹に近づける動作。
- 外転：腕や脚を体幹から遠ざける動作。
- 内旋：腕や脚をそれぞれの長軸を軸として内に回転させる動作。
- 外旋：腕や脚をそれぞれの長軸を軸として外に回転させる動作。
- 回内：手掌や足底を下向きに回す動作。
- 回外：手掌や足底を上向きに回す動作。
- 底屈：足底を下方へ向ける動作。
- 背屈：足の先端を上へ向ける動作。
- 内がえし：足底を内へ向ける動作。
- 外がえし：足底を外へ向ける動作。
- 分回し運動：屈曲，外転，伸展，内転が合わさった複合運動で，円錐を描く動作。
- 挙上：肩を上方へもち上げる動作。
- 下制：肩を下方へ下げる動作。
- 前突：肩を前方へ出す動作。
- 後突：肩を後方へ引く動作。

筋収縮

筋の収縮様式と力

```
              筋収縮
         ┌──────┴──────┐
      等尺性収縮      等張性収縮
   （アイソメトリック）（アイソトニック
    コントラクション） コントラクション）
                    ┌──────┴──────┐
                 短縮性収縮      伸張性収縮
              （コンセントリック）（エキセントリック
               コントラクション）  コントラクション）
               …ポジティブな力   …ネガティブな力
```

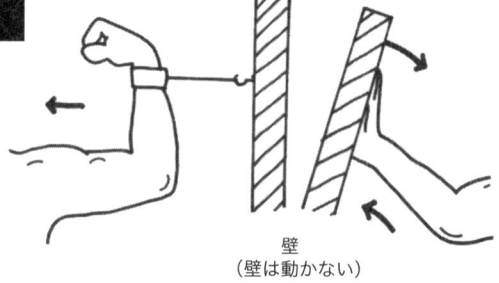

①等尺性収縮
（アイソメトリック）

壁
（壁は動かない）

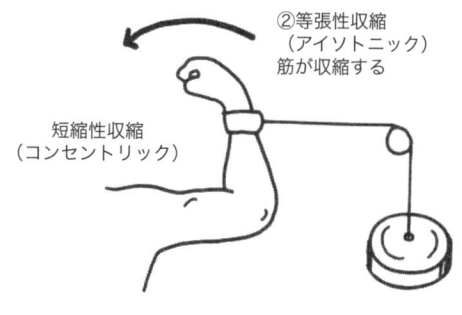

②等張性収縮
（アイソトニック）
筋が収縮する

短縮性収縮
（コンセントリック）

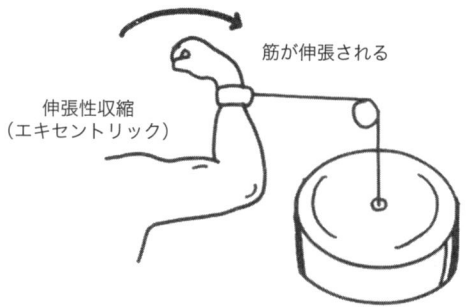

筋が伸張される

伸張性収縮
（エキセントリック）

筋は収縮することによって力を出す。筋の働き方（力の出方）には静的な筋収縮と動的な筋収縮によるものとがある。

● **等尺性収縮（アイソメトリック）**
　筋が運動を伴わず筋の長さが変わらない収縮。巨大な壁を押す（引く），あるいは腕相撲で両者の力が拮抗しているときのように筋が一定の状態に保たれたまま力が発揮される状態。握力や背筋力の測定のように筋が収縮する方向に力を発揮したり，倒れかかってきた重い壁を支え，外力に抗している状態をいう。

● **等張性収縮（アイソトニック）**
　筋の動的な活動によって筋の長さが変わる収縮の総称。この時，筋力が外力（負荷）より大きく，筋が短くなる収縮を示すものを短縮性（コンセントリック）収縮といい，筋力が外力より小さく，筋が強制的に伸ばされる収縮を示すものを伸張性（エキセントリック）収縮という。

第I章

スポーツ外傷・障害の発生と予防

第Ⅰ章　スポーツ外傷・障害の発生と予防

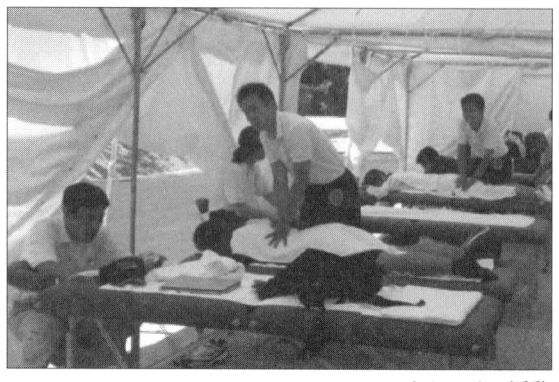

トレーナー活動

スポーツトレーナー概論

 日本の現状

　わが国のジュニアの競技レベルは世界で十分通用するということは，周知のとおりです。しかし，その優秀な素材が高校，大学，社会人と順調に伸ばされることは，まれに近いのが現状といえます。その原因はバーンアウト（158ページ参照）もありますが，主な原因は故障によるものと，さらに故障後の不適切な処置やリハビリテーションにあるということも見逃せません。

　頂上を目指すには故障から逃れられないかもしれませんが，適切なコンディショニングやテクニックがどれだけ正しく実施されているかというとそれは疑問です。また，故障しても鍼やマッサージなどの施術で痛みの処置にたよることが多く，筋力の回復・動きの改善ということがあまりにもなおざりにされているようです。特に痛みが消えれば完治したという誤った理解をしている選手があまりにも多いようです。**適切なリハビリテーションを行えば，競技に復帰したとき再発の可能性も少なく，逆に体**

力的なレベルアップをしているはずです。このような現況を改善し修正すれば，わが国の競技レベルはさらに向上するはずです。

結局のところ，**怪我をしたとき，また痛みを感じたときに選手や指導者が何をすればよいのか理解できていない**のです。監督，コーチに相談しても適切な指導が受けられないし，近所の整形外科に行っても専門にスポーツ選手を診ているところが少ないために，ただ放置したり，少々の痛みは我慢したりして，そのまま練習を続けているのが現状です。

また，怪我をして痛みがあれば正確な診断も受けずに，鍼（はり），マッサージ，整体などに行くという誤ったパターンがあるようです。しかもそこでの施術は，痛みのある部分にだけ集中して行われているのが現状のようです。その**怪我の根本的原因が何であるのかが確認されていません**。アメリカのように十分教育されたアスレティックトレーナーがいれば，また，スポーツ選手が安心して診てもらえるドクターが多くいれば，そして選手と指導者の怪我に関する認識と理解が十分であれば，このような現状を嘆くこともありません。

現在わが国では，スポーツチームがトレーナーをもち，スポーツドクターと相談しながら選手のコンディショニングに協力しているところもありますが，それもわずかな選手のフォローしかできずにいるのが現状です。わざわざ地方の選手が遠方に出かけて診断を受けに行くケースが非常に多いようです。その怪我も適切に処置し，リハビリテーションすれば完全に治癒するものが多いことも事実です。このような現状がいまだに続いています。優秀なトレーナーの不足，スポーツドクターの不足，選手・指導者の怪我に対する認識不足，どれもこれもいますぐ解決できるものではありません。

ベストな方法は，高校，大学の教育のなかでそういった指導がなされるようになることです。特に体育系の大学やスポーツトレーナーの専門学校で知識と実践を修得した，信頼できるスポーツトレーナーが生まれれば，トレーナーの不足や指導者の怪我に対する認識不足をかなり解消してくれるものと思われます。

状況の分析と個人・チームの目的に見合ったコンディショニングも指導できるスポーツトレーナーが必要です。また，柔軟な思考回路をもった人間性にすぐれたスポーツトレーナーのスペシャリストといえる人材を育てる必要があります。

2 日本のトレーナーの役割

わが国のスポーツ界にも「トレーナー」という名称が定着するようになりました。このトレーナーも選手の面倒をみるアスレティックトレーナーからトレーニングジムなどでトレーニングを指導するパーソナルトレーナーまで，その名称の使われ方はいろいろです。しかし，現実に不足し求められているトレーナーは，アメリカナイズされたアスレティックトレーナーです。そしてトレーナーを志す人であれば，みんながみんなアメリカ的なトレーナーの仕事にあこがれます。また日本のスポーツ界もそのようなトレーナーを望んでいるはずです。

日本の現状では，アメリカ的トレーナーの活動では選手に満足されず，折角得た知識を生かしきれないのではないかと思います。それは日本では，怪我を治してくれる人がトレーナーであると選手が考えているからで，実際に鍼(はり)やマッサージなどの資格免許をもっている施術家がトレーナーとして活動していることが多いからです。また医師法があることも関係しています。しかし，なんの医療免許もない人たちがトレーナーになることはできないのでしょうか。日本の現状からすれば，トレーナーが必ずしも医療免許を修得する必要はないと思います。よいスポーツドクターがいれば，誰であっても十分トレーナーとして活動できると思います。そのためにやはり勉強が必要です。特にトレーニングに関して理論を学び，その実践ができれば，リハビリテーションプログラムも作成できるようになります。根本的な診断と

アリゾナ州立大学トレーナールーム

1. スポーツトレーナー概論

治療は，スポーツドクターに任せればよいのです。

最近では大きな大会にほとんどトレーナーのサービスコーナーが設けられています。そこにくる選手の大半は，どこかに痛みを訴えてくるのです。トレーナーもどうにかしてその痛みを軽減する努力をします。すると選手はトレーナーに対してすぐ怪我を治してくれる人と誤解してしまいます。

アメリカのトレーナー活動

しかし，それらの怪我も日頃のトレーニングで傷めたものが多く，ひどい場合には何週間，何ヵ月も前から傷めていて，そのままトレーニングをしてきたという選手もいるのです。日頃から正しいトレーニングやコンディショニングに十分気をつけていれば，また傷めたときに適切な処置とドクターの診断を受け，リハビリテーションをしていれば，試合ではベストコンディションで臨めたはずです。やはり**トレーナーは，日頃から選手と接触して活動すべきです**。そうすれば，トレーナー＝治療家という考え方はなくなり，**トレーナー＝（問題点を）直すスペシャリスト**という考え方ができるようになり，怪我で悩むことが減るだけでなく，その選手のスポーツパフォーマンス向上につながるサポートもできるようになるでしょう。やはり**トレーニングやコンディショニングの根本的な誤りを指摘し，改善を指示できるスポーツトレーナーが必要**です。

最終的にトレーナーの役割は，まず怪我をした場合，ドクターに診せるまでの応急処置，そしてリハビリテーションプログラムの作成と指導，また基礎体力づくりとしてのコンデショニングプログラムの作成と指導，正しい動きの指導まで含めたことを**現場のコーチと一緒に行うこと**です。

第Ⅰ章　スポーツ外傷・障害の発生と予防

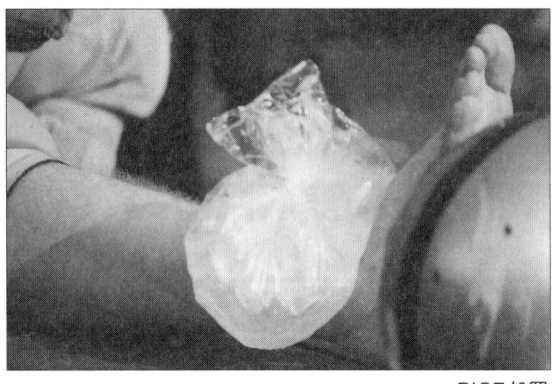

RICE処置

スポーツ外傷・障害の基本的処置

　スポーツ外傷・障害が発生したら，すぐにドクターに診察してもらう必要があります。外傷・障害が発生すると痛み，腫れ，炎症などが起こり，不快を感じることになります。このような不快に感じることや悪化を防ぐことが**ファーストエイド**，すなわち**応急処置**と呼ばれるものです。

 RICEの原則

　応急処置はRICEの原則と呼ばれ，**安静**（Rest），**冷却**（Ice），**圧迫**（Compression），**高挙**（Elevation）の処置を施します。この他に固定という処置もありますが，安静処置のなかに含まれます．

❶ 安　静（Rest）
　安静は，骨格筋の障害にとって不可欠なものです。安静とは患部を動かさないよう

2. スポーツ外傷・障害の基本的処置

にすることで，テーピング，ラッピング，スプリント，ギプス，松葉杖やクラッチの補助を用います。受傷後2～3日患部を固定しておけば，別の症状が発生することもなく患部の治癒を助けます。

受傷部位を早く動かしすぎると内出血が増すだけでなく，機能障害の程度も悪化させることになり，回復までの時間を長引かせることになります。

② 冷 却（Ice）

冷やすことは，応急処置で最も効果があるものとされています。冷やすことによって痛みや痙攣が軽減し，酵素の活性が少な

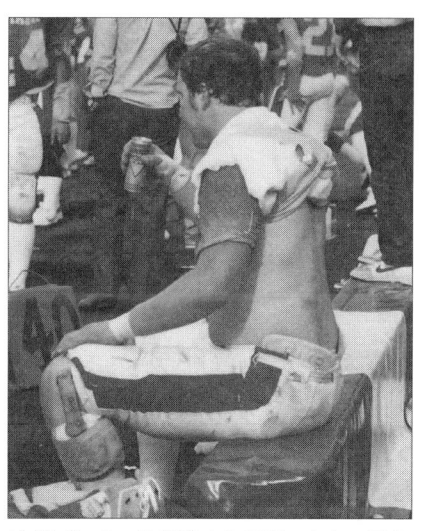

冷却（Ice）。冷却は応急処置のなかで最も効果がある。

くなるので，組織の壊死を減らし受傷後4～6時間以内に生じる腫れも抑えることができます。また血液の粘性（ねばりけ）が増し，毛細血管の浸透性が少なくなり，患部への血流が減少します。

受傷後の冷却は組織の代謝を下げ組織に必要な酸素を少なくし，低酸素症になることを防ぎます。この効果は，患部周囲の正常な細胞組織を助けることになります。しかし長く冷やしすぎると組織もダメージを受けてしまいます。

最良の冷却方法は，氷を使ったアイスパックを患部に直接当てることです。凍らせたゲルパックはアイスパックよりも冷却温度が低くなるので，皮膚に直接当てないようにします。

アイスパックの使用は長くても20分間にとどめ，感覚がなくなればそのときに取り去ります。そして寝るまで1時間か1時間半ごとに冷却を繰り返します。障害の程度や範囲によって，24～72時間これを続

冷却用のクラッシュアイスがつくれる。

けます。

　例えば軽い肉離れであれば，20分間の冷却を1〜2回行うだけで十分です。しかし膝や足首のひどい捻挫であれば，3日間は冷却を繰り返す必要があります（40ページ参照）。

③ 圧　迫（Compression）

　ほとんどの急性の外傷ですぐに圧迫を加えることは，冷却・高挙とともに重要な手段であると考えられています。患部を圧迫することは，内出血と血腫(けっしゅ)の形成を軽減します。圧迫することで組織間に滲出液(しんしゅつえき)が進入することを防ぎ，逆にその吸収を促進します。

　圧迫には，いろいろな方法が使えます。水につけた弾性包帯を冷凍室に入れておけば，冷却と圧迫を同時に行うことができます。またフェルトやフォームラバーでつくったパッドも圧迫に使えます。例えば，U字パッドは足首の捻挫に使われます。踝(くるぶし)の周囲にU字パッドを当て，その上からテープや弾性包帯を巻いて固定します。これによって足首周囲の浮腫を防いだり，軽減したりすることができます。

　冷却は時間をあけて何回か行いますが，圧迫は寝るときを除いて1日中適用します。

④ 高　挙（Elevation）

　高挙とは患部を心臓より高く上げることです。高挙は，冷却・圧迫とともに内出血を軽減させるのに役立ちます。患部を心臓より高く上げることで出血が軽減され，傷害部への血液や体液による圧迫も避けられ，静脈の還流が助長されるので腫れや内出血も軽減します。

⑤ RICEの手順

　RICEの手順をまとめると，次のようになります。
　①スポーツ活動を中止し，安静にする。特に受傷した部位は動かさないようにする。
　②障害の程度を把握する。
　③患部にアイスパックを当てる。
　④弾性包帯でアイスパックをしっかり固定する。

⑤患部を心臓より高く上げる。
⑥感覚がなくなるか，20分経ったらアイスパックを取り去る。
⑦パッドと弾性包帯で圧迫する。
⑧障害の程度によって60〜90分ごとにアイスパックを用い，患部が安定するまで続ける。
⑨寝るときは弾性包帯を取り去る。
⑩患部を心臓より高くもち上げる。
⑪翌朝再度RICEの処置を行い，1日中同様に行う。
⑫障害の程度がひどければ，同じ手順を2〜3日続ける。

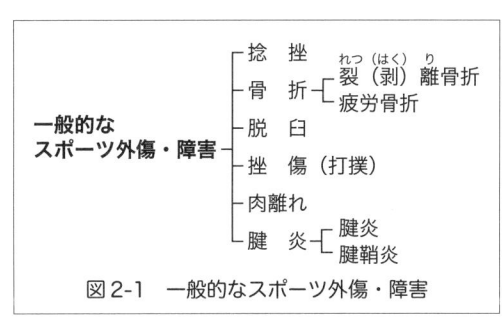

図2-1　一般的なスポーツ外傷・障害

2　一般的なスポーツ外傷・障害

　一般的なスポーツ外傷・障害には，捻挫，骨折，挫傷（打撲），肉離れ，腱（鞘）炎などがあります。まず基本的な外傷として，それらの概要を頭に入れる必要があります（図2-1）。

❶ 捻挫

　捻挫はスポーツで最もよくみられ，関節を捻ることで関節を支持している靱帯が伸ばされたり損傷したりすることです（図2-2）。
　関節が正常な可動範囲以上に伸ばされると，そこにある靱帯，関節包，滑膜，関節周囲の腱の障害が起こります。
　捻挫をすると血液と滑液が関節包に流れ込んで，関節が腫れます。そして局所の温度が上昇し，痛みや圧痛，皮膚の変色がみられま

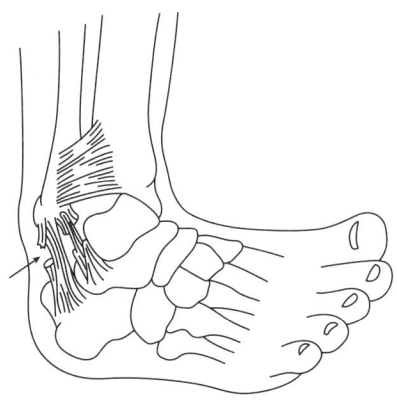

図2-2　足関節（足首）の捻挫
関節を捻ることで，関節を支持している靱帯が伸ばされたり損傷したりする。

す。腱，靱帯，関節包が伸ばされると，それらが完全に断裂したり裂離骨折が生じたりします。

靱帯と関節包は，血液の供給が比較的少ないので治癒に時間がかかります。また，その周囲には数多くの神経があるので，捻挫したときに強い痛みがよくみられます。何度も関節を捻っていると，最終的に慢性の炎症，変性，関節炎が起こります。

捻挫は靱帯損傷の程度によって次のように分類されます。

Ⅰ度：ごく少数の靱帯線維の断裂による軽度の疼痛，腫脹，皮下出血，機能障害などを認める。

Ⅱ度：靱帯の部分断裂による中等度の疼痛，腫脹，皮下出血，機能障害，および軽度の異常可動性などを認める。

Ⅲ度：靱帯の完全断裂による高度の疼痛，腫脹，皮下出血，機能障害，および明らかな異常可動性などを認める。

（注：捻挫の狭義の解釈ではⅢ度の靱帯の完全断裂は除外される）

❷ 骨　折

骨折とは，骨の連続性が部分的に，また完全に絶たれた状態のことをいいます。

骨折には皮膚を貫通しないで生じるもの（**閉鎖骨折**）と，貫通して生じるもの（**開放骨折**）があります（**図2-3**）。

骨折は，その部位に対する直接の外傷によって起こったり，外傷を受けたところから離れた所に起こったりします。前者は**直達骨折**，後者は**介達骨折**と呼ばれます。また急に激しく筋肉が収縮したり，繰り返し異常なストレスが骨に加わっても骨折が引き起こされることがあります。骨折はスポーツ外傷・障害のなかでも重症なものの1つで，骨格筋の障害でもよく起こります。

スポーツでよくみられる骨折には，次の**裂離骨折**と**疲労骨折**があります。

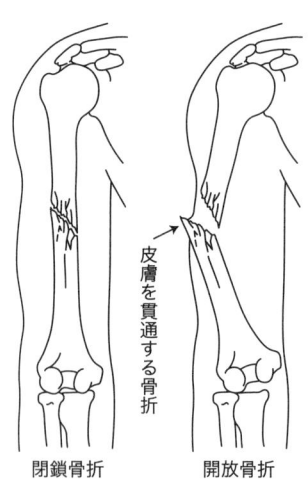

図2-3　閉鎖骨折と開放骨折

2. スポーツ外傷・障害の基本的処置

1) 裂離骨折

裂離骨折は、靱帯や腱が付着している骨の部分が引き剥がされてしまうものです（**図2-4**）。この骨折はからだの一部が急激に強く捻られたり、伸ばされたりしたときに起こります。例えば、足首を急に外反すると、三角靱帯[*1]が内踝[*2]の一部を引き剥がしてしまいます。これは靱帯性の裂離ですが、腱性の裂離骨折も膝蓋骨でみられます。それは膝を急激に曲げながら、前に倒れたときに起こります。膝蓋靱帯が伸ばされ

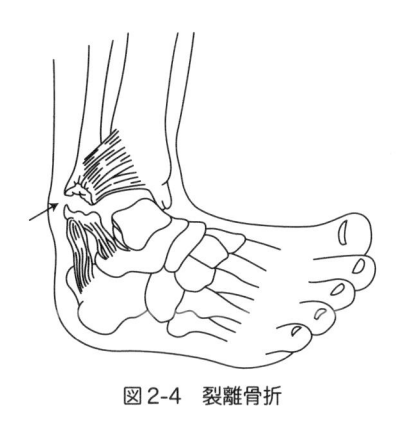

図2-4 裂離骨折

ると膝蓋骨の下部が引っぱられて、膝蓋骨の裂離骨折が起こります。

2) 疲労骨折

疲労骨折は、ほかに行軍骨折、ストレス骨折、特発性骨折とも呼ばれます。この骨折の実際の原因は解明されていませんが、主にオーバーロード（負荷のかけすぎ）や筋肉の疲労によって、骨がストレスを受けることで起こります。木質の床から芝生など柔らかいところに変えるといった地面の反発力の変化、リズミカルに繰り返されるストレスが、ある部位に集中することなどが原因になります。

とりわけ後者の原因は、多くの研究者が証明しているものです。閾値下レベル[*3]で長期間リズミカルに筋収縮を繰り返すと、骨の能力以上にストレスが加わり、そのために疲労骨折が起こります。したがって、激しい身体活動やトレーニングを開始した最初の数週間に、骨折を起こしやすいといえます。骨に体重が負荷されると、骨はそれを吸収することになるので、強くなるよりもその前に弱くなります。

疲労骨折を事前に発見することは難しいので、疲労骨折を起こしやすい部分（**図2-5**）に異常を訴えた場合に、それを疑う必要があります。

疲労骨折の場合、骨に明らかな異常がみられるまで数週間かかるので、初期にＸ線を撮っても何ら変化がみられません。そのために経時的にＸ線撮影を行ったり、断層

[*1] 三角靱帯：脛骨内踝から下方へ向かって三角形に放散し、関節包の内側を補強する靱帯。
[*2] 内踝：脛骨内側の最下端にある突出部で、うちくるぶしと呼ばれる部分。
[*3] 閾値：刺激が知覚される最低の限界値。

撮影，骨シンチグラフィ[*1]検査を受けることで，早期に疲労骨折を発見することができます。

疲労骨折の徴候は，腫れ，局所の圧痛，痛みです。骨折の初期の段階では動くと痛みがありますが，安静にしていると痛みは感じません。この後，痛みは一定で，夜になると痛みが強くなります。異常を感じる位置で骨を軽く叩いて衝撃を与えると，疲労骨折が疑われる位置に痛みが出現します。

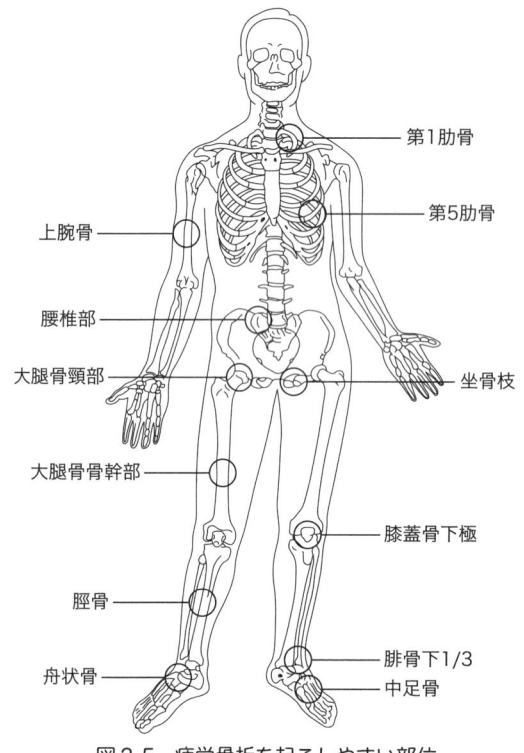

図2-5 疲労骨折を起こしやすい部位

（図中ラベル：第1肋骨，第5肋骨，上腕骨，腰椎部，大腿骨頸部，坐骨枝，大腿骨骨幹部，膝蓋骨下極，脛骨，腓骨下1/3，舟状骨，中足骨）

❸ 脱　臼

脱臼は骨折の二次的障害として起こります。脱臼が起こりやすいのは，手指と肩の関節です。正常な関節の可動範囲を越えるような力が働くと，脱臼が起こります。

脱臼は症状によって**完全脱臼**と**亜（不全）脱臼**に大別されます。完全脱臼は関節面に並んだ骨が完全に分離している状態で，亜（不全）脱臼は部分的な脱臼で，関節を構成している2本の骨が完全に分離していないものです（**図2-6**）。

脱臼と骨折を合併している場合には，X線検査が唯一の診断方法になります。はじめて脱臼したりして関節の分離が起こると，関節周囲の支持組織である靱帯や腱が断裂したり，裂離骨折を起こしたりすることもあります。

外傷で骨が欠けたりするほど強烈な外力を受けると，骨端の成長部が分離したり長骨の頭部が完全に骨折してしまうことがあります。したがって，最初に脱臼を起こしたときには，十分な医学的検査が必要です。

[*1] 骨シンチグラフィ：骨の中の代謝の異常部位を検索する核画像法。

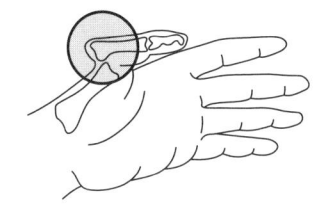

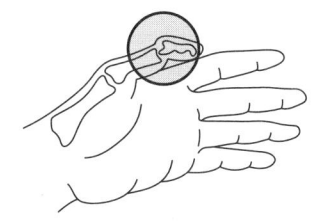

図2-6 指の骨の完全脱臼（左）と亜（不全）脱臼（右）

「一度脱臼すると癖になる」ということばをよく耳にします。これはだいたいにおいてそのとおりであるといえます。一度亜（不全）脱臼や完全脱臼を起こせば，関節をつないで支持する結合組織の靱帯が伸ばされてしまうので，その後，関節は非常に脱臼をしやすくなります。慢性的に繰り返す脱臼は，支持組織がいく分ゆるんでいるので，あまりひどい痛みもなく生じます。

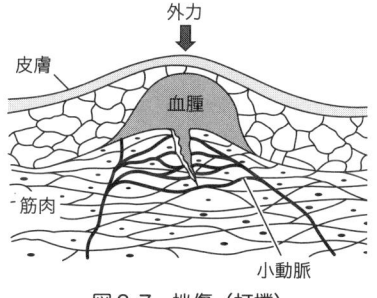

図2-7 挫傷（打撲）

④ 挫傷（打撲）

挫傷は打撲ともいわれ，からだに外力を受けることにより起こります。

挫傷の程度は，皮膚表層部だけのものから深部組織にいたるまで，その受けた外力の大きさや，内出血の程度によって決まります。外力によって血液の循環系が断たれると，患部周囲の組織に血液とリンパ液が流れ込みます。そして内出血した血液が固まって血腫を形成し結合組織の膜でカプセルに包まれたようになります（**図2-7，図2-8**）。

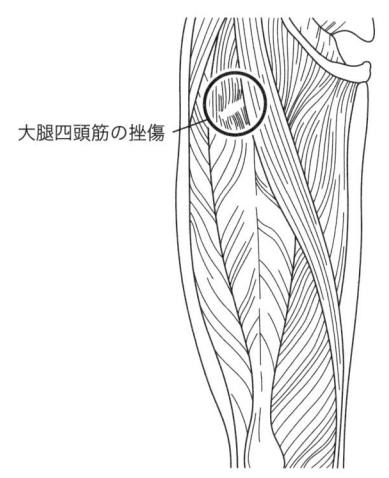

図2-8 大腿四頭筋の挫傷

治癒のスピードはほかの軟部組織の障害と同じであり，組織のダメージと内出血の

第Ⅰ章　スポーツ外傷・障害の発生と予防

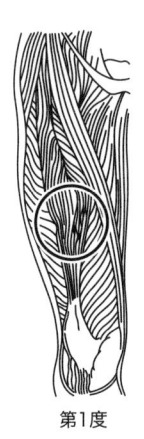

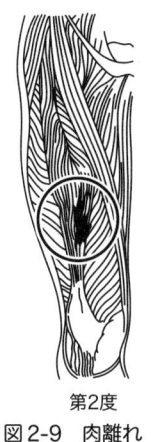

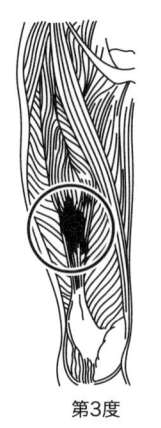

第1度　　　　第2度　　　　第3度
図2-9　肉離れ

程度で決まります。

　軟部組織の挫傷や圧搾は骨格構造まで貫通し，骨の打撲を生じます。打撲位置と打撃の力によって，その障害の程度が決まります。

　筋肉の挫傷は，筋肉をどの程度伸ばすことができるかによってⅠ度からⅢ度まで評価されます。

　Ⅰ度：わずかに動きが制限される。
　Ⅱ度：かなり動きが制限される。
　Ⅲ度：ひどい動きの制限がみられる。

　筋肉に対する打撲がひどいときは，筋肉組織が突き出るような筋膜の断裂（筋ヘルニア）がみられます。

❺ 肉離れ

　肉離れは筋肉や筋膜，腱といった関節付近の組織が伸ばされたり，断裂したり，引き裂かれたりするものです。

　肉離れには，結合組織と筋線維がわずかに分離しただけのものから，完全に腱が分離したものや筋が断裂しているものまでの範囲があり，その病変は挫傷や捻挫と似ており毛細血管や血管の損傷を伴います（**図2-9**）。

　治癒は血腫の形成，血腫の吸収，最終的に線維芽細胞（せんいがさいぼう）の再生によって瘢痕（はんこん）組織が形成されて行われます。

　肉離れの部位をみつけるには，どのように障害が発生したかを見極め，損傷部位を確認する筋力テストを実施することが必要です。

　肉離れの程度は，次のように分類されます。

軽度（第1度）：明らかな筋線維の断裂はみられない。筋線維が過度に引き伸ばされて，切れずに逆に反射的に筋収縮を起こした状態である。

中度（第2度）：肉離れを起こした筋肉の機能が明らかに低下する。つまり明らかに筋力の低下を伴う筋線維の部分的な断裂がある。

重度（第3度）：筋肉の断裂，筋腱移行部での分離，腱の骨からの裂離が起こり，その結果，筋肉の機能喪失が明らかにみられる。

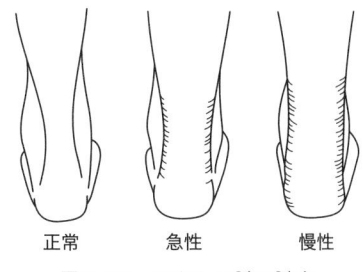

図2-10　アキレス腱の腱炎
正常　急性　慢性

❻ 腱(鞘)炎

腱を構成するコラーゲン線維は，生理学的限界[*1]以上に伸ばされると破壊されます。破壊されるポイントは，6～8％長く伸ばされた後にあります。

腱は普通，筋肉の2倍の強さがあるので，筋腹，筋腱結合部，骨の付着部で損傷がみられます。臨床的には腱に対する異常な緊張が徐々に増大すると，線維芽細胞の浸潤細胞によって腱が伸ばされ，コラーゲン線維がより引き伸ばされます。微小な損傷が繰り返されると慢性の腱炎に進展し，最終的に腱が弱くなります。

コラーゲンの吸収はコンディショニング期間の初期や，ある部分を固定しているときに起こります。コラーゲン線維が吸収されているときは弱くなり，障害を受けやすくなります。

したがって，コンディショニングプログラムは徐々に強度を高め，リハビリテーションで早期にモビリゼーションすることが必要になります。

腱の障害は一般に腱炎と腱鞘炎に分けられます。

1）腱　炎

腱炎は，微小な損傷が繰り返されたために起こるもので，徐々にはじまります。散在性の圧痛と変性がみられます（**図2-10**）。腱炎の明らかな徴候は，腱を動かしたときの痛みと腫れです。

2）腱鞘炎

腱鞘炎は腱を包んでいる腱鞘の炎症です。急性の状態ですぐに症状が現われ，関節の摩擦音や散在性の腫れがみられます。慢性の腱鞘炎では，腱が局所で厚くなり痛みを伴うとともに動かすと関節の摩擦音が聞きとれます。

[*1]生理学的限界：その組織がもっている生理学的構造による能力の限界。

3 アイシング

　外傷・障害を受けると血管，筋肉，結合組織，神経などの組織がダメージを受けます。これは一次的障害と呼ばれるものです。ダメージを受けた組織は十分な酸素の供給を受けることによって，自然に治癒していきます。しかし周囲の細胞には酸素が十分供給されないために酸素不足の状態となり，細胞が死んでしまいます。これは二次的障害と呼ばれ血腫を形成し，炎症性の反応や浮腫がみられます。

　急性期の外傷・障害に冷却を用いても，最初にダメージを受けた組織を助けることはできません。しかし周囲の組織の細胞が酸素不足で壊死するのを助けることはできます。骨格筋の障害に対して冷却する場合と冷却しない場合とでは，酸素欠乏による二次的障害，血腫と浮腫の形成が1時間後と24時間後で大きな差の出ることがわかっています。

　患部を冷却することは，一次的障害でダメージを受けた組織の周囲の細胞の代謝を抑え，酸素と栄養が十分運び込まれなくても生き延びられるようにいわば細胞を冬眠状態にします。

① 冷却するとき
1）急性障害の応急処置として

　外傷・障害を受けた部分をすぐに冷却すると，炎症を抑えて損傷の範囲を最小限に食い止めることができます。具体的にいえば，「外傷・障害によって損傷を受けた周囲にある健全な細胞を低温に保つことで，二次的な酸素欠乏による損傷の広がることを防ぐ」ということです。

　これは火傷をしたときに，患部をできるだけ早く冷却することと同じです。火傷は主に皮膚の表層部の損傷で，捻挫は関節を支持する靱帯や腱の損傷という違いはありますが，そうした損傷で細胞が死んでしまうことに変わりはありません。

　一次的な障害で損傷を起こした細胞の周囲にある健全な細胞を酸素欠乏による二次的な損傷から守るには，冷蔵庫で食品を保存するように患部を低温に保ってやることです。それによって健全な細胞が冬眠状態におかれ，安全が確保されることになります。

2) リハビリテーションの手段として

　外傷・障害によってからだの一部に痛みが生じると，その部分の機能が損なわれます。例えば関節の可動域が制限されたり，筋力が低下したりします。これは抑制（よくせい）と呼ばれるものです。この抑制を最小限に抑えるには，できるだけ早く患部を動かすことです。動かすことによって筋肉や神経を再教育し，もとの正常な機能を回復させるだけでなく，血流量を増やすことで損傷した部分の修復過程を促進することができます。また血流量を増やすことでリンパ液が破壊された老廃物質を運び出し，血液が新鮮な酸素と栄養を運び込んでくれます。それによって破壊された組織構造をつくり直してくれます。

　したがって，リハビリテーションでは，患部を冷却することで痛みと筋痙攣（けいれん）が軽減し，リラクゼーションを促し関節の可動域が高まることになり，リハビリテーションのエクササイズの開始時期を早めることができます。その結果，安全に回復時間を短縮することができます。

② 冷却方法

　冷却の方法はいくつかあり，その方法によって冷却の時間が異なります。一般的には次のような方法があります。

1) アイスパック

　アイスパックにはビニールカバーの中にゼラチン物質が入ったコールドパック，大きな袋の中に小さなビニール袋が1つあり，その袋を破ると2つの物質が混合して冷たい液体の袋になるケミカルコールドパック，氷のう，ナイロン袋に氷片やクラッシュアイスを入れてつくる簡易なアイスパックが用いられます。使い方は弾性包帯で患部に固定するだけで非常に簡単です。アイスパックは直接患部に当てるのではなく，布やタオルを1枚敷いた上において弾性包帯で固定すると凍傷の危険性を防ぐことができます。

2) アイスマッサージ

　アイスマッサージ（**図2-11**）は，氷片で直接患部をマッサージするものです。一般的には150〜300 mlの紙コップで氷をつくり（**図2-12**），患部の周囲からゆっくりやさしくマッサージします。皮膚がピンクに変わり触っても感覚がなくなれば，それ

第Ⅰ章　スポーツ外傷・障害の発生と予防

図2-11　アイスマッサージ

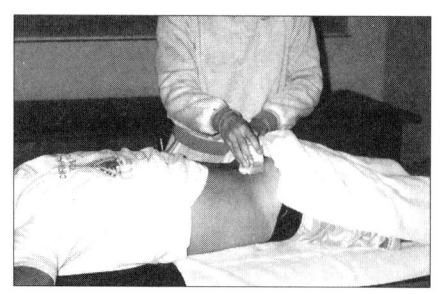

図2-12　紙コップで氷をつくる

以上冷却する必要はありません。アイスマッサージは，氷の量をあまり必要としないこと，自分で行うので凍傷の危険性が少ないなどの利点があります。

3）コールドスプレー

　競技中などに比較的よく使われるものですが，スプレーという特性から皮膚表層部を冷却することに限られ，深部まで冷却することが困難です。そのために効果は5～6分程度で，長時間皮膚に吹き付けると凍傷を起こす危険性があり，冷却の効果を必要とする場合にはスプレー以外のものを使うべきです。しかし瞬間的に痛みを軽減するためには，効果的と考えられます。

4）アイスタオル

　約4℃の氷水にタオルを浸しておき，関節などを包んだりするものです。使用する部位に応じて，患部全体をおおうことのできる大きさのタオルを用います。アイスタオルは，背部や大腿部などの大きな部位にも使えます。そしてタオルという特性から冷却と同時にエクササイズに使うこともできます。

5）アイスバス

　浴槽やバケツに水を張り，その中に氷を入れます。水温は約4℃にし，5～10分間患部をつけます。アイスバスは，その特性から足首，膝，肘，手といった末梢の関節部位の障害に用います。しかし損傷していない組織まで冷やしてしまうことと，氷を入れすぎると温度が0℃近くまで下がる可能性があるので注意が必要です。

2. スポーツ外傷・障害の基本的処置

4 身体各部位のアイスマッサージ

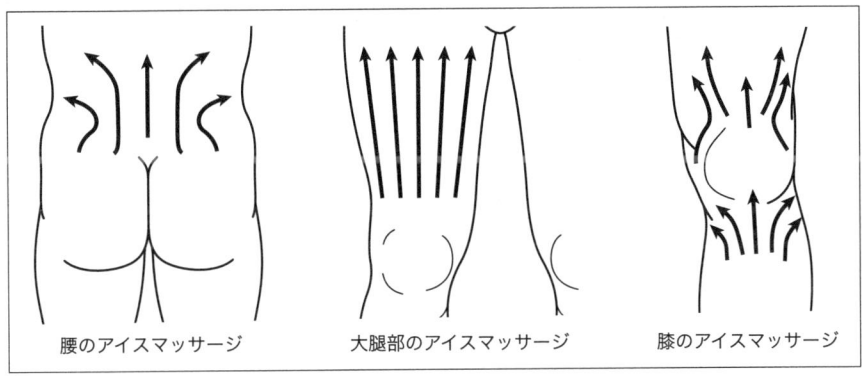

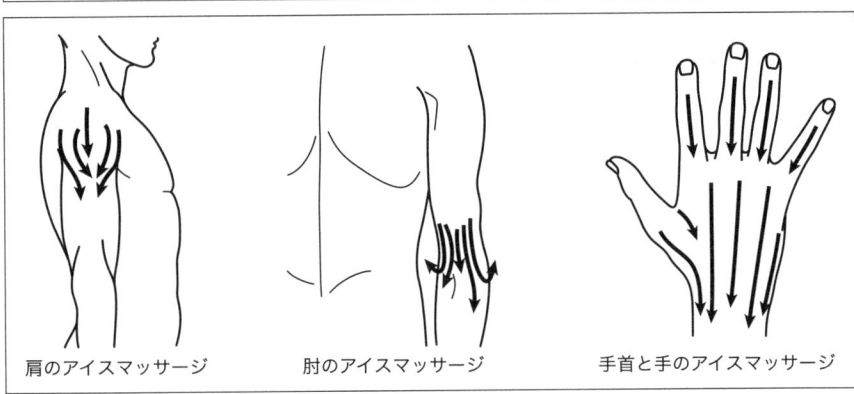

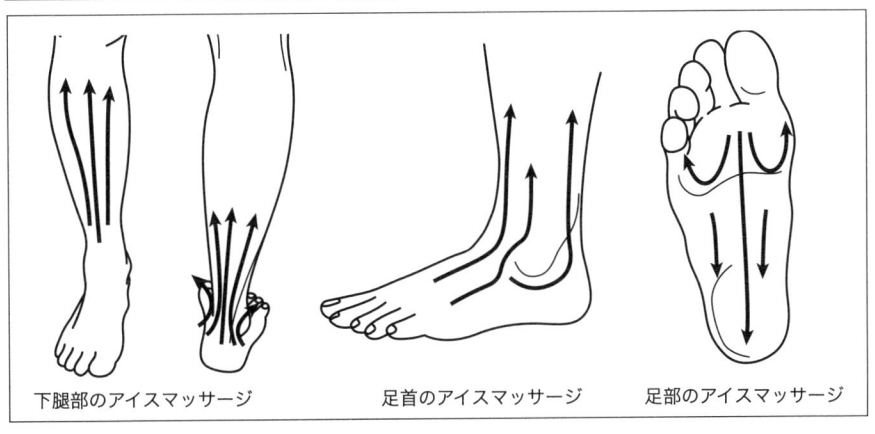

腰のアイスマッサージ

大腿部のアイスマッサージ

膝のアイスマッサージ

肩のアイスマッサージ

肘のアイスマッサージ

手首と手のアイスマッサージ

下腿部のアイスマッサージ

足首のアイスマッサージ

足部のアイスマッサージ

第Ⅰ章　スポーツ外傷・障害の発生と予防

3

試合中のアクシデント

スポーツ外傷・障害の発生メカニズム（12〜24ページ参照）

　人間のからだは1つのマシンとして，からだが備えたの梃子（テコ）の力をうまく利用すればいまより25％は効率よく動けるといわれます。

　人間のからだは，全体重の1/2以上を上肢が占めており，いくつかの限られた骨で支えられています。からだの骨は直接衝撃に受けることには適しておらず，骨が組み合わさって，衝撃力を吸収するショックアブソーバーとして働いています。

　こうした構造的特徴によって，全身の広範囲にわたって，その役割を果たしています。すねや頭蓋骨のようにあまり筋肉でおおわれていない部分は，衝撃力に対する防御力が弱くなっています。

　それは，人間が直立姿勢をとるようになったことと深く関連しています。例えば四つ脚と比べて二本脚では，腹部内臓の重さによって腰椎の弯曲部に大きなストレスがかかります。また，直立姿勢は二本脚を支えている足に大きなストレスがかかります。

　頭は5kgぐらいの重さがあり，7つの小さな頸椎を積み重ねた上にバランスよく置かれています。そのため，頸椎を過度に曲げたり伸ばしたりすると，特に障害を受けやすいといえます。

3. スポーツ外傷・障害の発生メカニズム

骨格筋系のスポーツ外傷・障害の原因には，遺伝や先天的・後天的な問題があり，それが特定の外傷・障害を起こす素因になっています。解剖学的構造上の弱点や特定の身体部位の発達の程度も，特定の外傷・障害を受けやすい原因となります。

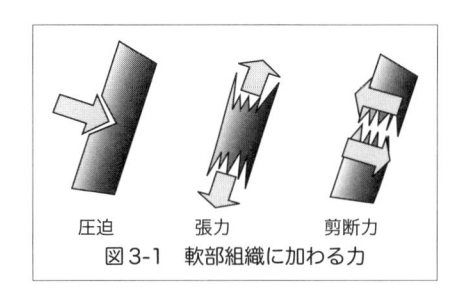

図3-1 軟部組織に加わる力（圧迫，張力，剪断力）

1 軟部組織

筋肉や腱，靱帯や神経などを軟部組織と呼びます。そこに大きな力が加わると外傷・障害が発生します。コーチやトレーナーは選手がどんなタイプの力を受けたのか，明確にする必要があります。軟部組織に加わる力は，**圧迫**，**張力**，**剪断力**という3つのタイプに分けられます（**図3-1**）。

圧迫は，大きな力で組織を押し潰すような力が働くものです。軟部組織は圧迫された力に抵抗して，それを吸収します。しかしその力が大きすぎると吸収できなくなり，挫傷や打撲が生じます。組織が押し潰されると血腫が生じ，筋線維が引き裂かれて筋痙攣を起こします。

張力は，組織を引っぱったり引き伸ばしたりする力です。

剪断力は，結合組織の線維を真横に平行に横切る力です。

腱と靱帯は張力にはうまく抵抗できるようになっていますが，剪断力や圧迫には十分抵抗ができません。**強い圧迫は挫傷を生じ，大きな張力や剪断力は捻挫（靱帯）や肉離れ（筋腱ユニット）をいろいろな程度で引き起こします。**

2 関節

自由な動きをもつ可動関節[*1]は，2本の骨が結合してできています。その動きは固

[*1] 可動関節：自由に動かすことができる関節のこと。

有の構造，その形状，靱帯の拘束，関節面の圧，関節軟骨（椎間板）の存在，筋肉の活動の程度によって決まります。

① 脊柱

　脊柱は広範囲な動きができるとともに肋骨と筋肉，骨盤と頭に付着し，それらを支持することに役立っています。また衝撃を吸収したり体重を分散したり，身体移動には欠かせない重要な役割を担います。

　脊柱の外傷・障害を防ぐ重要な働きをするのは骨盤です。リフティング動作（持ち上げる動作）が必要なスポーツでは骨盤，腹筋，胸椎に力が伝わり，その30％が腰椎にストレスとして加わります。胸椎の下部には50％のストレスが加わるといわれています。

② 肩帯

　肩帯とは肩関節を構成する肩甲骨と上腕骨，そして鎖骨のことを指します。この部位は，多くのスポーツで重要な働きをしているので，軟部組織や関節の外傷・障害をよく受けます。肩の関節は骨構造よりも靱帯の支持構造で完全な状態が維持されるので，重度の捻挫や脱臼を受けやすいといえます。

　多くの肩の外傷・障害は，肩峰を下方に鎖骨から離すような力や衝撃を受けることで起こります。それによる肩鎖関節の分離や脱臼の発生が一般的な肩の外傷・障害です。

　肩の外傷・障害のメカニズムは，腕を外に伸ばして手をついて倒れたときに起こります。

③ 肘関節

　肘は複雑な蝶番関節です。蝶番関節とは「ちょうつがい」のように曲げ伸ばししかできない関節で，強制的な伸展や過伸展，そして衝撃力がこの関節の障害の根本的な原因です。これは肘を伸ばして固定した状態で手をついたり，転倒したときのいずれかで起こります。またスローイングで腕を強く伸ばすと，痛みの強い肘の障害が起こります。

④ 手首の関節（手関節）

　手首の関節はいろいろな動きが行えます。手首の関節は，からだのなかで最も動か

しやすい部分です。手首の外傷・障害はよくみられ，手首を過度に伸ばして力が加わったときにひどい圧迫を受けます。

⑤ 股関節（こかんせつ）

股関節の外傷・障害はまれなものです。その多くは選手が急に方向を変えようとしたり，大腿骨の頸部に大きなトルク（力）を受けることで起こります。また，関節が可動範囲以上に動かされたときにも，外傷・障害が起こります。

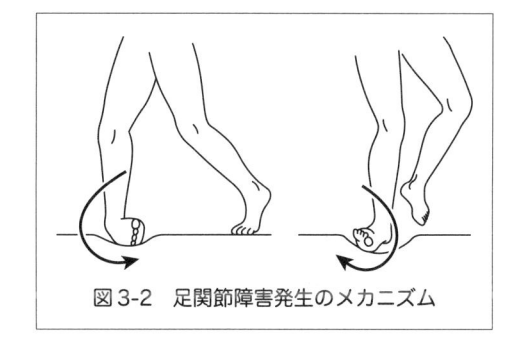

図3-2 足関節障害発生のメカニズム

⑥ 膝関節（しつかんせつ）

膝関節には，ほとんどのスポーツで非常に大きなストレスが加わります。膝関節の構造上の問題から，多くの場合，それらのストレスは関節を補強している靱帯の障害として現われます。

膝は伸展したポジションで外側や内側のいずれかに力を受けやすくなります。膝の側方にある靱帯は側副靱帯（そくふくじんたい）と呼ばれ，特に内側側副靱帯（ないそく）が損傷しやすく捻挫や完全断裂が起こります。この障害は，関節を分離するような外力によって生じます。

⑦ 足関節

足関節で最も多い外傷・障害は捻挫です。足関節は筋肉と靱帯の支持力が十分でないために，重度の外傷・障害を起こしやすくなっています（**図3-2**）。

▶3 骨

人体の骨は，本来衝撃に耐えられるようにはできておらず，筋肉組織が衝撃を吸収し，緩衝作用の役割を果たしています。スポーツや運動では，特に長骨（ちょうこつ）[*1]（**図3-3**）

[*1] 長骨：上腕骨や大腿骨などのように長い管状の幹と，その両端に広がった骨端をもつ骨。

第Ⅰ章　スポーツ外傷・障害の発生と予防

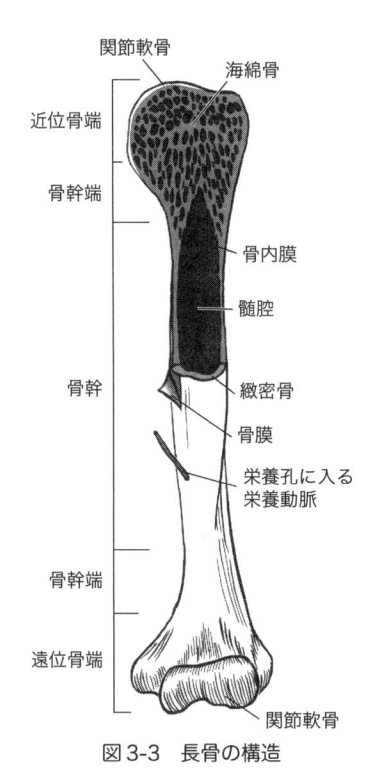

図3-3　長骨の構造

が骨折を受けやすいとされています。

骨格は身体組成と構造によって変わり、スポーツ外傷・障害を受けやすくなっています。

骨には、いろいろなタイプのものがあります。例えば、下肢にある脛骨は完全に体重を支持し、前腕の橈骨や尺骨は巧妙で細かな動きができるようにつくられています。

上腕骨や大腿骨などの長骨は管状で均質になっておらず、長軸に沿ってストレスを受ける部分が異なります。長骨は少しは曲がりますが、普通は衝撃を吸収しにくくなっています。長骨は引っぱられると、もろく欠けやすくなっています。

骨折の多くの要因は、骨自体の強さによります。解剖学的な強さや弱さは、骨の形状や形状の変化、またその方向によって影響を受けます。中空のシリンダは中空でない棒と比較すると、曲げと捻れ両方で最も強い構造になっています。それは、中空でないほうが、そのような力に対して抵抗力が少なくなるということで、骨も中空ではないため、同様の弱さがあります。ストレスによる力は、長骨に対して急に形状を変えたり、方向を変えるポイントに集中します。そのため、長骨は徐々に形状を変えるより、急激に変えるほうが障害が起こりやすくなります。例えば、鎖骨は円筒形をしていますが、方向が変わるときにその形がフラットに変わることで骨折を起こしてしまいます。

長骨は、引っぱる、圧迫する、曲げる、捻ることでストレスを受けて弱くなります。これらの力は単一に加えられたり、組み合わせて加えられたりして、いろいろな骨折の原因になります。例えば捻転骨折は捻れによって生じますが、斜骨折は軸方向への圧迫、曲げ、捻れが組み合わさって起こります。また横骨折は曲げられることで生じます。

3. スポーツ外傷・障害の発生メカニズム

4 姿　勢

　姿勢の不良は，片側性*¹の不均整，骨の異常，異常な骨格のアライメント，動きのメカニクスの不良のいずれかの原因によって生じる重要なスポーツ外傷・障害の原因です。

　多くのスポーツは片側性の活動であり，からだの特定部分だけ異常に発達してしまいます。これはからだのアンバランスを招くことになり，姿勢が悪くなります。そして，からだは重心を取りもどそうと，いろいろな姿勢をとるようになります。そのようなアンバランスは，障害の原因になることがあります。

　例えば，骨盤と脚の非対称性（short leg syndrome）は，膝や腰の障害にみられます。矯正的なエクササイズを行わないと結果的に慢性の障害になり，ときどきスポーツを中断しなければならないことがあります。姿勢に欠陥（**図 3-4**）があればドクターやほかの専門家の指導を受けて矯正するようにします。

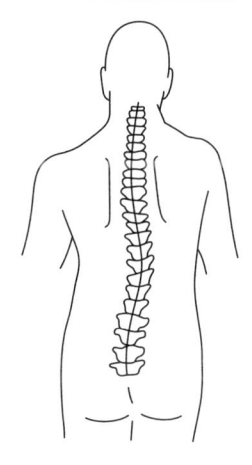

図 3-4　悪い姿勢の例（側弯）

　この修復作業は完全なトレーニングプログラムを実施することで行います。原則的に両側性*²を維持することで，片側性の発達を最小に抑えることができます。また主動筋とともに拮抗筋*³も強化することで，全身のバランスがとれた状態で筋肉を強化することができます。姿勢のアンバランスは，当然スポーツ外傷・障害をまねきやすくなります。

5 ストレスの繰り返しと顕微外傷

　外傷・障害の再発の問題は，スポーツにおいて重大なことです。ひどい障害は多発

---

*¹ 片側性：からだの右側や左側の上肢や下肢だけを使うこと。
*² 両側性：両腕や両脚を同時に使ったり，動かすこと。
*³ 拮抗筋：主動筋に対して反対の作用をする筋や筋群。

するものではありませんが，再発すると徐々に程度と頻度が増してきます。これはリハビリテーションの期間に不適当な治療を行っていたり，リハビリテーションを軽視したりすることによるものです。

　また，障害から完全に回復する前に，まだ傷めているのにスポーツに参加する選手がいます。そうすれば当然再発をまねくことになります。「**痛みをこらえて不屈の精神を誇示することは，伝統的であるだけでなく勇ましいことである**」という誤った考えがあります。このような考えは選手のみならずチームにとっても迷惑なことです。

　痛みに対する耐性は個人の問題であり，2人の人間が同じように痛みに反応することはありません。非常に痛みに対する耐性の強い選手は，障害から完全に回復する前や怪我をしていても競技を継続します。そうすると最初の障害よりも，さらにひどい障害を再発する危険性が高くなります。

　多くのスポーツでは激しいからだの接触があるので，同等の体力や筋力レベルでなければ怪我をすることは明らかです。

　怪我をした選手はトレーニングや競技に復帰する前に，多くの要因を考慮する必要があります。それは怪我の種類，スポーツの種目，本質的な危険性，年齢，選手の性格などです。

　異常なストレスを繰り返し受けていると，最初は確認できない**顕微外傷**(けんびかいしょう)による障害が生じ，後に確認できる障害へと発展します。そのようなストレスによる障害は，スポーツパフォーマンスの制限や低下を引き起こします。このような障害はほとんどランニング，スローイング，ジャンピングの動作に直接関係します。骨，関節，軟部組織が繰り返しストレスを受けたり，無理に可動域を広げたり，長期間激しい活動をすることで起こります。このカテゴリーに入る外傷・障害のいくつかは，比較的軽度なものであってもまったく動けなくなることがあります。

4. スポーツ外傷・障害の予防

スポーツによる怪我の原因や予防法を理解しよう

スポーツ外傷・障害の予防

1 スポーツ外傷・障害について

　スポーツ外傷・障害の原因には，大きく分けて2つあります。1つは，スポーツの動作そのものに問題がある場合，もう1つはある部位に非常に大きな力が働いた場合です。いずれもその大半の原因が，**動作の「まずさ」**です。投げ方，走り方，打ち方が良くないと，パフォーマンスも向上しません。動作が良くなれば，動きがスムースになり，効率的になります。そこで注意するべきことは，**「やり過ぎ」**です。**オーバーワーク**，**オーバーユース**にならなければ，外傷・障害は未然に防ぐことができます。

　動きが悪くて障害を受けると，リハビリテーションに励んでもなかなか復帰できません。なぜでしょうか？　不適切な動きやフォームが障害の原因となっているので，それを修正しなければ痛みのある部分だけの治療をしても，いつまでも違和感や痛みが残ります。

　それが端的に現われているのが，多くの投手にみられる肩と肘の障害です。肩・肘

の障害を受けた人の8割以上には，肩・肘の構造や組織には特に問題がないといわれています。結局は，投げ方に問題があるのです。そのような選手が一生懸命チューブを使ってインナーマッスルを鍛えても効果は期待できません。ランナーの膝の障害についても同様のことがいえます。

2　スポーツ外傷・障害発生の要因

なぜスポーツ外傷・障害が発生するのでしょうか。外傷・障害が発生するということは，必ず何らかの要因（原因）があります。その発生要因がわかれば，どのように対処すればよいのか，どのようにリハビリテーションを行えばよいのか，また再発を防ぐためにはどうすればよいのか，ということがわかります。

① アライメントの不良はないか

スポーツ障害のなかで最も大きな要因の1つが，アライメントの不良にあるといわれています。いろいろなアライメントの不良があり，特に多くみられるのが下肢のアライメント不良です。正常な状態では，腸骨稜，膝蓋骨，足首の内・外踝間に垂線が

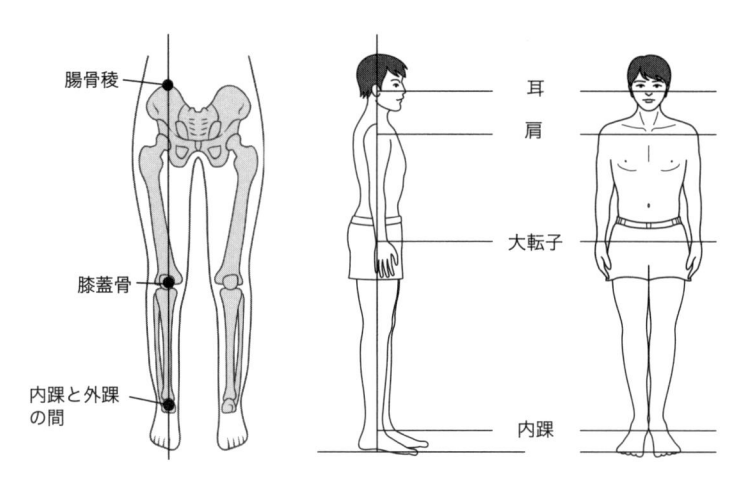

図4-1　正しいアライメント（姿勢）

4. スポーツ外傷・障害の予防

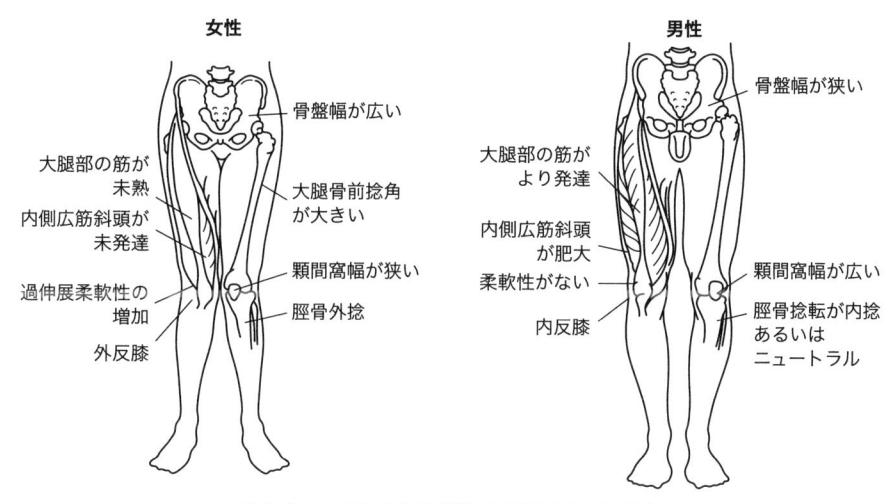

図4-2 よくみられる下肢のアライメント不良

立つ状態で，横から見ると，耳，肩，大転子，内踝を結ぶラインが垂線を描く状態です。後ろから見ると，片方のお尻の中央，膝窩部，アキレス腱，かかとを結んだラインが垂直になるのが理想です（**図4-1**）。

このようなラインが正常に体重を支持できるアライメントで，このラインが崩れると，足関節，股関節に対して異常なストレスが働きます。このアライメント不良が，

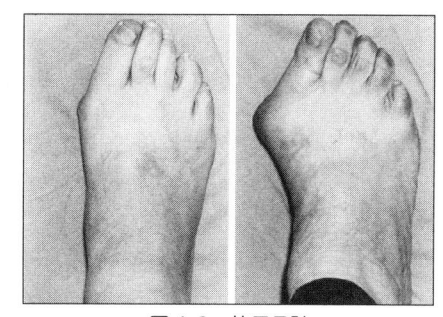

図4-3 外反母趾

O脚，X脚，過伸展膝（反張膝）などです。特に過伸展膝（反張膝）は女性に多くみられ，直立姿勢を見たときお皿がへこんだようになっています。立位姿勢では，普通，膝が少し曲がったように見えます（**図4-2**）。

足部に関しては，つま先が外を向きすぎているとアキレス腱に捻れが生じます。これも異常な状態で，この状態で足関節を動かすと，アキレス腱に異常なストレスがかかります。

外反母趾（**図4-3**），凹足，鉤足といわれるものもアライメントの不良です。足部の

ショックアブソーバーの役割をする内側縦弓，外側縦弓，中足骨弓，横弓（**図 6-1** 参照）の低下もアライメントの不良です。内側縦弓が低下すると扁平足になり，中足骨頭で構成される中足骨弓が低下すれば第 2，3，4 の中足骨頭で体重を受けることになります。

　足の適切な構造は，上記の 4 つのアーチ（弓）でドームをつくり，母趾球，小趾球，そしてかかとの 3 点で支えている状態です（**図 21-1** 参照）。

　正常な脊柱の状態は，後ろから見ると，頭部，両側肩甲骨の中心部，臀部の裂け目，脚の中心を結ぶライン，そして横から見ると耳，肩，大転子，膝，内踝を結ぶラインが垂直であるのが理想とされていますが，このアライメントの崩れはよく見られます。その典型的な例は，猫背，亀背，胸椎後弯，胸椎側弯，腰椎前弯です（**図 3-4** 参照）。脊柱の弯曲，アライメントの不良は，すべて腰痛に関係してくる可能性があります。

❷ 用具，器具の不良はないか

　用具や器具のチェックは，外傷・障害の発生要因を考えるうえで非常に重要なことです。なぜ，肘や肩が痛くなったのか，例えばテニスをしている人であれば，どのようなラケットを使っているのか，という用具の問題です。その人の能力・技術レベルに応じたラケットを使っているのか，ガットの張りの強さが適当であったのかなども関係します。例えば，肘が痛いといえば肘を治療します。しかし，治療によっていったんは痛みが軽減しても，テニスをするとまた痛みが出る。このような場合，不適切なラケットを使っていることが原因であれば，その原因を取り除かなければ，その痛みから逃れることはできません。

　シューズについても同様です。シューズの大きさ，サイズが合わないと足趾の腱鞘炎が起こったり，さらに足部だけでなく，下肢のいろいろなところに痛みが起こったりします。このような場合シューズを変えるだけですべてが解決することがあります。

❸ トレーニングのやりすぎはないか

　外傷や障害がなぜ起こったのかを探るときには，どのような運動やトレーニングをしていたのかを知ることも必要です。一番多いのは，やはりオーバーユース，いわゆるやりすぎです。その人の体力（筋力や持久力など）の範囲を超えてやれば強くなる

という，誤った考え方です。自分のコンディショニング以上に投げすぎたり，跳びすぎたり，走りすぎたりすると，筋肉を過度に使ってしまい，筋肉と骨に対して過剰なストレスがかかり，その結果，裂離骨折，疲労骨折，筋の断裂などの外傷や障害が起こったりします。

④ コンディショニングの不足はないか

　これは，その人の体力に見合った練習ができているかどうかということです。ハードな練習をするには，それだけの筋力や持久力が必要です。ハードな練習に必要な機能，能力，体力が備わっていない人がハードな練習をすると，必ず筋肉が疲労します。そのような状態で練習を続けていると，当然のようにオーバーワークになります。例えば，"君はボールを投げる前にもっと体力をつけなさい，筋力をつけなさい，持久力をつけなさい"といわれるような状況がコンディショニング不足の状態であり，障害を起こす可能性が高いといえます。

⑤ テクニックは十分か

　サーブやスローイングなどの技術を必要とするスポーツ，特に非常に難しいテクニックを必要とするスポーツの場合には，正しいテクニックが使えているかどうかが問題になります。例えば野球では，投げ方が悪いために肩や肘を傷めますし，走り方が悪ければ脚を傷める可能性が高くなります。スポーツ選手を指導する場合には，そのスポーツの適切なテクニックやからだの使い方を熟知しておく必要があります。テクニックが悪いと異常なストレスがどこか1ヵ所に集中します。そのため，例え体力があってもテクニック不足のためにストレスが積み重なって障害が起こります。これはテクニック不足によるオーバーユースということができます。

⑥ スピードに問題はないか

　怪我の原因で見逃されやすい要因が，スピードです。スポーツ動作の中でスピードが速くなれば，それに応じてストレスも大きくなります。速く走る，速いボールを打つ，速いボールを投げると大きなストレスがかかります。速いボールを投げれば投げるほど，速いスピードで走れば走るほど，非常に大きなストレスが肩や脚にかかると

いうことを理解することが必要です。

スピードの問題は，自分の四肢を速く動かすときだけでなく，スピードのある物体を受けたり打ち返したりするときにも大きなストレスを受けます。例えば，テニスで速いボールを打ち返しているとその反動が肘や肩に返ってきます。

❼ 環境に問題はないか

外傷や障害の発生要因には，練習やトレーニングの環境に問題があることがあります。つるつるした床や木質の床であるとか，アスファルト道路，コンクリート，芝生，土のグラウンドや全天候型トラックなど，さまざまな環境があります。足もとの材質によってからだにかかる衝撃や反動が異なるため，特に下肢の障害の大きな要因であるといえます。また，温度・湿度，暑さ，寒さ，風などの影響によってからだの動かしやすさが変わるので，環境の問題はいろいろな障害を引き起こす要因といえます（144ページ参照）。

❽ コンディションに問題はないか

ここでいうコンディションは，体調を意味しますが，これも外傷や障害の発生要因となります。体調が悪いのに練習してしまったり，病みあがりで練習してしまったりすることも怪我の要因です。寝不足や食事を抜いた状況でのハードトレーニングは，精神的・身体的にも大きなストレスとなります。

❾ アクシデント

アクシデントとは，思いがけない不幸な出来事，事故，災難ということです。防ぐことができないと思われがちですが，アクシデントは集中力が切れるときに起こりやすいので，集中力を保つことでこれを未然に防ぐことができます。

3　スポーツ外傷・障害への対処

スポーツ活動をすることによって肩が痛い，腰が痛い，膝が痛いなど，いろいろな

4. スポーツ外傷・障害の予防

痛みを訴えたとき，どのように対応するのか考えることが重要です。いろいろな痛みを訴える人たちを見ると，立位姿勢，歩き方，走り方，投げ方などに問題があることが多くみられます。正常な状態ではなく，何かがおかしい状態です。

骨が折れていたり，骨にひびが入っていたり，靭帯が切れていたり，その他の結合組織が傷ついていれば，トレーナーでは対応できません。しかし，ほとんどの場合，結合組織に問題はないが，動くと，動かすと痛いというものです。その場合，からだのゆがみやアライメント不良の傾向があります。

歩く姿は，横にぶれながら歩いたり，前かがみになって歩いたり，逆にそり気味で歩いたり，肩がねじれて歩いたり，膝が開くようにして歩いたり，閉じ気味で歩いたりしています。

足を見ると，極端にかかとからついて歩いたり，小趾側からついて歩いたり，つま先から滑り込ませるように歩いたりと，いろいろな癖があります。

その癖を見つけます。何らかの癖をもっている人は，自分では気づかず，言われてみてはじめてわかります。動きを修正すると，逆にそれで違和感を感じます。頭や肩が傾いているのを正しく修正されると，逆に傾いている感じがしたりします。

どこかの筋肉が痛い時に，その痛い部分のみに注目し，その痛みに物理的な治療を施しても望む結果は得られません。解決できる道・方法はいたってシンプルで，正常な状態にもどすことです。異常な状態を正常な状態にもどすことです。

そこには何らかの手技，テクニックといったものが必要で，それはからだのメカニズムを知ることが基礎になります。からだは，どんな刺激を与えられればどんな反応をするのか，決まっています。そんな刺激→反応を利用するのです。

5 リハビリテーションの基本

トレーナーによるリハビリテーション

1 リハビリテーションとは

　リハビリテーションとは，もとの状態に「**回復する**」「**もどす**」ということです。言い換えれば，もとのコンディショニングレベルにもどすということです。怪我をすると，筋力が低下し，スピードが低下し，柔軟性も低下します。レベルダウンした身体能力の構成要素をもとのレベルにもどすということが，リハビリテーションの目的です。

　リハビリテーションは，リ・コンディショニングということでもあり，トレーニングを指導することになります。例えば，膝を捻挫して，もとのように膝が伸びない選手がいるとします。そのよう選手には膝の柔軟性を改善させ，膝の筋力が落ちた場合，膝の筋力を回復させることになります。

　リハビリテーションでは，選手の現在の状況を正しく把握し，1週間後はどのような状況になっているべきか，2週間後はどうなっているか，数週間先までのプランニング

が必要です。そのプランに沿ってリハビリテーションを実施し，最初の1週間は思った通りの結果が出たが，2週間目はどうか。もし，そこから思った通りの結果が出ず，うまくいかないで，3週間目にまだ変化がみられないような場合には，4週間目には何かを変えないといけません。何を変えたらいい変化が出るのか，その分析をすることが必要です。

以後，修正→実施→評価→修正→実施というサイクルを繰り返し，完全復帰を目指します。

2 リハビリテーションのステップ

リハビリテーションは，大きく分けて6つのステップがあります（図5-1）。

最初のステップは，**関節可動域の獲得**です。関節を直接傷める場合もありますが，その関節に付随する筋肉や腱などが傷つくと，当然，関節の動きが制限されるようになります。また，怪我などで関節をギプスで固定すると，固定した部分の筋肉が萎縮したり関節の拘縮が起こります。筋肉の動きや力が弱くなると，当然，動きが制限されます。完全にもとの関節可動域の状態にもどすことが必要です。

2つ目のステップは，**筋力の獲得**です。筋力というのは，次の3つ目のステップの筋持久力とは異なるものです。筋力とは，最大収縮する強さ，いかに大きな力を出して筋肉を収縮できるかということを指します。筋肉は，使わないと細くなり，大きな力が出せなくなります。放置すれば，筋肉が萎縮します。筋力を取りもどすということは，もと通りの筋肉の太さ，強さを取りもどすことです。それができて，はじめて次の筋肉のスタミナをつる**筋持久力の獲得**に移行します。

筋力を取りもどし，筋持久力を取りもどせたら，4つ目のステップの**スピード・パワーを取りもどします**。大きな力が出せな

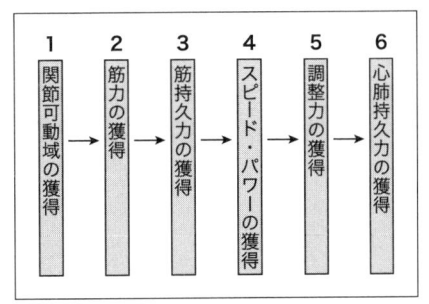

図5-1 リハビリテーションの6つのステップ

いのに，スピード・パワーの獲得に励んでしまうと，また筋肉や関節を傷めてしまいます。そういう意味で筋力を取りもどすということは，筋持久力やスピード・パワーの土台になります。

5つ目のステップは，**調整力の獲得**です。これはランナーであれば走るということ，バスケットボールの選手であればドリブルをしたりジャンプをする，バレーボールであればトスを上げたりスパイクを打ったりすることを指します。

最後の6つ目のステップは，**心肺持久力の獲得**です。心肺持久力とは，心臓と肺のスタミナのことで，いわゆる全身持久力と呼ばれるものです。心肺の機能は，一度下がるとなかなか上げることは難しいといわれています。心肺持久力のリハビリテーションはできるだけ早くスタートし，レベルダウンをしないようにします。

そして選手が競技に復帰するためには，その前提となる基準があります。
① 腫れがなくなっているか
② 自由に動かしても痛くないか
③ もとの，またはそれ以上の筋力やパワーを取りもどしているか
④ もとの筋肉の太さ・サイズを取りもどしているか
⑤ もとの持久力を取りもどしているか
⑥ スピードと敏捷性を取りもどしているか
⑦ 足の怪我に関しては，左右への90°の鋭い方向転換ができるか
⑧ これらすべてのことが痛みなくできるか
⑨ 関節の安定性があるかどうか

これらの問題がクリアされれば，完全復帰となります。

③ 受傷から復帰までの流れ

怪我が実際に起こってしまった場合，どうすれば早く現場に復帰できるのでしょうか。**図5-2**に怪我をして現場に復帰するまでのプロセスを示してあります。当然のプロセスのように思われるでしょうが，現実にはこのプロセスを正しく踏んでいないケースが大半です。

5. リハビリテーションの基本

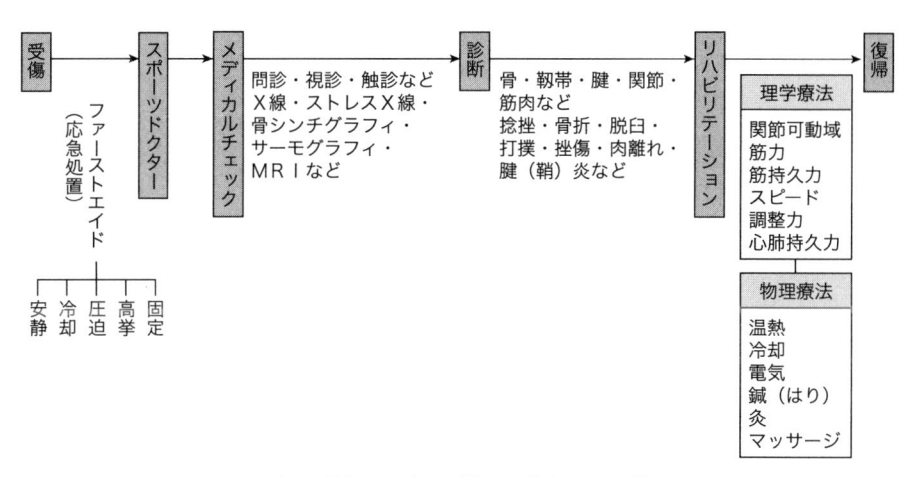

図5-2 スポーツ外傷・障害の受傷から復帰までの基本的な流れ

　怪我をしたらまずドクターにみせて，診断をあおぐことが必要ですが，この最初のプロセスからまちがえていることが多いのです。なぜかと不思議に思う人が多いはずです。では例えば，ある日突然膝が痛くなったとき，ドクターを尋ね診断を受けているでしょうか。日本には東洋医学と呼ばれる民間療法が多数あります。鍼（はり），灸（きゅう），あんま，マッサージ，指圧，整体などがそうです。ドクターとはスポーツドクターであり，病院であり，X線などの機器があり，精密検査のできるところを意味します。民間療法の施術院と病院のドクターを混同していることが多いのです。

　民間療法では診断行為ができないことになっています。外観から怪我をみただけで関節の中がどうなっているのか，骨がどうなっているのかはわかりません。しかし，現実には検査もなく，捻挫，骨折，肉離れなどの診断がくだされているのです。これは大変なことです。

　怪我が発生したらまずどこがどの程度悪いのか判断・確定することが必要です。それができるのは病院であり，ドクターなのです。**図5-2**からもわかるように，民間療法はリハビリテーションの際に用いられる物理療法の手段に入ります。言い換えると，最初から民間療法に行くということは，怪我をしてすぐにリハビリテーションをはじめてしまうことになるのです。そこには安静や冷却という基本的処置も行われません。これでは治癒が促進されるか悪化するか一種の賭けのようなものです。鍼，灸，マッ

第Ⅰ章　スポーツ外傷・障害の発生と予防

サージなどの物理療法は，本来ドクターの指示のもとに行われるべきものです。

4　リハビリテーションとファーストエイド

　怪我→ドクター→X線などによる診察→診断のプロセスを指導者や選手はおろそかにしています。このプロセスをまちがえてあちらこちら民間療法を尋ね歩くケースが往々にしてあるのです。

　怪我→ドクターのプロセスの前に現場で忘れてはいけない処置があります。それは**ファーストエイド**です。ファーストエイドは，RICE処置として知られ，すでに本書でも紹介していますが，怪我や痛みが起こったらすぐにトレーニングや練習を中止して安静にし，冷やす必要があります。

　ファーストエイドは24～72時間実施するのが普通です。いわゆる「2～3日安静，無理するな」という処置です。どんなにひどい損傷が起こっても，72時間もあれば症状が落ち着きますし，悪化することもなくなるという医科学的判断に基づくものです。

　それ以後に回復（治癒）過程がスタートするということで，そのときがリハビリテーションをはじめる時機ということになります。

❶　「冷やす」ことの重要性

　現在のスポーツ医学では，まず冷やすということが基本です。しかしこの冷やすといういちばん大切なことが十分行われないことも事実です。それは冷やす程度，すなわち時間が問題だからです。できるだけ患部の深部まで冷やす必要がありますが，冷やす方法がまちがっていたり時間が短すぎると皮膚の表層部しか冷やされません。逆に冷やしすぎたり，冷やす時間が長すぎると患部や皮膚表層部の凍傷が起こったりします（40ページ参照）。

　冷やす原則は，次のように考えます。

　患部の深部まで冷やします。そのためには冷やす手段が問題です。冷たい水を掛けるだけでは，無理です。最適な手段は氷を使うことです。

　氷を入れたアイスパック，氷水，氷で直接マッサージすることがすすめられます。

患部の感覚がなくなるまで冷やします。しかし冷やす時間は最大20分までとします。20分経過しても感覚がなくならない場合もそこで終了します。逆に10分で感覚がなくなれば，それで十分です。

よくまちがえて，時間を短くしてしまうことがあります。それは，感覚がなくなるまでに，冷たい→温かい→しびれ→麻痺（まひ）という感覚の変化が現われ，途中でやめてしまう場合です。この点は，冷やす前にトレーナーがアドバイスしなければなりません。痛みの強い場合では，20分冷やしても痛みが軽減しないことがあります。そのような痛みが強い場合では，1時間ごとに20分ずつ冷やすことを寝る前まで繰り返します。そしてファーストエイドの72時間までは，原則的に1日3〜4回冷やすようにします。

② リハビリテーションはファーストエイドからはじまる

以上のようなファーストエイドでの冷却が確実に行われれば，患部の悪化を防ぎ，回復を促進することにつながります。

往々にして怪我をしても何もしない場合が多く，怪我をして3〜4日，また1週間もしてからファーストエイドをしていることが多いようです。本来は，3〜4日たてばリハビリテーションを開始していなければならない時期なのです。ファーストエイドの遅れと，「怪我→ドクター」のプロセスの誤りによって回復をますます遅らせる結果となっています。

リハビリテーションの第一歩はまさにファーストエイドの安静と冷やすことからはじまるといっても過言ではありません。現場ではあまりにも痛みや違和感，不快感に対して鈍感になっているような気がします。些細な痛みや不快感に対してまず確実にファーストエイドを実施することが，次の大きな障害につながる道を遮断することになります。

痛みや不快感は耐えるものではなく，注意信号であることをわれわれはもっと素直に受け入れたいものです。

5 「冷やす」と「温める」

ファーストエイドが適切であれば，遅くとも3〜4日後からリハビリテーションエ

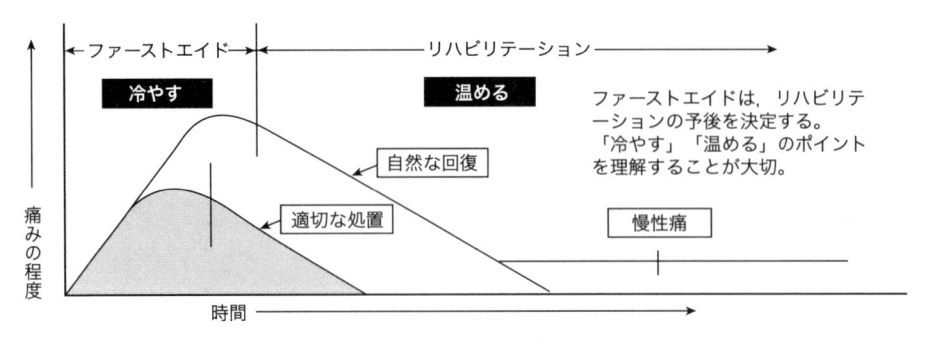

図5-3 痛みに対する「冷やす」と「温める」処置の目安

クササイズをスタートすることができます。

図5-3に外傷・障害が発生してからいつまで冷やして、いつから温めればよいかを簡単に示してあります。最初に冷やすことがわかっていてもいつまでも冷やしていては、患部の回復（治癒）は促進されません。

簡単に考えると怪我をしたということは、身体の組織細胞が破壊されるわけで、それが炎症反応となって痛み、腫れ、赤味となって症状が出現します。その炎症を冷やすことによって抑えるわけです。ひどい損傷であっても安静、冷却、圧迫、高挙（RICE）（30ページ参照）を繰り返せば、24〜72時間の間に鎮静します。

① 「温める」ことの必要性

炎症が治まれば、次に損傷組織の修復が必要です。そのために何が必要でしょうか。

われわれのからだの組織は、細胞という単位でできています。その細胞が生きるため、また修復するためには血液が必要なのです。それも栄養、エネルギーに満ちた血液です。

筋肉の修復に必要なたんぱく質や骨の修復に必要なカルシウムも血液となって体内に運ばれるのです。傷ついたからだの細胞の修復には、まさしく血液を多量に運んでやることが必要です。

ところが、炎症が治まった後も冷やしていると血液の流れは悪くなります。ですから、冷やすのをやめて患部を温め、多量の血液を運んでやらなくてはいけないのです。病院のリハビリテーションでエクササイズするとき、まず患部をホットパックで温め

5. リハビリテーションの基本

てからエクササイズをはじめることもこのためです。

しかし，実際にはいつまで冷やして，いつから温めればよいか，なかなか判断のつかないことが多いと思います。

そこで「冷やす」「温める」ことを判断するために，自分の痛みを1つの指標としてみます。外傷・障害にかかわらず，まず痛みが出現し，その痛みは時間の経過とともに強くなります。痛みが強くなっていくということは，悪化していると考えることができます。初期には軽い痛みが2～3日続き，その後耐えられないほどの痛みへと進行するはずです。多くの人は痛みに耐えられなくなってからドクターのもとへ向かうはずです。軽い痛みはかぜひきのくしゃみ程度にしか考えていないのと同じことです。くしゃみが出たときに体調に気をつければ高熱を出す心配もなくなります。痛みに対しても初期の痛みの段階で手を打つことです。

② 冷やす時期と温める時期

痛みの程度の進行と悪化は，正比例の関係があると考えましょう。痛みが続くかぎり冷やすことです。そして痛みは程度の差こそあれ，かならずピークを迎えるはずです。そのピークをすぎると痛みは下降に向かいます。これが回復（治癒）過程の開始になります。

この回復過程のときに必要になるのが血液です。この痛みが下降に入った段階が温め出すときであり，同時に患部周囲のリハビリテーションを開始する時期なのです。したがって一般的には，長くても3～4日もすれば痛みが軽減してくるはずで，冷やすことから温めることに変えてリハビリテーションを開始できるはずです。

最近では積極的に受傷後2～3日してエクササイズを開始している場合もあるようですが，ここでの問題はオーバーヒートが起こることです。

患部を温めてリハビリテーションエクササイズを開始すると患部の血液量が増え，一時的に炎症状態が起こります。このエクササイズによる炎症を毎日コントロールする必要があります。そのためにリハビリテーションの後は，必ずアイシングすることが必要です。多くのケースでは，リハビリテーションの前に温めて血行をよくし，エクササイズへとつなげていますが，その後のアイシングを怠っています。そのために，2～3日リハビリテーションエクササイズをすると，また痛みがひどくなったりしても

との状態から脱出できず，行ったり来たり小康状態を保つケースが多いのです。

このように，痛みのピークの後も完全に痛みが消えず，わずかな痛みがずっと残る場合があります。これは慢性痛と考えられ，リハビリテーションエクササイズ後のアイシングが不足しているとみられます。このような慢性痛のケースでも，温めてエクササイズ，その後にアイシングというパターンを確実に繰り返すことで，少しずつ感じる痛みの程度が軽減されるはずです。焦らず確実にやることが慢性痛の対策となります。

6　リハビリテーションエクササイズ

痛みの軽減とともに患部の血行の促進と患部周囲のリハビリテーションエクササイズを開始するわけですが，何からはじめればよいでしょうか。

リハビリテーションの目的は，受傷前の正常な状態にもどすことです。もとどおりに動いて，もとどおりの力が出せることなのです。いわゆる**関節可動域**（rang of motion：ROM）**と最大筋力を取りもどす**ことなのです。もとどおりに動いてもとどおりの力が出せれば現場復帰は可能です。

図5-4をみてください。そこには全力でプレイできるようになる過程をステップで表してあります。その第一歩はファーストエイドになっており，次のステップは関節可動域がもとどおりになることが続きます。その後，もとどおりの筋力を取りもどすことになります。関節可動域の獲得にはいろいろな方法がありますが，その手段はストレッチングやPNF[*1]のテクニックが中心となります。具体的な方法については，身体各部位のリハビリテーションエクササイズのところで述べます。

もとどおり動くようになれば，次のステップは筋力の獲得です。リハビリテーションでむずかしいのはこの筋力の獲得です。

● 筋力の獲得

ここでいう筋力とは最大筋力を意味し，筋持久力ではありません。一般の病院での

[*1] PNF：proprioceptive neuromuscular facilitationの略。固有受容性神経筋促痛法ともいう。筋や腱に刺激を与え，筋力や関節可動域を高めるテクニックでストレッチングと組み合わせて応用されている。

5. リハビリテーションの基本

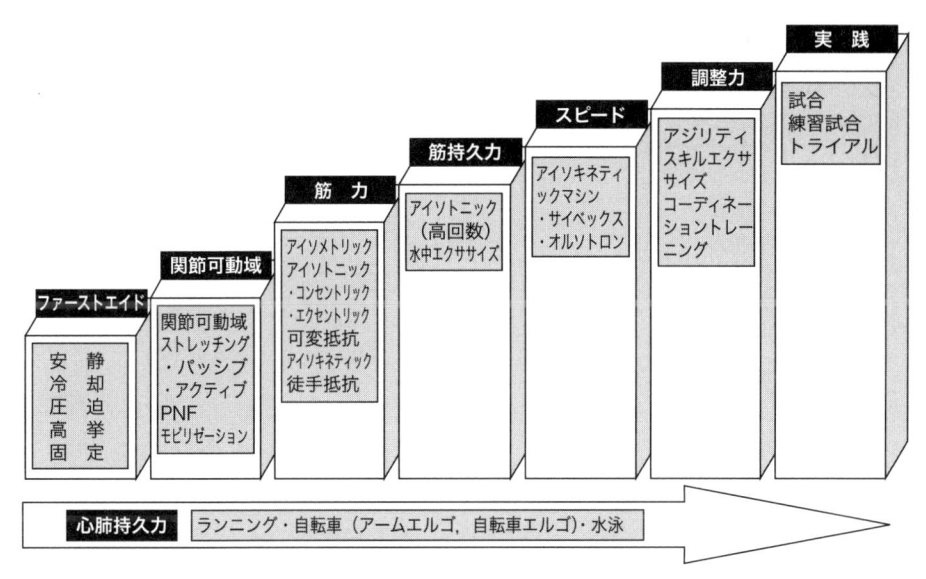

図5-4 機能的なリハビリテーションプログラム

リハビリテーションでは，関節可動域の回復の後，筋持久力の回復に重点がおかれているような気がします。筋持久力は最大筋力を指標としているので，最大筋力がもどれば筋持久力の獲得も容易です。しかし，逆に筋持久力が回復しても最大筋力の獲得はできません。

　最大筋力の獲得には，大きな力を出すことと筋肉が太くなることが必要です。トレーニングやエクササイズの際に健康な四肢と比較して出せる力（重量，負荷）をみたり，患部の周径囲（太さ）を測定したりすることで回復程度を判断することができます。

　筋肉がもとどおりの太さに回復し，もとどおりの力が出せればもとどおりプレイできる可能性は100％に近いわけです。しかし，筋肉の太さと力がもとの70〜80％しかもどってなければ，多少プレイすることは可能ですが，大きな力を発揮したときやストレスを受けたときに再発する可能性が高いといえます。普段から，定期的に体力測定や身体測定をして自分の上肢や下肢の周径囲などがわかっていれば，怪我からの回復状態を把握することができます。もし太ももを1 cm太くしたいと思えば，たいへ

表5-1 競技に復帰する回復度の目安

- 腫れの消失
- すべてのエクササイズが痛みなくできる
- 完全な関節可動域の獲得（痛みなしで）
- 受傷前の筋力とパワー
- 受傷前の筋の太さ
- 受傷前の筋持久力
- 受傷前の心肺持久力
- スピードと敏捷性（下肢）
- 直線の全力走
- 90°のカットラン（全力）
- クロスオーバーキャリオカ（全力）
- 専門的な体力テスト
- 復帰への強い意欲
- ドクター，トレーナーの許可

んな努力と集中したトレーニングが必要ですが，手術をしたり，3～4週間使わなかったりすればすぐに筋肉の萎縮が起こり，簡単に2～3cm細くなってしまいます。

それほど筋力の回復は重要なのです。筋力・パワーが必要な選手ほど太くて強い筋肉づくりが必要で，それなりの器具も必要になりますが，病院のリハビリテーショではそれは不可能です。病院のリハビリテーションは，日常生活動作（activities of daily living：ADL）が可能なレベルに復帰させるのが目的であり，ゴールでもあります。ADLが獲得できた後は通院になります。したがって，通常の病院のリハビリテーションでアスリートのリハビリテーションを完全にやり遂げることは非常に難しいといえます。

7 専門的エクササイズの開始

リハビリテーションのスタートとともに関節可動域と筋力が回復すれば，少しずつ専門的な筋力づくりと専門的な動きづくりに入っていきます。

基本的な関節可動域と筋力が回復すれば，練習に復帰できます。

練習に復帰するとすぐにチームプレイや全力プレイに走りがちですが，ここでもう少し落ち着いて回復ステップを踏む必要があります。

下肢と上肢の怪我を例にして，どのような手段で全力疾走，全力投球にもっていくか説明しましょう。

① 下肢の回復のステップ

図5-5をみてください。ここには下肢の怪我の場合を例に，どのように全力疾走に

5. リハビリテーションの基本

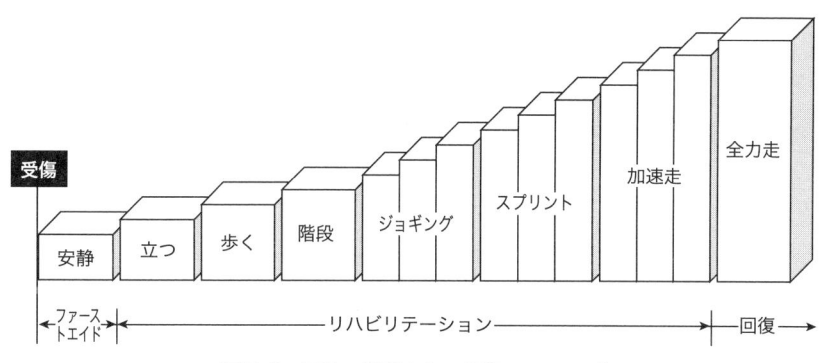

図5-5 下肢の怪我からの回復のステップ

までもっていくかを段階的に示してあります。

　まず最初に,「患部に痛みを感じることなく立っていられるか」という段階から入ります。立っているだけで膝や足首に痛みを感じれば,当然,体重を負荷することさえ無理な状態を示しています。その際には患部に体重をかけないで座るか寝ていることです。

　次に患部に体重をかけても痛みを感じなくなれば,「歩く」ことになります。歩いて体重をかけると痛みが出るようであれば,当然,松葉杖を使うか歩行禁止となります。

　歩行の次は,「階段の昇り降り」です。階段を昇るときに痛みはないか,また階段を降りるときに痛みはないか,この階段の昇り降りで痛みがあれば,当然,次のジョギングへと進められないわけです。走ってもよいかどうかの判断は,階段の昇り降りの際の痛みの有無で判断できます。

　確かに階段の昇り降りや歩行で痛みがあってもジョギングはできるでしょう。しかし,それは痛みに耐えながらのジョギングとなり,そこには跛行(足を引きずる)がみられることになり,結果的に変な癖がついてしまうことにもなります。

　さて,万一痛みに耐えてジョギングした結果はどうなるか。それは明らかなように,また回復ステップの一番下に落ちてしまうことになります。すなわち,また痛みがひどくなり,ファーストエイドをし,安静からスタートするはめになるのです。

● 焦らず1段ずつステップを昇ることが必要

　回復ステップの頂上に到達するためには,2〜3段飛び越して昇ると早く到達すると

表5-2 漸進的なランニングプログラム

ステップ	漸進性の基準
自転車	30〜40分
歩行	30分以内で3.2 km
ジョギング	50 mジョギング，50 m歩行で400〜1600 mまで。この後ジョギングの距離を伸ばして歩行の距離を短くする。最終的に1600 m続けてジョギングする
ランニング	3〜6 kmにジョギングの距離を伸ばして，受傷前のペースにもっていく
スプリント	10〜15 mで1/2のスピードにもっていく。その後1/2のスピードで40 mスプリントし，最後に10〜20 mスピードダウンする。スピードは1/2→2/3→3/4→全力へと進める
8の字走	20〜30 mの距離の8の字走からはじめ，2〜3 mずつ距離を短くし，最終的に10〜20 mの8の字走を全力で行う
基本ドリル	縄跳び，ジャンプ種目，階段，バック走，サイドステップ，ストップ・アンド・ゴー，カッティングなど
スポーツのドリル	専門的スキル

思うはずです．しかし，実際には2〜3段飛び越していくと，階段を踏みはずし，もとの一番下まで転がり落ちてしまうことになります．まさにウサギとカメの競争のようなものです．焦らず1段ずつ昇ることが，結果的に最短時間で昇りつめることになります．

最大のポイントは痛みを感じないように，次のステップに移っていくことです．階段の昇りは痛くなくても，降りるときに痛みがあれば（これは特に膝の怪我に多い），まだジョギングは無理なのです．昇りも降りるときも痛みがなくなってはじめてジョギングに移ります．

ここで無理をしなければ，ジョギングから普通のランニングへとスムースに移行できます．

このジョギングのステップから加速走までは，3段階ぐらいにステップをさらに分ける必要があります．いきなり怪我をする前のスピードでジョギングするのではなく，まず50％ぐらい，次に70〜80％ぐらい，次にもとのペースというように進めます．そこで痛みが出れば1つ手前の段階にもどします．こうして自分の痛みと相談しながら進

5. リハビリテーションの基本

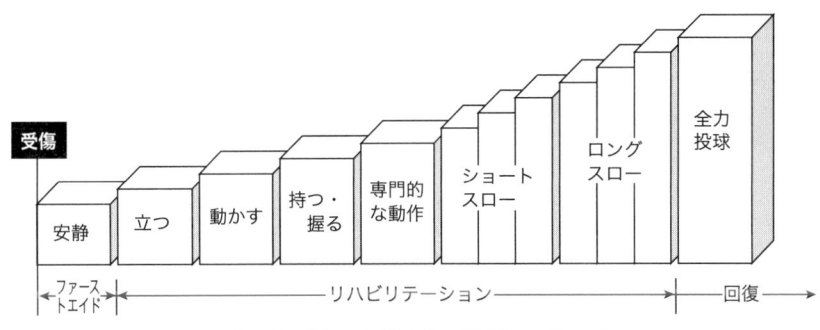

図5-6 上肢の怪我からの回復のステップ

めることで最も早く頂上に昇りつめ，もとの全力疾走にもどることができるのです。

ところが，ほとんどの場合，回復段階でつまずき，失敗を繰り返すことになります。それは「少々の痛み」を無視するからです。「少々の痛み」も積み重ねていけば，「強い痛み」に移行するのです。下肢の怪我では，練習以外に日常で常にストレスを受けることになるわけですから，慎重に取り組むべきです。

② 上肢の回復のステップ

次に上肢の回復ステップについて説明します。**図5-6**をみてわかるように，ほとんど下肢の怪我と変わりはありません。ここでは肩，肘の怪我を想定してみます。

まず座ったり立っているときに肩や肘がうずいたり，痛みがないかということからはじまります。上体を立てたときに痛みが出れば，まだ寝てなさいというサインです。

次に，立っていても痛みや不快感がなくなれば動かしてみます。自然な動きで肘を曲げたり伸ばしたり，腕を上げたり回したりという動きです。これで痛みがあれば，まだ動かすことは無理です。

さらにボールやバット，バッグなどを持ってみます。また強く握ってみて痛みがないかという段階に入ります。

このように肩，肘，手首などの関節を動かしてみて，痛みがなく，物を持っても痛みが出なくなれば，次に自分のスポーツのフォームで動いてみます。投手であれば投球動作で，バレーボールであればスパイクといった実際のパフォーマンスの動きをやってみます。最初はスローモーションからはじめ，次第に動きのスピードを速めてい

表5-3 漸進的なスローイングプログラム

ステップ	漸進性の基準
ショートスロー	10〜15mでショートスロー（適切なスローイングテクニックで）
ロングスロー	センターのポジションからセカンドベースまで投げる。最初は転がるように投げ、次に4バウンド、3バウンド、2バウンド、1バウンドで届かせる
マウンドからのスロー	マウンドから1/2のスピードで投げる（適切なスローイングテクニックで）
直球	直球を3/4のスピードで投げられるようにする
変化球	カーブ、スライダーを3/4のスピードで投げられるようにする
スピードボール	全力投球（適切なスローイングテクニックで）
実践的なスロー	牽制などの実践的なスローイング
フィールディング	バント処理などのフィールディング

きます。このステップが完全に痛みなくできなければ、ボールを投げたりスパイクを打ったりすることは当然できないのです。このポイントも下肢と同様「**少々の痛みはあるが**」という気持ちで**無理をしない**という注意が必要です。

● 段階を踏むことがポイント

上肢の動きは下肢の動きと連動しているので、特に上肢と下肢のコーディネートされた動きを取りもどすことが大切です。往々にして下肢を使わずに上肢だけ意識して動きがちです。この段階でスムースな身体の動きを取りもどすことが再発を防止する一番重要なポイントです。

ここまで道具を持たず、パフォーマンスの動きができればようやく実際のスローイングに入ります。

このスローイングでは、下肢のランニングと同様、さらに段階を踏んで全力投球にもっていきます。最初は短い距離でのスローイング、次に遠投、最後に全力投球ということになります。ショートスローでも最初は50％の力で、次に70〜80％、そして

100％というように3段階に分け，遠投も全力投球も同様に3段階に分けて行うことがポイントです。痛みや不快感が出たら1段階前にもどることです。

こうして痛みを感じることなく，多少ステップを昇ったり降りたりしながら頂上に昇りつめることが，最も早く全力投球できることにつながります。下肢のところと同様で，けっして2～3段飛び越さないことです。無理をすればまた階段を転げ落ちます。

8 リハビリテーションのポイント

以上でどのように全力疾走，全力投球にもっていくか，そのプロセスが理解できたと思います。

ここで忘れていけないことは，この回復ステップはリハビリテーションの過程であることで，そのためにまず患部を温め，次にエクササイズを行い，最後にエクササイズで起こるオーバーヒートを抑えるためにアイシングすることを忘れないでください。「温める→エクササイズ→冷やす」のパターンは，完全に回復するまで続けることです。このフォローを忘れるとどこかのステップで止まってしまいます。

リハビリテーションのポイントをまとめると，次のようになります。

①ファーストエイドを忘れるな。

②関節可動域と筋力の回復に全力を尽くせ。

③痛みを感じることはするな。

④最初温めて，最後に冷やせ。

第Ⅱ章

部位別障害と
リハビリテーション

6 足部の障害とリハビリテーション (182ページ参照)

1 足部の構造と機能

足は複雑な構造をしており，以下の3つの部分に分けられます。
後足部：踵骨（しょうこつ）と距骨（きょこつ）。
中足部：舟状骨（しゅうじょうこつ）と立方骨（りっぽうこつ），3個の楔状骨（けつじょうこつ）。
前足部：中足骨（ちゅうそっこつ）と趾骨（しこつ）。

足には26個の骨（7個の足根骨（そっこんこつ），5個の中足骨，14個の趾骨）があり，筋膜，筋肉，腱，靱帯の4層が重なりあってその構造を支持しています。

足の構造は手と似ていますが，体重負荷，緩衝作用，推進という機能に適していることで，手の機能とは異なっています。

足は弾力のあるアーチ構造になっています。自動車でいえばサスペンションにあたります。足底の天井は足の関節，靱帯，筋肉といったすべての要素が統合して，アー

6. 足部の障害とリハビリテーション

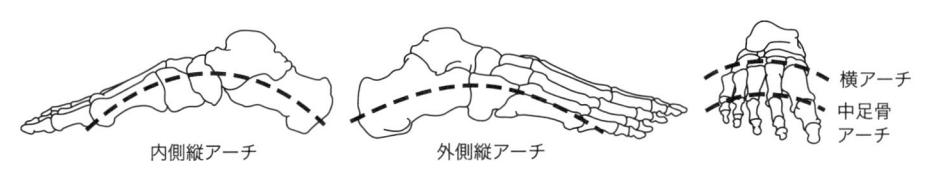

図6-1 足部のアーチ（弓）

チ（弓）構造をつくっています（**図6-1**）。アーチは足の柔軟性に不可欠な緩衝作用として働きますが，天井の屈曲や傾きは筋肉や腱の精巧なバランスによって決まります。例えば凹足や鉤足[*1]はハイアーチであり，足底の腱膜の構造やシューズのソールが硬いと障害を起こしやすくなります。

足の機能は主に背屈と底屈です。そして足部の関節可動域は，骨の構造，関節構造，筋膜，靱帯，筋肉，腱の支持などによって決まります。

▶2 足部の障害

① 足趾の腱鞘炎

ふくらはぎの筋肉が硬かったり，つま先走りをしたりすると前足部にストレスがかかります。ランニングや歩行のトゥー・オフ[*2]では，足背を走る足趾の伸筋腱に特にストレスがかかります。このストレスの積み重ねによって腱鞘炎が起こります。

足趾の腱鞘炎を防ぐには，①前足部の狭いシューズを履かない，②水疱や摩擦を防ぐためのパッドを多く使いすぎない，③柔軟でトゥーボックス[*3]が深く緩衝機能のよいシューズを履く，④ランニングの前に足趾のストレッチングをする，⑤かかとの高すぎるシューズを履かない，⑥サンダルやつっかけで運動しないことなどが必要になります。

[*1] 凹足・鉤足：土踏まずの高い足のこと。
[*2] トゥー・オフ：つま先が伸びて地面を突き刺す局面をいう。
[*3] トゥー・ボックス：シューズの前足部で，つま先をおおう部分。

図6-2　足底の構造

図6-3　モートン神経腫

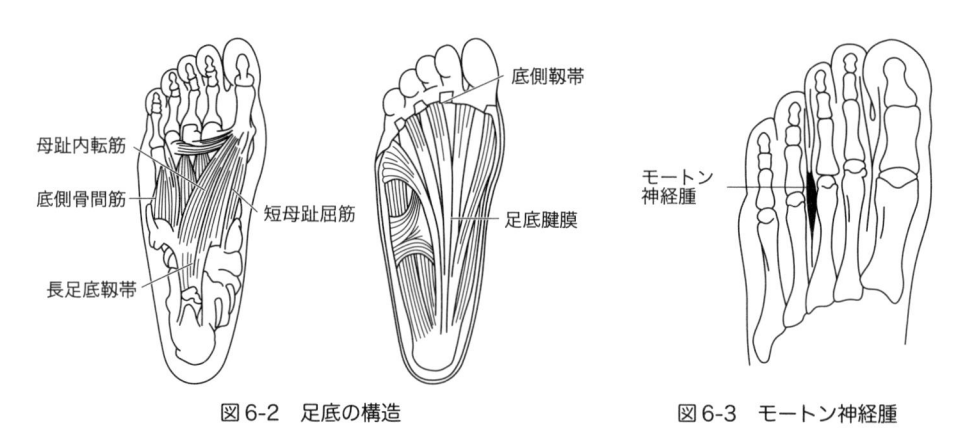

② 前足部の痛み

　シューズの小指側の裏がよくすり減ったり，小趾球(しょうしきゅう)付近に仮骨(かこつ)がみられたりするような選手が前足部に痛みを訴えることがあります。特に中足骨間がうずいたり，感覚麻痺があったり，足背への放散痛(ほうさんつう)*¹がみられたりします。また痛みは前足部を両側から握ると特にひどくなります。これはモートン神経腫（**図6-3**）と呼ばれ，中足趾節骨間を走る小さな神経がストレスによって締め付けられることで生じるものです。そのほとんどは，第2と第3の中足趾節骨間(ちゅうそくしせつこつかん)に生じます。

③ かかとの痛み

　選手が受ける多くの打撲のうち，最も悪い影響を受けるのがかかとへの打撲です。かかとの打撲はバスケットボールや三段跳の着地のように急激にストップしたり，スタートしたりする必要のあるスポーツで起こりやすいものです。

　かかとは硬い皮膚と厚い脂肪によって保護されています（**図6-4**）。しかし，かかとへの突然の直接的な力に対しては，この厚い脂肪のパッドでもかかとへの衝撃を防ぐことができません。

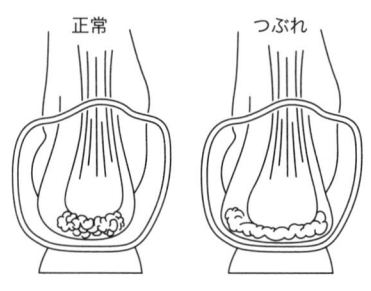

図6-4　正常なかかととつぶれたかかと

---

*¹ 放散痛：痛みが1ヵ所に限局されず，いろいろなところに分散されること。

6. 足部の障害とリハビリテーション

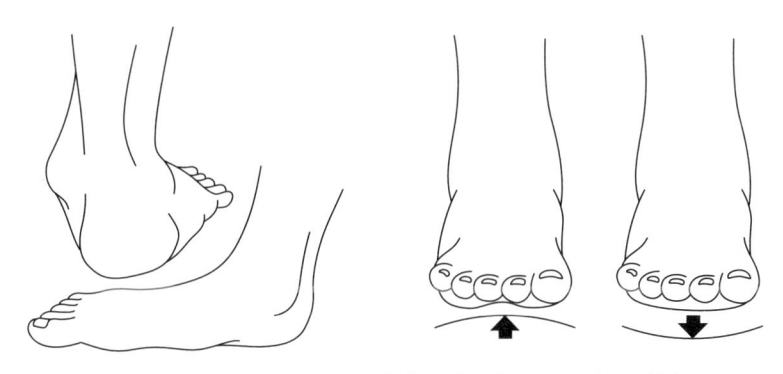

図6-5　内側縦アーチの低下（左）と中足骨アーチの低下（右）

④ アーチの痛み

　扁平足はアーチを保持している靱帯や筋肉にいろいろなストレスが加わり，それらの組織が捻挫や肉離れを起こし，土踏まずの部分に疲れや痛みを訴えるようになります。アーチの痛みは足首の捻挫の原因となったり，体重負荷のポイントが変わったりすることでマメやタコが異常に形成される原因となります。

　このアーチの痛みの原因は，次のようなことが考えられます。
① 足を締め付けたり，変形させたりするような不適切なシューズを履いて激しい運動をする。
② アーチの支持組織が弱くなる。
③ 体重オーバー。
④ アーチに不自然なストレスを与える悪い姿勢。
⑤ 硬い地面や床の上での激しい運動のしすぎ。

⑤ 足底筋膜炎

　足底筋膜とは足の裏にある筋肉の膜で，体重を支える母趾，小趾，かかとの3点支持をつかさどる大切な筋膜です。この筋膜はかかとから母趾，小趾と前足部に向かって扇状に張り出されてアーチを支えています。体重がかかればストレスが足底筋膜にかかり，引き伸ばされることになります。特に体重のかかる母趾側と小趾側の踵のつけ根付近や内側のアーチの中央部に痛みが起こったりします。足底筋膜で痛みを感じ

第Ⅱ章　部位別障害とリハビリテーション

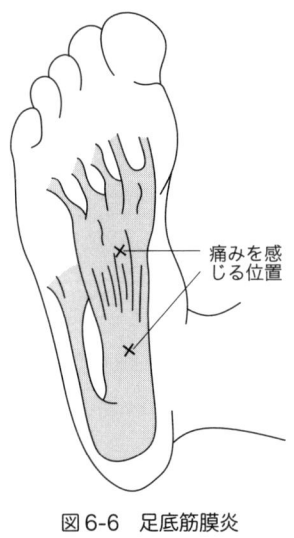

るところは伸ばされたり，少し損傷していたりするはずです（図6-6）。

　足底筋膜炎の最も大きな原因として，つま先走りがあげられます。つま先走りとは，着地のときにかかとから，もしくはフラットにつかないでつま先からついてしまう走り方です。そういう習慣がつくと足底筋が短縮され，伸ばされることがなくなります。

　つまり，足の裏がフラットに着く状態が足底筋の正常な長さで，そこから体重がつま先に加わって，足底筋が伸ばされてキックすることが正しい走り方なのですが，つま先走りではこのようなプロセスがなく，つま先だけ着いてかかとをほとんど着かずにそのままキックしてしまいます。すると足底筋は伸ばされることなく縮んだ状態で力を出すことになります。そこで，足底筋膜が伸ばされるような力が働いたときに，損傷を起こしてしまうのです。

　一度，足底筋を傷めて治りきらないのは，つま先走りが直らないからです。私の経験では足底筋膜炎になった選手のほとんどは足首が硬い傾向にあり，足の裏を密着させた状態で完全にしゃがむことができず，かかとが浮いてしまいます。

図6-6　足底筋膜炎

3　リハビリテーション

　足部のリハビリテーションの目的は，足首の動きをよくすること，可動域を広げることです。そのためには前脛骨筋を十分収縮させるようなエクササイズが必要です。

　前脛骨筋を収縮させることは，ふくらはぎを伸ばすことです。

　エクササイズとしては足の裏の筋肉を伸ばすこと，収縮させること，すねの筋肉を収縮させること，ふくらはぎを伸ばすことを主体にします。そして，着地のときには完全に足の裏を密着させる，いわゆる"べた足"状態をつくるランニングを習得することです。

7. 足首の障害とリハビリテーション

足首の障害と
リハビリテーション(184ページ参照)

1 足首の構造と機能

　足関節（足首）は距腿関節と呼ばれ，基本的には蝶番タイプの関節です。この関節は脛骨，腓骨，距骨という3つの骨で形成されています。

　この3つの骨の関係は，線維性関節包，靱帯，筋腱構造などによって支持されています。

　靱帯のうち，内側靱帯と三角靱帯は，後脛距靱帯，脛踵靱帯，脛舟靱帯，前脛距靱帯という4つの靱帯からなっています。一方，外側側副靱帯は，前距腓靱帯，後距腓靱帯，踵腓靱帯という3つの靱帯からなっています。

　骨の構造の安定性は内側よりも外側のほうが強くなっていますが，三角靱帯は外側側副靱帯よりも強くなっています。

　足関節は内がえしぎみの構造になっており，このことが足首の捻挫の大半が内がえ

81

図 7-1　足首周辺の靱帯

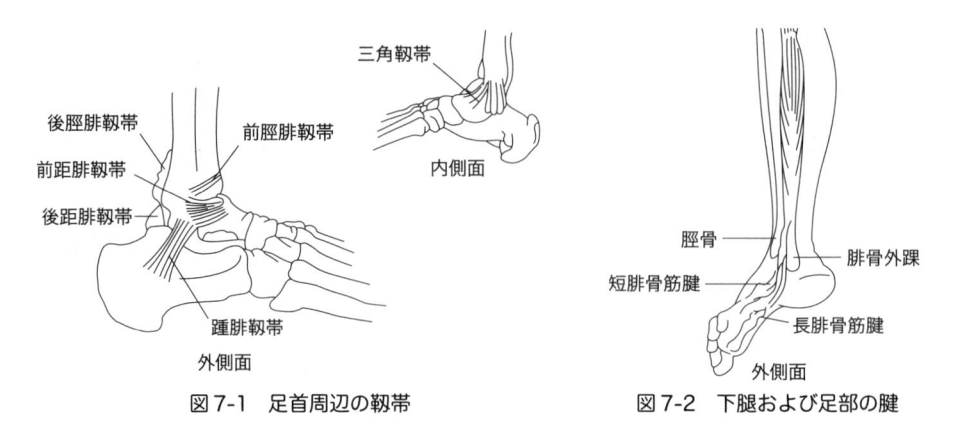

図 7-2　下腿および足部の腱

し捻挫を引き起こす原因になっています。

　足首の機能は主に外がえし，内がえし，背屈，底屈です。そして足首の可動域は骨の構造，関節構造，筋膜，靱帯，筋肉，腱などの支持によって決まります。

2　足首の障害

① 足首の捻挫

　足首の捻挫はスポーツ外傷のなかで最も起こりやすいものです。

　足首の捻挫は靱帯の損傷の程度によって3段階に分けられます。捻挫は関節を支持する靱帯自体の怪我ですから，その程度は靱帯がどうなったかによって決まります。

　外力を受けて関節が伸ばされると靱帯も伸ばされます。このとき，靱帯が耐えられずに完全に切れてしまうと第3度（重度）の捻挫です。少し部分的に切れると第2度（中程度）の捻挫で，切れずに耐えられた状態が第1度（軽度）の捻挫になります（**図7-3**）。

　このうち最も厄介なのは軽度（第1度）の捻挫です。それは完全に断裂すれば縫合し，部分的に切れれば保存して修復されるのを待てばよいのですが，軽度の捻挫では靱帯が切れずに伸ばされたままの状態で残ってしまい，緩んだ状態になるからです。

7. 足首の障害とリハビリテーション

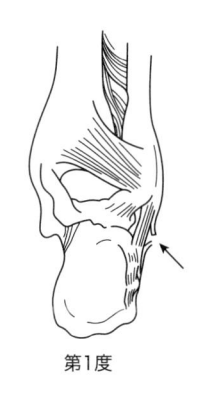

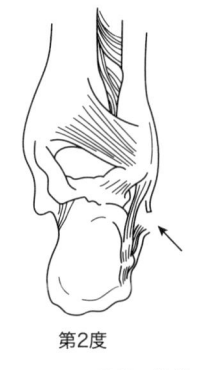

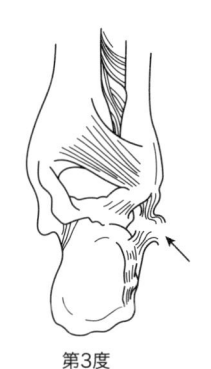

第1度　　　　　第2度　　　　　第3度

図7-3　足首の捻挫

　よく一度捻挫をすると，同じ箇所の捻挫を何度も繰り返すといいますが，それは靱帯が伸ばされて緩んだままで緊張を失い，関節を十分支持できなくなっているためです。靱帯が緩んでいると，当然，関節はぐらぐらした状態です。切れないより断裂したほうが，予後としては関節の安定性が保証されるのです。このことは，軽度の捻挫とはいえ，完全復帰には時間がかかる原因ともいえます。

　捻挫を甘くみてはいけません。軽度の捻挫がなかなか治りきらずに2〜3週間経っても痛みが残ることがよくあります。これは靱帯自体のダメージは比較的早く改善されるのですが，その後に関節内の炎症状態がなかなか消失しないからです。軽度の捻挫では2〜3日したら歩き出してしまうために，関節内にストレスを受け続けることになり，このことが初期に起こした関節内の炎症を取り除けない原因になるのです。特にアイシングを早く止めてしまうことも原因の1つです。

② 足首周囲の腱の障害

　足首の捻挫とともに起こるのが，関節周囲の内踝・外踝[*1]の前方と後方を走っている下腿筋の腱の炎症です。これは足首の内反・外反捻挫のいずれにかかわらず，どちらかの腱が一緒に伸ばされることで腱の炎症が起こります。捻挫した後，足首を曲げたり伸ばしたりするのがきつくなるのは関節の痛みだけでなく，こうした筋腱の炎症が残っているためです。

[*1] 外踝：腓骨下端の突出したところで，「そとくるぶし」といわれる部分。

第II章　部位別障害とリハビリテーション

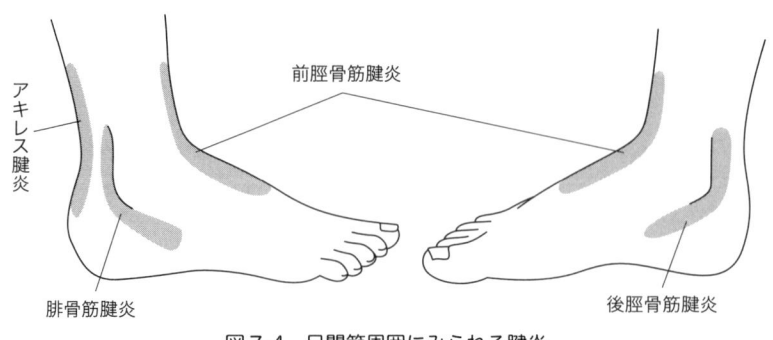

図7-4　足関節周囲にみられる腱炎

（アキレス腱炎、前脛骨筋腱炎、腓骨筋腱炎、後脛骨筋腱炎）

　足首の捻挫では常にすねの突っぱりや筋の張りが出現しますので，下腿筋の処置，すなわち筋緊張を取り去ってやることを忘れてはいけません。

　足首の周囲には前脛骨筋腱，後脛骨筋腱，長・短腓骨筋腱，第三腓骨筋腱などの腱が，足の背面や裏に走っています。これらの筋肉は筋腹という膨らみが下腿部にあり，足首の周囲では長い腱のようになっています。すねの筋肉がストレスを受けて硬くなると，この筋肉の腱が動きにくくなり，そのことが原因でくるぶし周囲の腱に痛みが出ることが多いようです。特にO脚気味で足の外側で着地する傾向のある選手では，長・短腓骨筋・第三腓骨筋といった下腿外側の筋肉が硬直を起こして，外踝周囲の腱に痛みや腫れが出たりします。いずれも足首が硬くなり，正常な3点支持ができなくなります。いわゆる下腿部の筋バランスが崩れたことが原因です。

3　リハビリテーション

　足首のリハビリテーションの目標は，正常な足首の可動域を取りもどし，3点支持を確実にできるようにすることです。

　端的な例としては，ランニングの開始時に痛みがある場合，この時の痛みの管理が大切です。正しい足底の着地の指導と痛みの管理が不可欠です。

　ランニング開始後，すぐに起こる痛みを基準として，それより痛みが強くならないようにランニングを継続させます。痛みが強くなった時点でスピードを落とすか，そ

れでも痛みが開始時より強ければランニングを中止します。その日の痛みの程度を基準にして回復に向わせることが大切です。そして，練習前に温めて，練習後にはアイシングを忘れないことです。

4 足首捻挫のためのクライオセラピー

① クライオセラピーとは

クライオセラピー（cryotherapy）とは，クライオ（cryo：冷やす）とセラピー（therapy：治療法）を合わせたもので，文字どおり「冷やす療法」を意味するものです。治療的な目的で氷を使ったり，冷却を用いたりするものをクライオセラピーといいます。

言い換えるとクライオセラピーは，「生体に何らかの治療的手段として冷却を用いることで，生体から熱を引かせ組織の温度を下げる」ということになります。

クライオセラピーは捻挫，肉離れ以外に筋肉の疲労や痙直（けいちょく）、関節可動域の改善などの目的に使われます。クライオセラピーには，急性障害の応急処置に用いられるRICEの処置，リハビリテーションの手段として用いられるクライオキネティクス（冷却とアクティブエクササイズ*1の組み合わせ）とクライオストレッチ（冷却とPNFストレッチング*2の組み合わせ）があります。

1）冷却時間

冷却する時間は，10～20分間です。その人によって，またその人の体質によって冷却時間が異なります。そこで時間の目安とともに自分自身の感覚を目安にします。

冷却するとまずジーンとくる痛みを感じます。その痛みは次に暖かく感じるようになり，その後，ピリピリと針で突かれたような感じが起こります。そして最終的に感覚がなくなります。

---

*1 アクティブエクササイズ：自分で動かす運動，自動運動のこと。
*2 PNFストレッチング：抵抗運動とストレッチングを繰り返すテクニック。

いわば，冷却によって痛い→温かい→ピリピリしびれる→感覚がなくなる，という4つの感覚の段階が起こります。しかし，これを通り越して再び痛みが出てくるようであれば，凍傷の危険があります。

基本的には感覚がなくなるまで冷却することです。しかし，感覚的に鈍い人はいつまでも冷たく感じるケースもあるので，凍傷を防ぐためにも20分以上冷却しないようにします。

2）冷却時の注意事項

最も注意が必要なのは凍傷です。その要因として冷却の時間と温度があげられます。時間と4つの皮膚感覚を目安にすれば，その危険性を防ぐことができます。長時間冷却したり，食塩を使ったりして局所の温度が下がりすぎると，凍傷の危険性があります。

①禁忌：クライオセラピーは，次のような人に対しての使用は禁忌とされています。
　(1) レイノー病[*1]や他の血管痙攣性疾患のある人。
　(2) 冷えに対する感覚が過敏な人。
　(3) 心臓疾患のある人。
　(4) 局所の血液循環不良のある人。

②注意：次にあげることは，クライオセラピーによって，重度の障害をまねく恐れがあります。
　(1) 15～20分間以上，皮膚に直接凍ったゲルパックを用いること。
　(2) 1時間以上継続して，皮膚に直接なんらかのクライオセラピーを用いること。
　(3) 冷却した後，痛みが生じるようなエクササイズを行うこと。
　(4) 次のような者にクライオセラピーを用いること。
　　　a) 明らかなリウマチ様症状のある人。
　　　b) 麻痺や昏睡状態にある人。
　　　c) 慢性の動脈疾患のある人。
　　　d) 明らかな過敏性のある人。

[*1] レイノー病（Raynaud病）：四肢末梢が発作的な動脈の収縮により乏血をきたし，皮膚の蒼白化，チアノーゼが生じ，冷感や疼痛を訴える。

7. 足首の障害とリハビリテーション

② クライオストレッチ

クライオストレッチ（cryostretch）は，軽度の肉離れや筋肉の挫傷で起きる筋痙攣を抑え，痛みなくROM（関節可動域）動作ができるようにするクライオセラピーのテクニックです。

その方法は，冷却することとPNFストレッチング（ホールドリラックステクニック）を組み合わせたものです。軽度の筋痙攣を起こした筋肉に，ストレッチングとアイソメトリックな筋収縮を交互に行わせます。

その手順は，次のように行います。

(1) 感覚が麻痺するまで冷却する（15〜20分間）。
(2) エクササイズ。
    (a) 最初のエクササイズルーチン（65秒）。
        ①スタティックストレッチング[*1]   20秒
        ②アイソメトリックコントラクション[*2]   5秒
        ③スタティックストレッチング   10秒
        ④アイソメトリックコントラクション   5秒
        ⑤スタティックストレッチング   10秒
        ⑥アイソメトリックコントラクション   5秒
        ⑦スタティックストレッチング   10秒
    (b) 休息20秒。
    (c) 2回目のエクササイズルーチン（65秒）。
(3) 再度感覚が麻痺するまで冷却する（3〜5分間）。
(4) エクササイズ。
    (a) 上の(2)と同様に休息を挟んで2回のエクササイズルーチンを行う。
(5) 再度感覚が麻痺するまで冷却する。
(6) エクササイズ。
    (a) 上の(2)と同様に休息を挟んで2回のエクササイズルーチンを行う。

[*1]スタティックストレッチング：静的なストレッチング。普通ストレッチングという場合は，このスタティックストレッチングを指す。
[*2]アイソメトリックコントラクション：等尺性の筋収縮で，筋の長さが変わらない筋収縮のことをいう（24ページ参照）。

(7) 再度感覚が麻痺するまで冷却する。

③ クライオキネティクス

クライオキネティクス（cryokinetics）は，主に関節の捻挫のリハビリテーションに用いるものです。冷却することで痛みを軽減しエクササイズを行うもので，最も効果的なクライオセラピーのテクニックです。

その方法は冷却とアクティブなエクササイズを組み合わせたもので，回復期間を数週間短縮することができます。

次に最もよく用いられる足首の捻挫に対するクライオキネティクスの手順を紹介します。

(1) 感覚が麻痺するまで氷水に足首をつける（15〜20分間）。
(2) 痛みのない範囲でのエクササイズ。
　　(7) のプログレッションを参照（3〜5分間）。
(3) 氷水に足首をつけて，再度麻痺させる（3〜5分間）。
(4) 痛みのない範囲でのエクササイズ（3〜5分間）。
(5) ステップ (3) と (4) を3回以上繰り返す。
(6) エクササイズの原則。
　(a) エクササイズはすべて選手自身が行う。
　(b) エクササイズはすべて痛みのない範囲で行う。
　(c) エクササイズはすべてスムースに跛行(はこう)を伴わず，急激に動かしたり異常な動きをしたりしないで行う。
　(d) エクササイズは積極的に漸進させる。痛みを感じない範囲で，複雑な動き，素早く難しいものへと進めていく。
(7) 足首のエクササイズのプログレッション。
　(a) アクティブなROM（関節可動域）エクササイズ。
　(b) 片足から片足への体重移動。
　(c) 体重をかけての底屈と背屈。
　(d) 歩幅を狭めた歩行。
　(e) 歩幅を広げた歩行。

7. 足首の障害とリハビリテーション

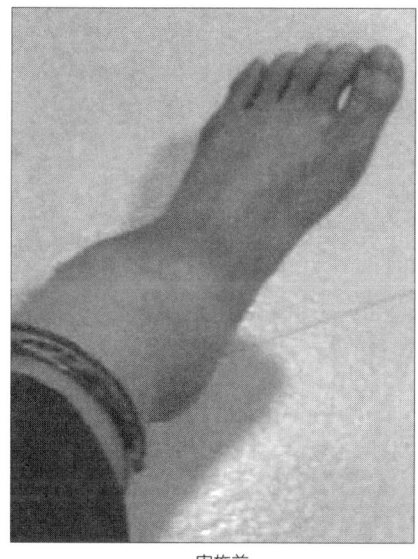

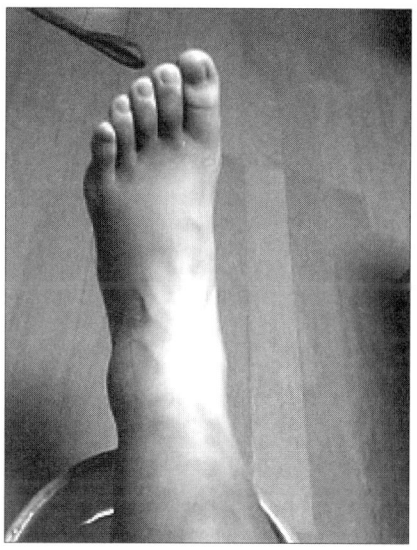

実施前　　　　　　　　　　　　　実施後
図7-5　足首の捻挫に対するクライオセラピー（受傷翌日）

(f) 円，8の字パターンの歩行。
(g) 直線のジョギング。
(h) 大きなS字や8の字パターンのジョギング。
(i) 小さなZ字や8の字パターンのジョギング。
(j) ゆっくりスタートし，ゆっくり止まる（5〜10 mのスプリント）。
(k) 素早くスタートし，素早く止まる（5〜10 mのスプリント）。
(l) 足首周囲の筋力強化。
(m) ハーフスピードでチームドリル（足首にテーピングをする）。
(n) 3/4スピードでチームドリル（足首にテーピングをする）。
(o) フルスピードでチームドリル（足首にテーピングをする）。
(p) 完全なチームプラクティス（足首にテーピングをする）。

注）クライオキネティクスの最中に痛みを感じれば，そのエクササイズのレベルを痛みの出ない程度のものに調整します。

❹ アドバンステクニック

　筋痙攣が軽減しはじめたら（普通は2～3日以内），関節の可動域と筋力そして正常な機能を取りもどすために，クライオストレッチとクライオキネティクスのエクササイズを組み合わせて用います。これは最初にクライオストレッチのエクササイズを行い，次に2～3回クライオキネティクスのエクササイズ，最後にクライオストレッチのエクササイズで構成します。この方法によって，安全に早くもとの筋肉の状態にもどすことができます。

　アドバンステクニックは，次のようなアウトラインになります。

(1) 感覚が麻痺するまで冷却する（15～20分間）。
(2) クライオストレッチのエクササイズ。
(3) 再度感覚を麻痺させる。
(4) クライオキネティクスのエクササイズ。
(5) 再度感覚を麻痺させる。
(6) クライオキネティクスのエクササイズ。
(7) 再度感覚を麻痺させる。
(8) クライオキネティクスのエクササイズ。
(9) 再度感覚を麻痺させる。
(10) クライオストレッチのエクササイズ。
(11) 再度感覚を麻痺させる。

8. 下腿部の障害とリハビリテーション

下腿部の障害と
リハビリテーション（186, 188ページ参照）

1　下腿部の構造と機能

　下腿とは，膝と足首の間にある部分のことをいいます。

　下腿部は，上肢の前腕部とよく似ており，脛骨（けいこつ）というすねの骨と腓骨（ひこつ）という骨の2つの骨で構成されています。2つの骨は骨間膜でつながれており，脛骨と腓骨の周囲には多くの筋肉があります。

　ふくらはぎは，脚の後面下方にある筋肉です。ふくらはぎは腓腹筋（ひふくきん），ヒラメ筋，足底筋（そくていきん）という3つの表在筋[*1]と，膝窩筋（しつかきん），長母趾屈筋（ちょうぼしくっきん），長趾屈筋（ちょうしくっきん），後脛骨筋（こうけいこつきん）という4つの深部筋（しんぶきん）[*2]からなっています。表在筋の主な機能は，足首の底屈（伸展）と膝の屈曲です。深部筋の主な機能は，足趾の屈曲と足の内反です。

　腓腹筋は最も表層部にある筋肉で，内側頭（ないそくとう），外側頭（がいそくとう）という2つの頭があり，ふくら

[*1] 表在筋：からだの表層部にある筋。
[*2] 深部筋：からだの深部にある筋。

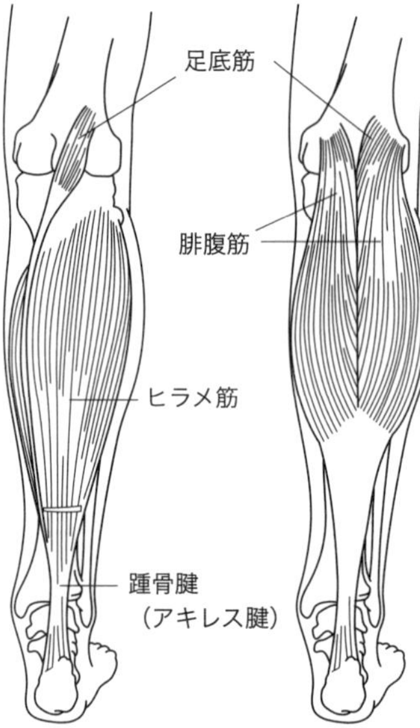

図 8-1　下腿後面の筋

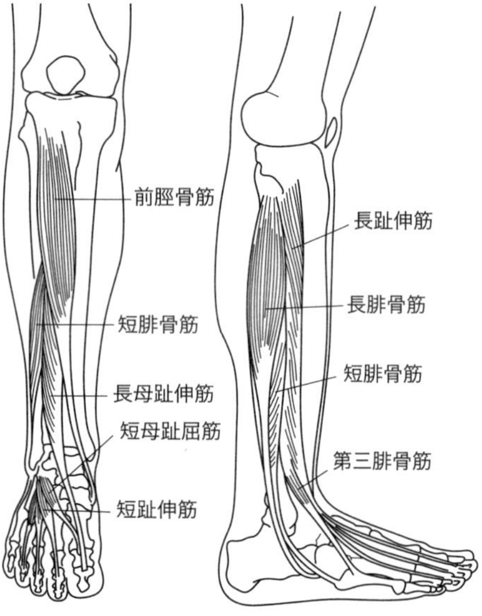

図 8-2　下腿前面と側面の筋

はぎの最も大きい部分を占めています。

ヒラメ筋は，幅が広くて平らな筋肉で，腓腹筋に対して深部また前方に位置しています。腓腹筋とヒラメ筋を合わせて下腿三頭筋（かたいさんとうきん）と呼びます。下腿三頭筋は，脚の後部筋全体の屈曲力の1／9～1／10に寄与しています。

腓腹筋とヒラメ筋の腱は，アキレス腱と呼ばれる踵骨腱（しょうこつけん）を形成しています。

踵骨腱（アキレス腱）は，からだのなかで最も大きくて最も強い腱です。これは踵骨の後面に付着しており，その腱の力は1 cm^2 あたり3,200 kgもあるといわれています。しかし，腱が非常に強いにもかかわらず，怪我に対してあまり強いとはいえません。

下腿前面の筋肉は下腿の前方に位置する筋肉です。この筋群は，4つの筋肉で構成されています。代表的な前脛骨筋は脛骨のすぐ外側にあり，足関節の大きな背屈筋として働きますが内反筋でもあります。この他に長母趾伸筋，長趾伸筋，第三腓骨筋があり，前の2つの筋肉が背屈を補助しつま先を伸ばすために働きます。

下腿の側方の筋肉は外側下腿筋（がいそくかたいきん）と呼ばれ，下腿の外側にあります。その筋群は長腓

骨筋と短腓骨筋からなります。いずれも両足の外反動作を補助しますが，長腓骨筋は足の底屈を行います。

2 下腿部の障害

① アキレス腱炎

アキレス腱は下腿部後面にあるふくらはぎと呼ばれる腓腹筋とヒラメ筋が合体した太い腱で，かかとの骨に付いています。

ふくらはぎの筋肉は立ったり歩いたりするだけでなく，走ったり跳んだりするのに不可欠な筋肉であり，スポーツ活動にとって非常に大切な筋肉の１つです。そして，かかとをテコの支点として大きな力を引き出すことがアキレス腱の役割です。非常に大きな力に耐えられる反面，思わぬタイミングで切れたりします。

ランニングやジャンプでからだを前方や上方にもち上げるためには，相当強い力が必要です。このふくらはぎの筋肉には体重の数倍もの力が加わり，からだをもち上げるたびに大きなストレスがアキレス腱にかかります。さらにジャンプで踏み切る際には瞬間的にその何倍もの力が働きます。硬いグラウンドや体育館の床で練習していると，アキレス腱を傷めやすくなります。アキレス腱にかかる衝撃が大きくなると，それが負担となって炎症が起こります。ランニングやジャンプの繰り返しによる刺激がそれにあたります。

また，つま先走りでかかとがつかないランニングを繰り返しているとアキレス腱が短縮し，あるとき強く伸ばされることでアキレス腱を傷つけてしまいます。

この時はアキレス腱の踵骨付着部かふくらはぎの筋

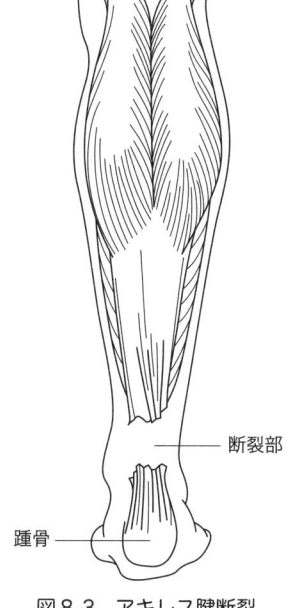

図 8-3　アキレス腱断裂

腱移行部，またアキレス腱の中央部に痛みが出ます。

② アキレス腱周囲炎

アキレス腱に過度のストレスがかかったり，捻れのストレスが加わったりすると，アキレス腱の周囲を取り巻いている薄い膜に炎症が起こります。これはアキレス腱周囲炎（**図8-4**）と呼ばれ，軽い腫れ，圧痛，運動痛などの症状がみられます。

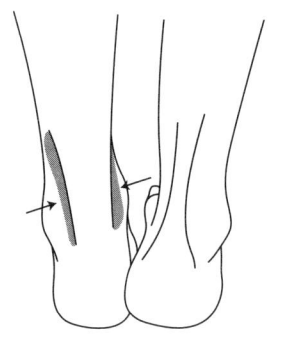

図8-4 アキレス腱周囲炎の発症部位

アキレス腱周囲炎を起こすこのほかの原因として，アキレス腱が付着する踵骨の傾きがあります。アキレス腱は帯状で幅があるために，踵骨の傾きがあるとアキレス腱の内側か外側のどちらかが引っぱられることになります。アキレス腱周囲炎の人にはこの踵骨の傾きが多くみられ，一度炎症を起こすとなかなか治りません。

③ コンパートメント症候群

コンパートメントとは，下腿部の区画された部分のことです（**図8-5**）。コンパートメント症候群はその区画内部に内出血が起こり，そのために区画内の圧が上昇して血管や神経を圧迫する状態です。普通はすねの筋肉が急激に腫れて硬くなってきます。一般的には，十分トレーニングを積んでいないすねの筋肉が急激なストレスを繰り返

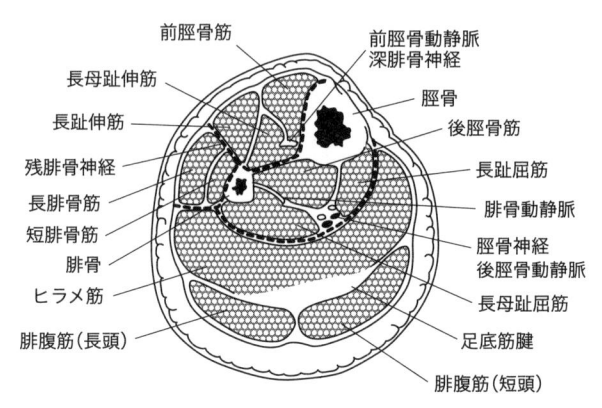

図8-5 4つのコンパートメント（点線）からなる下腿の断面図

8. 下腿部の障害とリハビリテーション

し受けることで起こります。

この障害が発生するとすねにかなり激しい痛みがあり，しばしばそれらの筋肉の機能障害がみられ，つま先をもち上げることができなくなります。またそれらの筋肉を受動的に伸ばすと痛みが強くなったり，足首に力が入らなくなったりします。

また，この部分の皮膚が赤くなったり，温かく感じたり，圧痛が顕著であったりします。症状が悪化するとつま先の甲の部分で脈を触診することができなくなります（図8-6）。

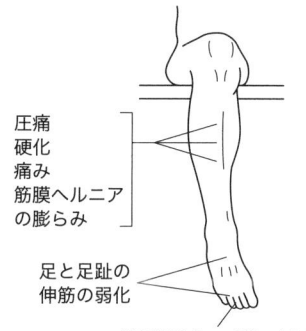

圧痛
硬化
痛み
筋膜ヘルニアの膨らみ

足と足趾の伸筋の弱化

第1趾間上の感覚の減少

図8-6 コンパートメント症候群の徴候と症状

この障害の対策はアイシングとストレッチングの組み合わせが基本です。この処置ですぐに反応がみられなかったり，練習を休んでもずきずきするような痛みが続いたら，外科的な処置が必要です

④ シンスプリント

下腿部のさまざまな痛みを総称して**シンスプリント**と呼んでいますが，一般的には脛骨後部の内側に集中する痛みととらえられています（図8-7）。

シンスプリントと呼ばれている障害の1つは，脛骨の後部の面に沿って付着する後脛骨筋の付着部が刺激されて骨膜炎を引き起こすものです。この障害では，脛骨の内側の縁に沿って圧痛がみられ，後脛骨筋を働かせると痛みがあります。その他の原因としては，後脛骨筋の付着部での肉離れが考えられます。

また，シンスプリントは，下腿部の骨間膜が刺激されて引き起こされることもあります。この場合，痛みはもっと深部にあるようです。

シンスプリントの痛みを我慢して練習を続けていると，疲労骨折に発展する可能性があります。

前脛部で多くみられる部位

シンスプリントが最も多くみられる部位

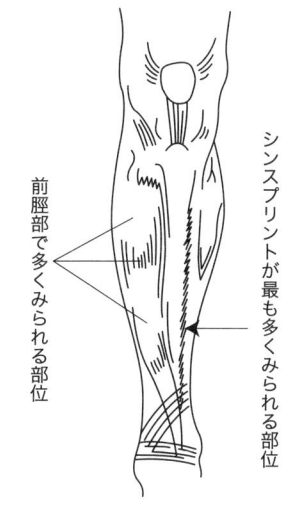

図8-7 シンスプリントの発生部位

シンスプリントの原因はオーバーユースにあります。特に成長期のすねの骨や筋肉は強い繰り返しのストレスに耐えられません。中学や高校生ではほとんどが自分の筋肉の能力以上に使いすぎたためにシンスプリントが起こっています。また走り方が悪かったり，つま先が外側を向いたり内側を向くためにすねの骨が捻れて使われることも考えられます。

⑤ 疲労骨折

腓骨は中足骨に次いで疲労骨折を起こしやすい部分です。この障害はシーズンのはじめに多くみられ，腓骨の頸部周辺に痛みがあります（**図8-8**）。

普通，この部分に外傷を受けた記憶がなく，X線検査では初期には陰性を示しますが，2〜4週間後の検査では陽性を示します。脛骨に起こる疲労骨折は，シンスプリントと同じ原因で起こると考えられます。

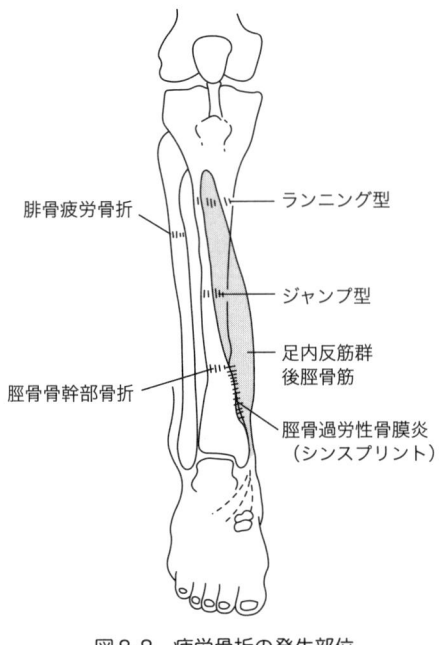

図8-8 疲労骨折の発生部位

腓骨疲労骨折／ランニング型／ジャンプ型／足内反筋群 後脛骨筋／脛骨骨幹部骨折／脛骨過労性骨膜炎（シンスプリント）

3 リハビリテーション

リハビリテーションエクササイズとしては，すねとふくらはぎの筋力のバランスをとり，足首を柔軟にすることです。すなわち，筋肉を弾力のある柔らかい状態にすることです。弾力のある柔らかい筋肉は，すねやふくらはぎに加わるストレスを緩衝してくれます。当然，足の3点支持の獲得も必要です。また下腿部の筋肉へのストレスを軽減するには大腿部やお尻の筋肉の緊張もとるようにします。

下腿部のリハビリテーションプログラムについては，186，188ページを参照してください。

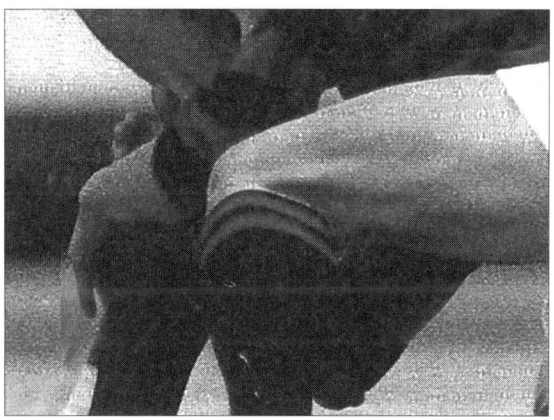

9. 膝の障害とリハビリテーション (190, 192, 194ページ参照)

1 膝の構造と機能

膝関節は,からだのなかで最も大きな関節です。

膝の関節は,大腿骨,脛骨,膝蓋骨という3つの骨で形成されています。

膝は代表的な蝶番関節です。骨の配列は構造的に弱く,靱帯と筋肉の強いサポートによって支持されています。

膝のメカニズムの欠点は,2つの筋群によって部分的にコントロールされていることです。股関節の伸展と同時に膝の屈曲に作用するハムストリングスがその1つです。また膝の伸展と股関節の屈曲に作用する大腿直筋もそうです。この2つの筋群が同時に強く働くと問題が起こります。結果的に筋肉と腱の緊張による障害を引き起こす原因になるのです。

膝関節の機能として脛骨の内旋・外旋がわずかに可能ですが,ほとんど屈曲と伸展

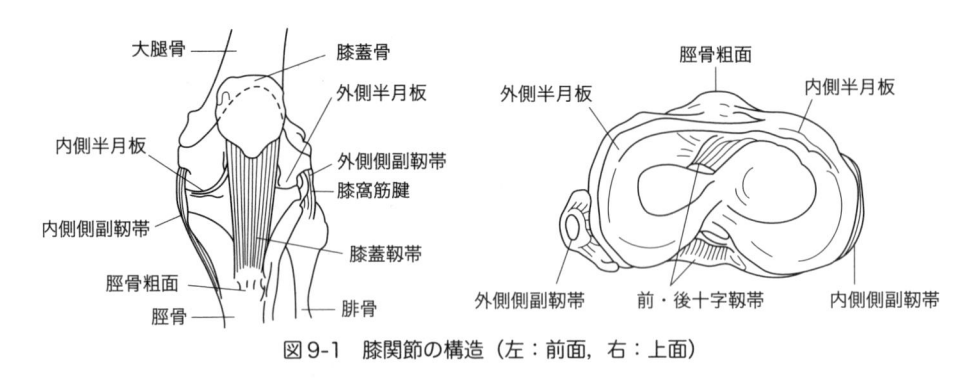

第 II 章　部位別障害とリハビリテーション

図 9-1　膝関節の構造（左：前面，右：上面）

だけだといえます。

2　膝の障害

① 膝関節の捻挫

　膝関節の捻挫は，膝関節を支持している靱帯が異常な動きによるストレスを受けることで起こります。この異常な動きとは，大腿骨に対して脛骨が外側や内側に移動したり，内旋や外旋，前方また後方にずれたり，過伸展やこれらが組み合わさった動きのことです。また逆に大腿骨が脛骨に対して同じように動いた場合にも捻挫が起こります。

　捻挫には靱帯がただ単に引き伸ばされただけのものから，膝の機能の喪失を伴わず靱帯の線維が少し切れたもの，膝の機能の喪失が明らかな靱帯の完全断裂によるものまでさまざまな程度があります。内側側副靱帯，前十字靱帯，内側半月板が同時に断裂を起こすような重度の外傷は「**アンハッピー・トレイド**」と呼ばれます（**図 9-2**）。

② 半月板損傷

　半月板は膝関節を曲げたり伸ばしたりするときいっしょに移動しますが，このとき外側半月板は内側半月板より大きく移動します。これは外側半月板の後縁が膝関節を屈曲させ，脛骨を内旋させる膝窩筋という筋肉に付着しているからです。このため膝

9. 膝の障害とリハビリテーション

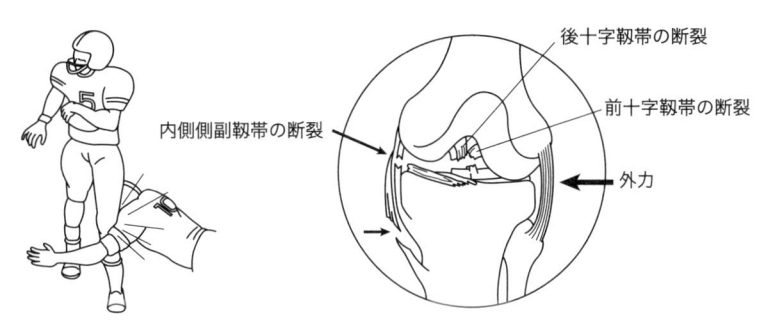

図9-2 アンハッピー・トレイドの障害

を曲げると外側半月板は膝窩筋によって後方に引っぱられ，内側半月板よりも大きく移動します。また内側半月板にはこれを移動させるような筋肉の付着はなく，さらに外縁の一部が内側側副靱帯に付着しているために移動する幅が制限されています。

このように内側と外側の半月板の移動範囲が違うことや，内側半月板が内側側副靱帯に付着していることが，内側半月板が外側半月板より損傷を受けやすくしているのです。

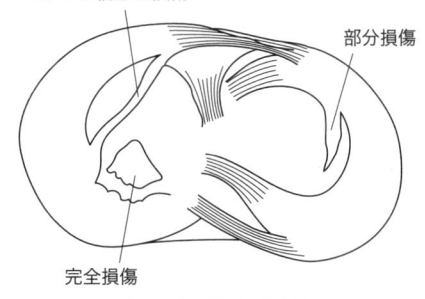

図9-3 半月板損傷

半月板は膝関節のなかにある滑液から栄養を得ており，直接血液の補給を受けないので一度断裂を起こすと断裂部分がもとどおりに治ることはないといわれています。

症状としては半月板上での圧痛，疼痛，可動域の制限，膝を曲げることも伸ばすこともできなくなるロッキング現象があげられます。

③ 膝蓋靱帯（腱）の炎症

膝蓋靱帯の炎症は一般的に**ジャンパーズ・ニー**（膝）と呼ばれており，名称からもわかるようにジャンプ種目に多く，また長距離選手にもみられます。ランニングでは着地の瞬間に体重の2〜3倍の力がかかりますが，大腿四頭筋-膝蓋骨-膝蓋靱帯とつながる膝伸展機構によってこのストレスを吸収しています。この膝伸展機構に大きな

ストレスが繰り返し加わると，膝蓋骨の下端の靱帯移行部でわずかな断裂や炎症が生じます。

　原因は大腿四頭筋のオーバーユースで膝蓋靱帯が膝蓋骨に付着する部分が繰り返し強く引っぱられることにあります。

　症状としては，大腿四頭筋腱が付着している膝蓋骨の上極と膝蓋靱帯が付着している膝蓋骨の下極の不快感，腫れ，痛み，圧痛などがあります。不快感を覚えた時点で運動を中止し一定期間の休養をとれば，その後症状が進行することはありません。しかし，現実には走れなくなるまで悪化してから休むケースが多いようです。

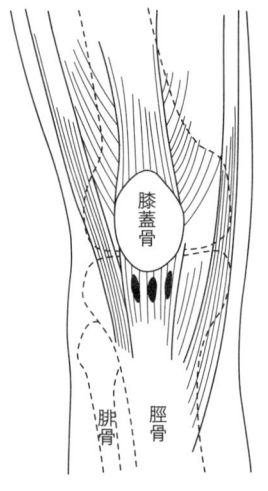

図9-4　膝蓋靱帯の炎症部位

❹ 膝蓋骨軟骨軟化症

　膝蓋骨軟骨軟化症とは，膝蓋骨の裏にある硝子軟骨が大腿骨の外顆と擦れ合って関節面が傷つく障害のことです。

　膝にはQアングル（図9-5）というのがあります。これは腸骨と膝蓋骨の中心部を結んだ線と，膝蓋骨の中心部と脛骨粗面を結んだ線の間にできる角度のことです。この角度が20°以上あると，膝伸展機構の障害を受けやすいといわれます。

　Qアングルが大きいということは，すなわちX脚がひどいということです。この角度は女性のほうが骨盤の大きさからいって生来的に大きくなっています。膝蓋骨は大腿四頭筋の内側広筋と外側広筋の合力で引き上げられるので，X脚がひどいと外側広筋が優位に働きます。すると外側上方に引き上げられ，膝蓋骨の裏が大腿骨の外顆の上に乗り上がるようになります。

　症状として慢性的な痛み，膝に力が入らない，膝蓋骨の痛みを伴ったロッキングなどがあります。また膝を曲げ伸ばししたときに膝蓋骨の下でゴリッという音がしたり，軽度の腫れや圧痛があったりします。

⑤ タナ障害

タナとは関節周囲にある滑膜ひだのことです（**図9-6**）。特に膝蓋骨の内側の内側滑膜ひだが繰り返し刺激を受けて傷つき，硬くなったり厚くなったりして関節内に進入してくるものです。

タナは本来柔らかいもので，ほとんど症状のない場合も多いようですが，何らかの誘因で硬くなり，膝蓋骨と大腿骨の間に挟まれて痛みを引き起こします。

痛みの部位は膝蓋骨の内下方ですが，痛みも段階的に強くなり，走ることもできなくなります。

タナ障害が疑われるときには，関節造影や関節鏡を実施することが必要です。診断は比較的容易で同時に関節鏡視下で切除することができます。しかも早期にスポーツに復帰することができます。

⑥ 腸脛靱帯炎

腸脛靱帯は大腿筋膜の一部で，大腿の外側で著明に肥厚し靱帯となり，脛骨の外顆に付着し，膝の外側の安定性を保つ役割が

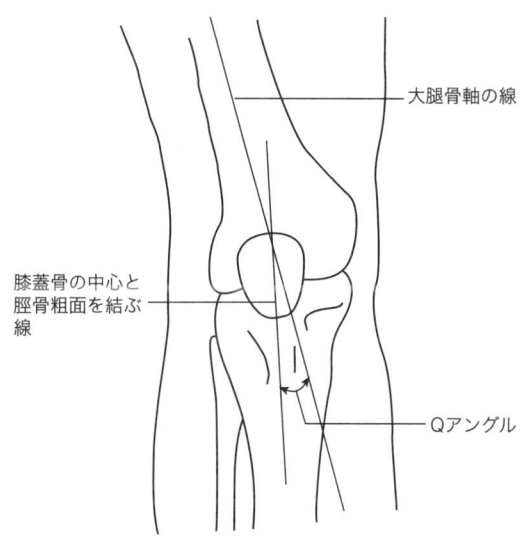

図9-5　Qアングル
上前腸骨棘と膝蓋骨中央を結ぶ線と膝蓋骨中央と脛骨粗面を結ぶ線のなす角度。普通は15°以下が正常とされている。

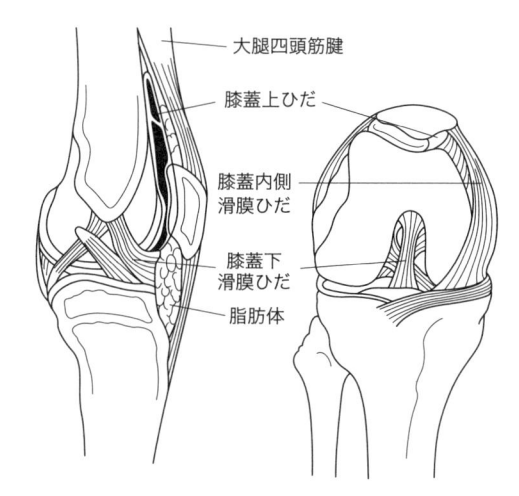

図9-6　膝関節を取り巻く滑膜ひだ

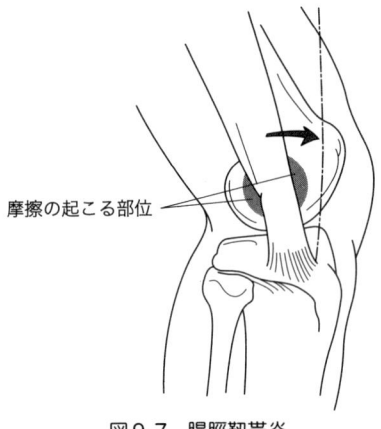

あります。この靱帯は膝の屈伸をするとき大腿骨外側上顆を乗り越えて動きます。

ランニングでは膝の屈伸が繰り返され、膝を曲げ伸ばしするたびにこの靱帯と大腿骨外側上顆との間に摩擦が生じることになります。特に大腿骨外側上顆が普通より出っぱっていたり、O脚がひどかったり、回内足でかかとの骨が普通よりも大きく内側に傾き、下腿が内側により大きくねじれている状態では、腸脛靱帯の緊張が強くなり、摩擦力がより大きくなって炎症を起こすこともあります。ときどき膝窩筋腱や外側側副靱帯が炎症を起こすこともあります。

摩擦の起こる部位

図9-7　腸脛靱帯炎

これらの組織の刺激は走りすぎたり、シューズや身体のアライメント不良によるショックアブソーバーが不十分であったりするときに出現するので、下肢筋の柔軟性に欠けフォームの悪い長距離ランナーによくみられます。

症状としては、痛みが外顆に限局して生じたり、腸脛靱帯に沿って放散したりすることがあります。普通はハードなダウンヒルのランニングで痛みを感じますが、アップヒルを走るときには消失することがあります。ランニングの際、膝を曲げて下腿を前方にもってくるときに痛みを感じます。

外顆を横切る腸脛靱帯の炎症があると、膝窩筋腱の起始部や外側の関節線上に圧痛がみられ、ときどき捻髪音[*1]が聞かれます。腸脛靱帯炎を引き起こしたランナーは、膝を30°屈曲して完全に体重を負荷すると痛みが引き出されます。また膝を30°屈曲させながら外顆に対して腸脛靱帯を圧迫するとその徴候がみられます。

❼ 鵞足炎（がそく）

膝の下方内側、脛骨内顆に鵞足と呼ばれる縫工筋（ほうこうきん）、薄筋（はっきん）、半腱様筋（はんけんようきん）の腱が合同した付着部があります。この付着部を押すと痛みがあり、また、足に抵抗を加えて曲げさせたり、膝を一杯まで伸ばさせたりすると痛がるとき鵞足炎が疑われます。

[*1] 捻髪音：髪の毛が擦れ合うような音。

9. 膝の障害とリハビリテーション

膝を曲げるとハムストリングスの内側部を構成する縫工筋,薄筋,半腱様筋の末端は腱が水鳥のような形で脛骨上部の内側面に付着しており,ランニングなどで強く膝を曲げたり伸ばしたりすることによって炎症を起こします。特にこの部分の骨が出っぱっていたり,これらの筋肉の緊張が強かったりすると起こりやすいようです。

これらの腱が膝の屈伸で内顆を乗り越えるときにクリッと音がすることもあります。鵞足炎,腸脛靱帯炎のいず

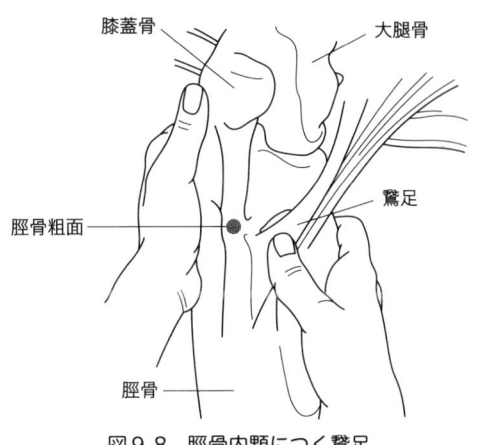

図9-8 脛骨内顆につく鵞足

れもオーバーユースが原因です。痛みは膝の内側や外側に出現します。腸脛靱帯は大腿部の外側を走っているので,O脚などで足の外側で着地する選手に発生しやすく,特に中殿筋が硬くなり着地の衝撃を吸収できなくなります。また大腿部外側を押すと飛び上がるほど痛みがあり,ひどくなると腸脛靱帯が大腿骨に癒着したようになります。明らかにオーバーユースによる筋の硬直が原因です。

鵞足はハムストリングスの腱などが集まり,主に膝を曲げる働きをします。特にキックした膝を曲げて前に引き付ける動きを繰り返すとオーバーユースが起こり,膝の内側下方に痛みが出現します。

3 リハビリテーション

膝の関節は人体の中で最大のものです。しかし,その関節は外観からもわかるように筋肉でおおわれていません。そのために直接の外力を受けたり,捻られたりすると傷つけられやすいのです。この関節を外力や捻れのストレスから守るのは,太ももの大腿四頭筋という筋肉です。この筋肉の力が弱いと防御する力も弱くなります。

一度靱帯を伸ばしてしまうと靱帯は緩んだままで,何度も同じ怪我を繰り返すこと

になります。靱帯の代用は大腿四頭筋しかできません。したがって，靱帯や半月板の修復後，またギプスやスプリントでの保存療法の後には，大腿四頭筋の強化が欠かせません。特に内側広筋と呼ばれる膝の上の内側にある筋肉の強化が必要です。

この筋肉が膝の関節をガッチリロックしてくれるのです。膝をぶつけたり，捻ったりするだけでもこの筋肉が萎縮して弱くなってしまいます。リハビリテーションとしては大腿四頭筋だけでなく，拮抗筋であるハムストリングス，そして下腿部のふくらはぎとすねの筋肉の強化も同時に行います。

回復の目安は大腿部の周径囲と最大筋力です。大腿囲の周径は，お皿の上の縁から5cmと20～25cmのところを測ります。5cm上は内側広筋の回復をみるもので，20～25cm上は最大周径囲をみるものです。これと最大筋力を測定し，反対の健肢と比較して同等か同等以上の周径囲と筋力の獲得を目指します。

ここで述べた障害のうち膝蓋靱帯の炎症は大腿四頭筋，特に大腿直筋のオーバーユースがみられるので，リハビリテーションでは大腿四頭筋の柔軟性を回復させることが中心になります。膝蓋骨軟骨軟化症とタナ障害では，Qアングルの崩れや膝の捻れを伴う動きがみられます。

膝が捻れて曲げ伸ばされると，このような障害を発生する誘因となります。したがって，リハビリテーションは大腿部の筋バランスを獲得し，正常な膝の屈曲，伸展動作ができるようにすることです。構造的にX脚があれば修復は困難ですが，ほとんどの場合は癖といえるアンバランスな筋肉の使い方が原因であり，修復は十分可能です。

鵞足炎，腸脛靱帯炎のいずれも使いすぎて筋肉が硬くなっているので，それを緩めることです。膝の腱の付着部周囲に対する治療的アプローチはあまり効果がありません。大殿筋，中殿筋をはじめ，股関節周囲の筋肉の柔軟性を取りもどすとともに，ハムストリングス，大腿四頭筋，前脛骨筋，ふくらはぎと下肢筋の緊張をとることが最良の手段となります。

膝のリハビリテーションプログラムについては，190，192，194ページを参照してください。

10. 大腿部の障害とリハビリテーション

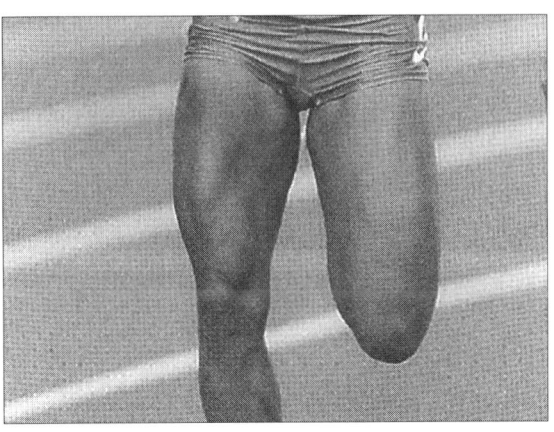

大腿部の障害とリハビリテーション（196, 198ページ参照）

1　大腿部の構造と機能

　大腿部は，股関節と膝の間にある部分です。この部分は単一の大腿骨があります。大腿骨はからだの中で最も強くて長い骨であり，大腿筋と呼ばれる多数の筋肉が取り囲んでいます。

　大腿部前面の筋肉は，大腿四頭筋と縫工筋，大腿筋膜張筋，腸脛靱帯からなります。

　大腿四頭筋は，その名のとおり4つの筋から構成されており，その位置によって大腿直筋，内側広筋，外側広筋，中間広筋と名称が付けられています。大腿直筋は大腿骨の一番上層にあり，外側広筋は大腿部の外側，内側広筋は大腿部の内側，中間広筋は大腿骨と大腿直筋の間にあります。また縫工筋は大腿骨を交差しています。

　すべての大腿四頭筋の機能は膝を伸展することにありますが，大腿直筋は股関節が屈曲を行うことにも働きます。逆に縫工筋は，股関節と膝関節の両方の屈曲に働き，

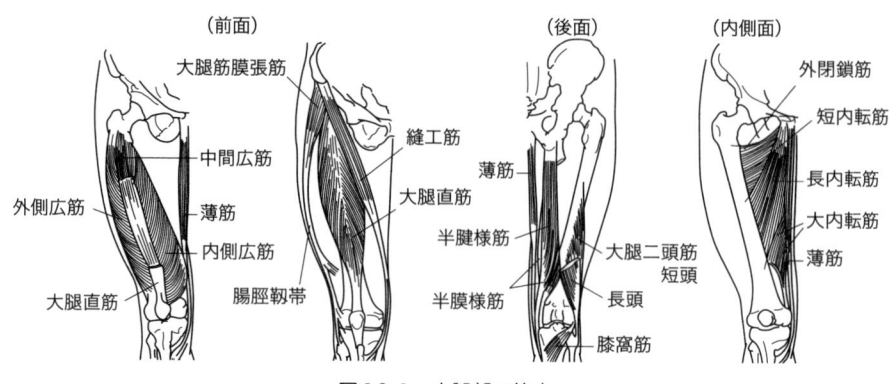

図 10-1　大腿部の筋肉

（前面）中間広筋、外側広筋、大腿直筋、大腿筋膜張筋、縫工筋、大腿直筋、薄筋、内側広筋、腸脛靭帯

（後面）薄筋、半腱様筋、半膜様筋、大腿二頭筋 短頭、長頭、膝窩筋

（内側面）外閉鎖筋、短内転筋、長内転筋、大内転筋、薄筋

足が地面から離れるとき下腿を内旋させます。最後に大腿筋膜張筋は股関節の屈曲と外転を補助し，股関節の屈曲と同時に股関節を内旋します。

大腿部後面の筋肉は，大腿二頭筋，半腱様筋，半膜様筋という3つの筋肉からなっています。一般的には，これらの3つの筋肉を**ハムストリングス**と呼んでいます。この名称はアングロサクソン系のことばで，大腿部後面を意味しています。

大腿二頭筋は大腿部の後面外側にあり，その名前のとおり2つの頭をもっています。半腱様筋は大腿部後面の内側にあり，腱の部分が非常に長くなっています。文字どおりその筋肉の半分が腱です。あと1つは半膜様筋で大腿部の後部内側面に走っています。この筋肉はその上方付着部が平らな膜状をしていることからこう呼ばれています。

ハムストリングスの大きな働きは，膝の屈曲と股関節の伸展です。股関節を屈曲したり上体を前方に傾けると，ハムストリングスが重力に抗して支持筋として働きます。膝を半分曲げると大腿二頭筋は外旋筋として働き，ほかのハムストリングスは大腿部の内旋筋として働きます。股関節を伸ばすと大腿二頭筋は大腿骨を外旋させますが，他のハムストリングスは内旋筋として働きます。ハムストリングスの大腿四頭筋に対する筋力の割合は，人によって異なります。

大腿部の内側には，短内転筋（たんないてんきん），長内転筋（ちょうないてんきん），大内転筋（だいないてんきん），薄筋（はっきん），恥骨筋（ちこつきん）という5つの筋肉があります。この部分は鼠径部（そけいぶ）として知られています。鼠径部という言葉は，大腿部の前面上方と腹部下方部を含めた部分に対してつけられた名称です。専門用語としては，大腿部内側の筋群を内転筋と呼んでいます。その他の筋肉と同じで身体的構成

また機能面から付けられています。

大腿部内側の筋肉の主な働きは，内転，屈曲，大腿骨の内旋です。さらに股関節の靱帯とともに外転の動きを制限することに関与しています。

2 大腿部の障害

① 大腿部の肉離れ

肉離れは筋肉の使いすぎや筋肉への過度のストレスによって起こる障害です。

肉離れは筋肉を構成している多くの筋線維が過度に引き伸ばされたり（軽度），一部断裂したり（中度），完全に断裂したり（重度）といった3つの程度に分けられます。

肉離れは筋肉への障害だけでなく，筋肉が腱に移行する部分，筋肉の骨膜への付着部，腱そのものへの障害を伴うこともあります。筋肉と腱は機能的に一体のものと考えられ，筋腱ユニットと呼ばれます。このユニットの一部に肉離れが起こると筋腱ユニット全体が影響を受け，関節を安定させたり関節運動を行うことが制限されてしまいます。

肉離れには慢性のものと急性のものがあり，慢性の肉離れは筋肉の使いすぎが原因と考えられ，筋肉の疲労とそれに引き続いて筋痙攣*1，筋炎，そして虚血*2が起こります。

急性の肉離れはある瞬間筋肉に耐えられない力が加わったときに起こります。この肉離れは筋腱ユニットのある部分に限局されることが多いようです。その部分は筋肉の起始部，停止部，筋腱移行部，筋肉や筋膜自体と筋腱ユニットのどの部分にも起こります。どの部分に起こっても，それらの障害は同一のものと考えられます。

肉離れが起こると治癒する段階で，筋肉の中に伸縮性のない線維性の瘢痕組織が形成されま

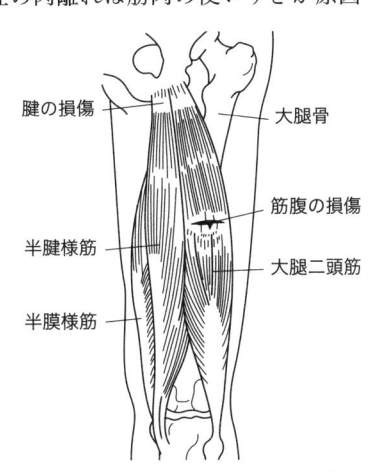

図10-2 ハムストリングスの肉離れ

（腱の損傷／大腿骨／筋腹の損傷／半腱様筋／大腿二頭筋／半膜様筋）

---

*1 筋痙攣：筋の緊張が増加し短縮した状態で，自分の意思で弛緩できず，関連筋肉の伸張を防ぐ状態。
*2 虚血：血液の供給が不足した状態。

す。この瘢痕組織は軽度の肉離れで1～2週間，中度で2～3週間後に成熟して硬くなります。再発すると肉離れの徴候である痛み，筋痙攣，動きの制限，筋力の低下がみられます。再発は，まだ瘢痕組織の成熟がなされていない時点で，もとの激しいスポーツに復帰した場合に起こります。何度も同じ部分に肉離れを起こすと，瘢痕化し再発の可能性が高くなってきます。

② チャーリーホース

　チャーリーホース（charly house）とは，大腿部前面の筋肉への打撲傷（挫傷）のことです。これはラグビー，サッカーのようなコンタクトスポーツでよくみられます。大腿部前面の筋肉に強い打撃が加わると，筋肉が大腿骨の硬い表面と打撃物の間に挟まれます。チャーリーホースは大腿四頭筋のどの筋肉にも起こりますが，特に外側広筋と中間広筋に起こりやすく，大腿直筋はその下にある中間広筋によって保護されているので，このような打撲傷を受けることはまれです。

　痛み，筋肉内での内出血，腫れ，大腿四頭筋の機能障害などの症状がみられ，受傷直後はほとんど気づかず運動を続けることができます。たいてい選手は練習や試合の終り近く，また終了後に筋肉の中のほうに痛みを訴えます。この障害は，12～24時間経過しないと正確な障害の程度を判断できないので，未然に適切な応急処置を行うことが大切です。

　応急処置は内出血と筋痙攣を軽減させるために膝を完全に屈曲させて，大腿四頭筋を伸展させます。このとき，膝を曲げると痛みが強くなれば，無理に膝を曲げさせないようにします。次に膝を曲げた状態を保つために弾性包帯を巻き，同時に受傷部に圧迫を加えます。さらにこの上にアイスパックを当て，45～60分保持します。圧迫を加えると痛みがひどくなり，腫れが出るようであれば膝を曲げずに伸ばしたままつま先から下肢全体に弾性包帯で圧迫を加えます。

　軽度の場合は，腫れ，痛み，可動域の制限はほとんどなく，筋肉が硬くなって張りのある感じが

図10-3　チャーリーホースの処置

するだけです。この程度の打撲傷では，翌日からアイスマッサージや大腿四頭筋のエクササイズを行います。アイスマッサージやストレッチングは，大腿部の硬く張った感じがなくなるまで続けます。また再発を防ぐために受傷部にドーナツパッドを当て，患部を保護します。

中度の場合は，激しい痛み，筋痙攣，長期にわたる機能障害があり，RICEの処置を受傷後48～72時間継続します。その後2～3日はさらに内出血を引き出すようなランニングや温湿布を避け，内出血が治まればアイスマッサージやストレッチングをはじめます。そして可動域が完全に回復し，痛みが消失すれば運動に復帰させます。

重度の場合は，かなり広範囲に内出血がみられたり，筋肉ヘルニアが起こったりしていることもあります。処置は中度と同じですが，運動に復帰するまで2週間ぐらいかかります。

③ 骨化性筋炎

骨化性筋炎とは筋肉の炎症に引き続いてカルシウムが沈着し，石灰化現象が起こって筋組織の中に骨化がみられることです。大腿部前面に起こりやすく，この部分に強い打撲を受けた後によくみられます。チャーリーホースの処置が適切でなく，痛みを無視して筋肉を激しく使ってしまうことでも起こります。しかし打撲を受けた筋肉を一定期間休ませて治療すれば血腫も吸収され，骨化性筋炎になることもなくなります。

この他に，しこりのある筋肉を強く揉むようなマッサージやリハビリテーションの段階で，痛みを無視して大腿四頭筋のストレッチングをすることによっても起こります。1ヵ月経過しても大腿部に腫れと圧痛があれば必ずドクターのところで診察を受け，X線を撮って骨化性筋炎を確かめるべきです。

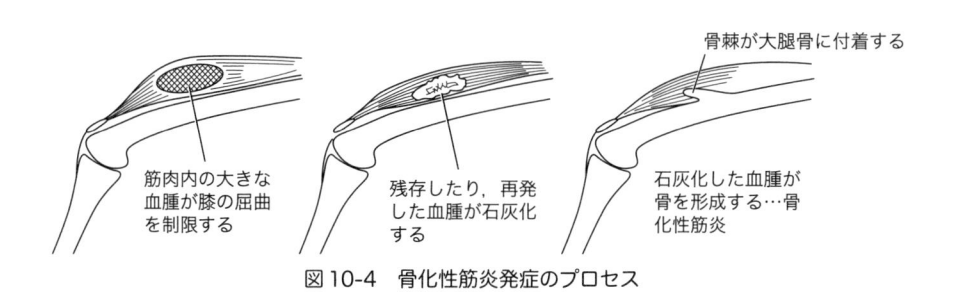

図10-4　骨化性筋炎発症のプロセス

受傷後数週間経過し，回復段階に入ってリハビリテーションを行うときは，必ず痛みの出ない範囲で進めます。リハビリテーションは少なくとも2～3ヵ月続けるべきで，回復段階に適切な処置をすることがその後の競技生活や競技生命において，重要なポイントになります。この障害については，特にドクターとの連絡を密にして治療を進めていく必要があります。

3 リハビリテーション

① ハムストリングスの肉離れ

リハビリテーションは，筋肉の強化と柔軟性の獲得が中心になります。軽度の肉離れでは，積極的に筋収縮を繰り返し，同時に筋のストレッチングを十分に行います。

部分断裂や完全断裂では，アイトメトリックとコンセントリックな筋収縮を使いながら筋力を回復させ，その後，筋のストレッチングを行うようにします。ある程度筋力が獲得されれば，協働筋を積極的に使ったダイナミックなエクササイズを行います。単純なレッグカールだけでなく，股関節と足首も同時に使うエクササイズがすすめられます。

② チャーリーホース

リハビリテーションは，患部のストレッチングが中心になり，その後，筋力強化に移ります。ストレッチングやエクササイズは，必ず痛みのない範囲で進めます。無理なエクササイズは骨化性筋炎に移行する危険性があります。患部周囲の関節可動域が正常範囲になれば，筋力強化を開始します。

筋力強化は，直線的な筋収縮だけでなく，捻れ方向での筋収縮も行います。

エクササイズ前後のアイスマッサージも必要です。

あまり改善がみられない場合は，ドクターの診察を受けてください。

大腿部のリハビリテーションプログラムについては，196，198ページを参照してください。

11. 股関節の障害とリハビリテーション

股関節の障害とリハビリテーション (200ページ参照)

1 股関節の構造と機能

　股関節は，ボールとソケットの関係に似た球関節と呼ばれる関節の代表的なものです。これは球状の大腿骨頭が深いおわん型の寛骨臼の関節窩と関節を形成しています。股関節はボールとソケットの配列なので，非常に広範囲な可動域をもっています。

　寛骨臼は大腿骨頭と関節をつくるおわん型の凹みをもっています。これは腸骨，坐骨，恥骨が融合してできたもので，前からみると前方，下方，側方に向いています。これが安定性を供給しているのです。安定性を図るもう1つの要因は寛骨臼縁であり，寛骨臼の縁についている線維軟骨性の外輪です。この外輪が大腿骨頭のカラーのような働きをし，関節を深くしています。寛骨臼と大腿骨頭の2つの結合面をフィットさせ，その場に大腿骨骨頭がしっかり保持できるようになっています。

　寛骨臼の形は，骨盤の形によってその一部が決まります。しかし骨盤の形はほとん

第Ⅱ章 部位別障害とリハビリテーション

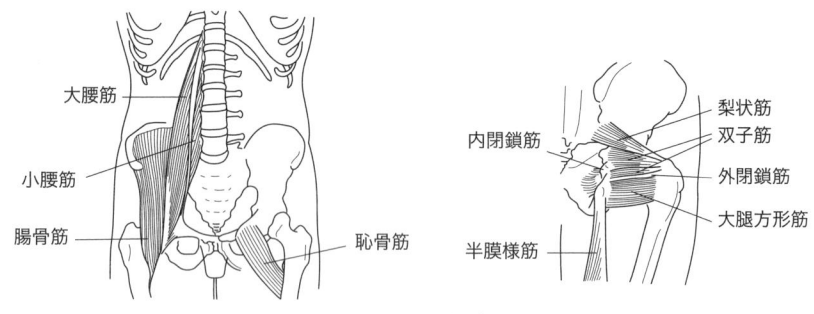

図 11-1 股関節の構造

ど性によって決まるといえます。

女性の骨盤は，妊娠と出産に適するようになっている点で，男性のそれと異なっています。女性の骨盤はより浅く，短く，骨は軽く，よりスムースに尾底骨が動きやすくなっており，恥骨下のアーチ角が鋭角（正常角よりも広い）になっています。またより広くほぼ円筒形をしています。結果的に骨盤は，女性のほうが広く離れています。大腿骨は両膝に対してからだの中心線に向かって成長するので，股関節での外側への開張は男性よりもいく分両膝がよりあう傾向になります。女性の広い股関節は可動域も広くなる可能性があるので，脚を前後に開きやすくなっているといえます。

2 股関節の障害

① 股関節の捻挫

股関節は周囲にある靱帯や筋肉によって，しっかりサポートされています。

しかし足が地面にしっかり固定された状態で体幹が反対方向に無理に押しやられて股関節が強く捻られると，その周囲にある靱帯が損傷します。

股関節の捻挫の症状とこれに対する処置は，ほかの関節の捻挫と同様に行います。

② 股関節の脱臼

大腿骨が内転-屈曲された状態で大腿骨の長軸方向に力が加わって大腿骨の骨頭が後

方に脱臼するのが一般的なものです。脱臼が起こると大腿骨は内転-屈曲-内旋された状態になります。

この障害では、しばしば骨折や坐骨神経の損傷を伴うことがあるので、すぐにドクターにみせる必要があります。

③ 鼡径部の肉離れ

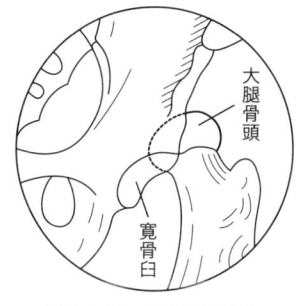

図 11-2 股関節の脱臼

股関節そのものでなく、その周囲の外傷として、鼡径部の肉離れがあります。鼡径部とは大腿骨と腹部の間にある凹みのことで、そこには大腿直筋、内転筋群、腸腰筋（ちょうようきん）があります。

これらの筋肉の肉離れは、ランニング、ジャンプ、そして外旋を伴った捻れによって引き起こされます。

この部分の肉離れでは、選手自身が損傷の起こった正確な位置を指摘することができません。そこで次のようなテストを行います。

1) 大腿直筋のテスト（図11-3）

テーブルの端に座って膝から下をテーブルの端に垂らします。そして足首の前に抵抗を加えて膝を伸展させます。もし大腿直筋の肉離れであれば、痛みが出て力が入らなくなります。

2) 内転筋のテスト（図11-4）

テーブルの端に座らせ、怪我をしている大腿部を開いて内転筋を伸ばします。次に足首の内側に手で抵抗を加え選手に股を閉じさせます。内転筋が肉離れを起こしていれば、痛みを訴えます。

3) 腸腰筋のテスト（図11-5）

テーブルの端に座らせ膝の上に手で抵抗を加え、股関節を屈曲させます。もし腸腰筋の肉離れがあれば、鼡径部の深部から痛みを感じます。またテーブルの上にうつ伏せに寝かせ、大腿骨を過伸展または内旋させると痛みが出ます。

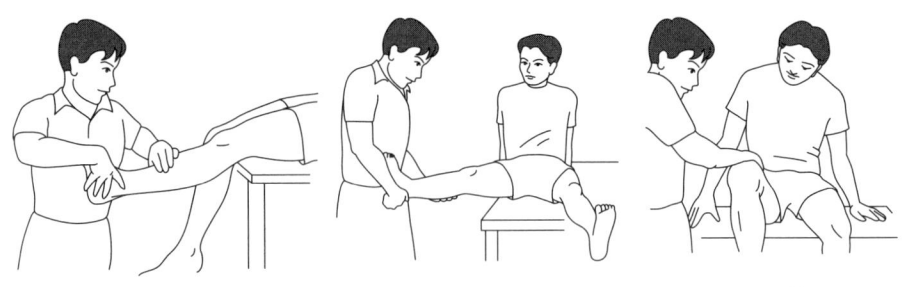

図 11-3　大腿直筋のテスト　　図 11-4　内転筋のテスト　　図 11-5　腸腰筋のテスト

④ ヒップポインター

ヒップポインターは腸骨稜付近に打撃を受けることで生じます。

この外傷の判断は，強い痛みと腫れの出現によって難しくなります。骨の打撲，筋肉の圧搾，短期間の機能障害を伴うものであり，腸骨の上方と真上にみられる強い圧痛は重大な筋肉付着部の断裂を意味し，重度の機能障害が起こります。また重要な部分は出血でおおわれるので，その評価のタイミングが大切になります。

処置は RICE であり，冷却と圧迫を加え，固定して安静にさせます。そして骨折の確認をするために X 線を撮ります。その後は患部を保護するためにパッドを当てたりテーピングをしたりして固定します。

3　リハビリテーション

股関節のリハビリテーションは，可動域の回復と筋力強化が中心です。可動域回復のために無理な強制的なストレッチングは行わないようにします。

筋力強化では，股関節の屈曲，伸展，外転，内転といった単純な動きで開始し，ある程度改善されれば内旋や外旋動作を組み合わせた複合的なエクササイズで筋力強化することが重要です。

実際のスポーツ動作は，足首，膝関節，股関節の動きが複雑に組み合わされています。内旋・外旋を含んだ股関節の屈曲・伸展・外転・内転動作が欠かせません。

股関節のリハビリテーションプログラムについては，200 ページを参照してください。

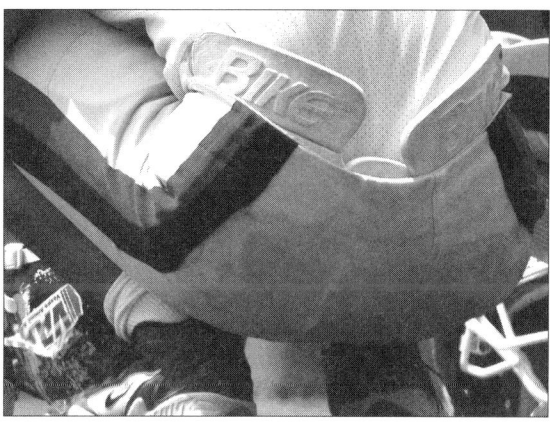

12. 腰部の障害とリハビリテーション (202, 204ページ参照)

1 腰部の構造と機能

脊柱は別々の椎骨が重なりあってできており，多くの椎間板軟骨と靱帯によってつながれています。全部で約33個の椎骨がありますが，それらは次の5つの部分に分けられます。

① 7個の頸椎（首）。
② 12個の胸椎（肋骨-胸郭）。
③ 5個の腰椎（腰）。
④ 5個の仙椎（脊柱の基礎）。
⑤ 4個の尾椎（尾骨・尾底骨）。

成人の尾底骨は単一骨で4個の尾椎が合わさってできており，仙骨も5個の仙椎が合わさってできています。したがって，一番下にある9個の椎骨間は実質的に安定性

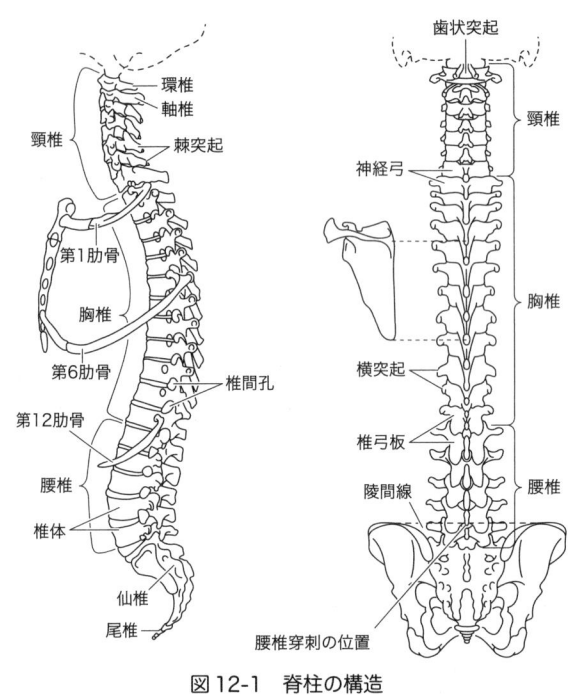

figがありますが，可動性はありません。

　脊柱の重要な特徴として，4つの異なったカーブ（弯曲）があげられます。生まれたときの幼児の脊柱は1つの長いカーブがあるだけで，全体に後方に弯曲してL字形のカーブをつくっています。しかし幼児が頭をもち上げはじめると頸椎の弯曲が形成されます。このあと子どもが立って歩きはじめると腰椎の弯曲が形成されるのです。

　脊柱はいくつかの異なった機能をもっています。最も重要な脊柱の機能は，脊髄の保護と躯幹や付随肢[*1]をしっかり支持することです。したがって，直立姿勢を維持するための支持棒としての働きがあります。脊柱はレバーシステムの支点になっているので，荷役という面から考えるとメカニカルな利点を備えているといえます。また脊柱は筋肉の付着部でもあるので胸郭帯[*2]（肋骨帯）の固定とともに，緩衝作用としての働きもあります。そしてわずかな可動性があり，最大の安定性とプロテクトを与える力と柔軟性を兼ね備えています。

　2つの連続した椎間骨の動きの範囲はわずかです。しかし全体としての動きは脊柱を1本と考えると非常に大きくなります。さらに多方面の可動域は，多くの要因によって決まるとともに脊柱の分節に基づいています。

図12-1　脊柱の構造

[*1] 付随肢：上肢の腕や下肢の脚のこと。
[*2] 胸郭帯：胸郭帯は胸骨と肋骨で構成され，心臓や肺などを保護している。

12. 腰部の障害とリハビリテーション

▶2 腰部の障害

① 腰部の打撲

コンタクトスポーツにおいては，脊椎のなかでも特に腰部はしばしば打撲を受けます。その打撲はほとんどが筋肉に対するものであり，あまり深刻なものは起こらないと考えられます。しかし小さなものによって打撲を受けるとその力が周囲の筋肉に吸収されず，直接棘突起や棘上靱帯に加わり，これらの組織の打撲や骨折が起こります。この場合にはX線検査によって骨折の有無を確認する必要があります。

打撲を受けると必ずそれを示す症状があり，受傷直後には局部的な痛みや圧痛があったり，腰を動かしたりすると中程度の痛みがあります。

また数時間経過してから，周囲の筋肉群に腰の動きを制限するような痙攣が起こります。この時点では，その外傷が単なる打撲なのか肉離れなのかを判断することは非常に困難です。

② 腰部の捻挫

腰部の捻挫は，肉離れと発生のメカニズムが似ています。また捻挫の後，二次的に周囲の筋肉が反射的な筋肉の痙攣を起こすので，肉離れと見分けることが難しくなります。

捻挫しやすい靱帯は，棘突起の先端に沿って走っている棘上靱帯です。この靱帯の捻挫では，靱帯の上や靱帯が付着している棘突起の上に圧痛が認められます。また腰部のアクティブ（自動的）ストレッチングやパッシブ（受動的）ストレッチングでは，この靱帯がリラックスするので痛みが引き起こされませんが，屈曲するとこの靱帯が緊張するために痛みが引き起こされます。

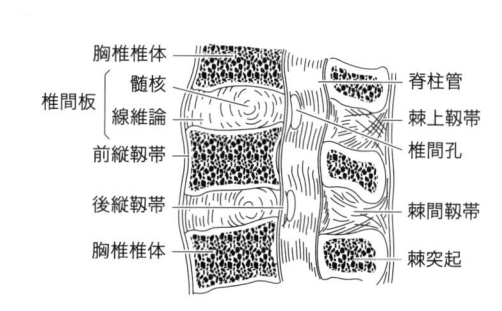

図12-2 椎間板と靱帯

③ 腰部の肉離れ

　肉離れは，筋腱ユニットのある部分の損傷であると定義されていますが，脊柱では直立姿勢を維持する筋肉が多数複雑に働いているために，特に肉離れを受けやすいと考えられます。

　腰部に働く多数の筋肉のなかで肉離れを起こしやすい代表的な筋肉は，脊柱起立筋，腰方形筋，腰筋などです。

　肉離れの原因には，次のようなものがあります。

　①筋肉の疲労。
　②筋肉の柔軟性の不足。
　③腹筋と背筋のバランス。
　④ハムストリングスの柔軟性の不足。

④ 脊椎分離症

　脊椎分離症とは，椎骨の後部にある椎弓の上下の関節突起の間の部分に骨欠損が生じ，その連続性が断たれたものを指します（**図12-3**）。特に構造上弱点のある第5腰椎あたりに多くみられます。

　その原因として以前は先天的なものといわれていましたが，現在ではこの部分へ繰り返し加えられるストレスによって引き起こされる疲労骨折と考えられています。

　脊椎分離症は全人口の約5％前後にみられ，これを肉体労働に従事している人や，成長期に激しいスポーツをしていた人に限定すると20％前後とその割合が約4倍に増えています。

　しかし，分離症の人すべてが腰痛などの症状をもっているのではなく，なかには一生自分に脊椎分離症があることを知らない人もいるように椎弓の関節突起間部の分離そのものが腰痛の原因とは考えられていないようです。

　一般的に脊椎分離症における腰痛は，分離した椎弓部分の異常な可動性による背筋，靱帯，椎間関節，椎弓部周辺の神経への刺激によるものと考えられています。

⑤ 脊椎すべり症

　脊椎すべり症とは，1つの椎骨がそれより下の椎骨または仙骨（第5腰椎の場合）に

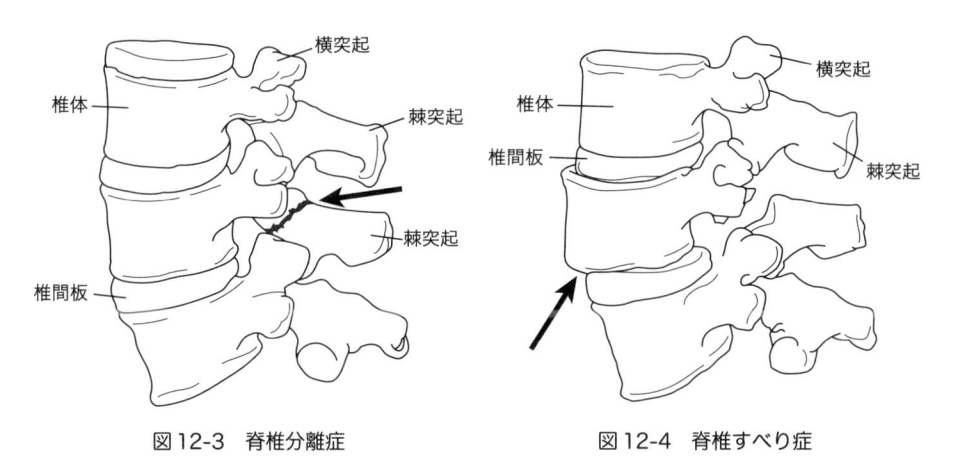

12. 腰部の障害とリハビリテーション

図12-3　脊椎分離症

図12-4　脊椎すべり症

対して前方へすべり出た状態のことです（**図12-4**）。一般的に脊椎すべり症と呼ばれるものは，脊椎分離症も伴っていますが，分離症を伴わず椎間関節と椎間円盤の変形による不安定性から起こる活性（偽性）脊椎すべり症と呼ばれるものもあります。この場合にも最もよく起こる部位は，第5腰椎と第1仙椎間です。

症状は脊椎分離症の場合とほとんど同じですが，殿部や大腿部に放散するような痛みがあったり，坐骨神経痛や下肢の運動知覚神経の麻痺症状があったりすることもあります。腰椎の前弯の増強もその1つです。

⑥ 椎間板ヘルニア

椎間板ヘルニアとは椎間円盤への過剰な力，繰り返し加えられるストレス，そして不良な線維輪の存在によってゼラチン状の髄核が周囲にある線維輪からいろいろな方向に飛び出し，神経を刺激することです。

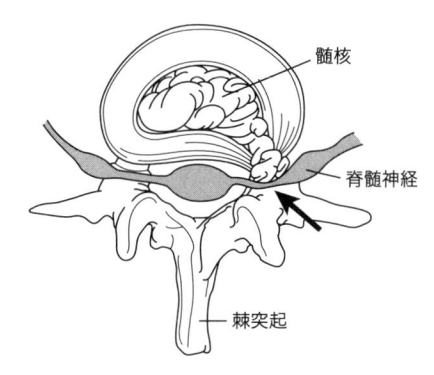

椎間円盤は頸椎，胸椎にもありますが，ヘルニアを起こすそのほとんどは腰椎の部分です。

このうち発生頻度の高いものは，やはり

図12-5　椎間板ヘルニア

腰部のなかで最もストレスのかかる第4腰椎と第5腰椎の間，そして第5腰椎と第1仙椎の間の椎間円板です。したがって，外傷を受ける神経根は，第4・5腰髄神経根および第1仙髄神経根です。これらの神経が刺激されると，主に腰椎と坐骨神経痛が顕著になります。

3 リハビリテーション

　腰部のリハビリテーションは，背部，腰部，股関節の緊張を緩和し，可動域を回復することからはじまります。

　緊張の緩和は腰部を強化する以上に重要なことです。背部や対側のストレッチングとともに股関節のストレッチングにも時間をかけます。また，大腿部内転筋群のストレッチングも欠かせません。

　そして，ストレッチングの後は腰の捻りや股関節を動かすエクササイズを使ってできるだけ自動的に筋肉を動かします。

　腰部の緊張が緩和されたら，腰部の筋力強化を開始します。腰部の強化は背筋だけでなく，腹部の強化も同等に行う必要があります。

　腰痛の原因は腹筋と背筋のアンバランスによって正常な姿勢を維持できないことが多いようです。腹部あるいは背部といった一面的な強化にとどまらず，体幹を強化するという考えが必要です。腹部，対側部，背部，そして股関節の強化が目標となりますが，腹筋や背筋のどちらか一方が強くなりすぎないように注意します。

　腰部のリハビリテーションプログラムについては，202，204ページを参照してください。

13. 腹部の障害とリハビリテーション

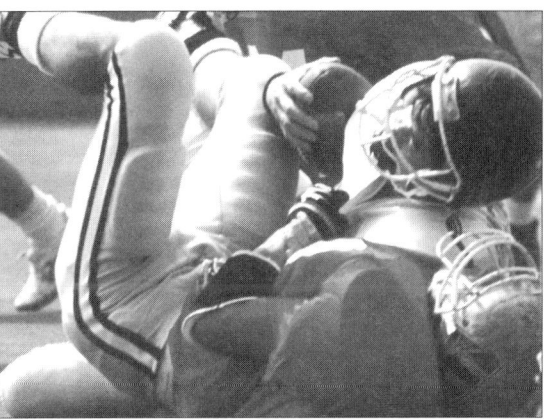

腹部の障害とリハビリテーション（206ページ参照）

1　腹部の構造と機能

　ここでいう腹部とは，横隔膜，骨盤，下部肋骨，腰椎，腹筋に囲まれた部分のことで，この部分には，胃，腸，肝臓，腎臓，泌尿器，膵臓，そして脾臓が収められています。

　腹筋は，腹直筋，外腹斜筋，内腹斜筋，腹横筋からなります。腹直筋はからだを前に曲げる働きがあり，腹筋が発達した人では，この筋肉がいくつかに分かれているのが，皮膚の上から凹んでみえます。

　内腹斜筋と外腹斜筋はからだを横に曲げたり，捻ったりする働きがあります。腹横筋は腹筋のなかで最も深い場所にある筋肉で，内臓をしっかり固定することと，強く息を吐くことを補助しています。

図 13-1　腹腔の主要臓器

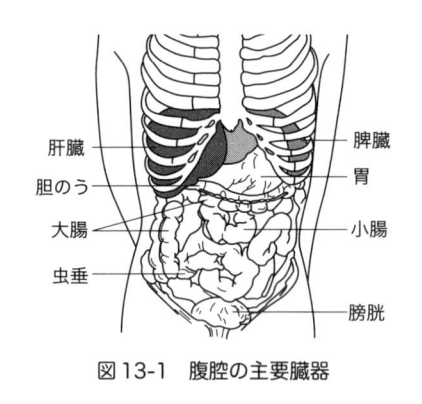

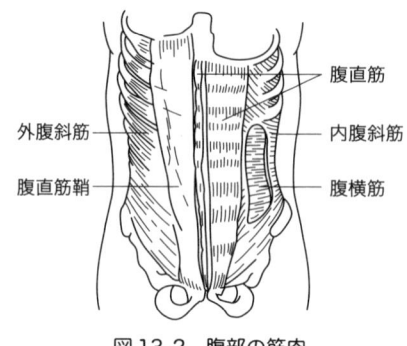

図 13-2　腹部の筋肉

2　腹部の障害

　腹部の障害はコンタクトスポーツでよくみられます。腹部の障害は，衝撃の加わる位置や強度によって異なりますが，腹筋や腹腔神経叢への打撲から内臓の破裂まであります。

① 腹腔神経叢への打撲

　この部分への打撲は横隔膜の一時的な麻痺を引き起こし，結果として呼吸困難や呼吸停止を起こします。
　このような状態に陥った場合，次のように処置します。
①選手がこの状態に打ち勝ち自信をもてるように，選手に話しかける。
②腹部のベルトや衣服を緩めてやる。
③短く息を吸って長く息を吐かせることで選手をリラックスさせる。
④もし選手が以上のことに反応をみせずチアノーゼ[*1]が起こったら，マウスツーマウスの人工呼吸をはじめる。

② 膀胱と尿管の破裂

　下腹部への打撲と骨盤の打撃によって膀胱が破裂します。

[*1] チアノーゼ：口唇や爪の色が青くなった状態。

13. 腹部の障害とリハビリテーション

次のような症状がみられます。
①下腹部に痛みや不快感がある。
②尿意はもよおすが，放尿できなくなる。
③腹部が硬くなる。
④気持ちが悪くなり，吐き気をもよおす。
⑤血尿がある（腎臓破裂でも血尿がある）。

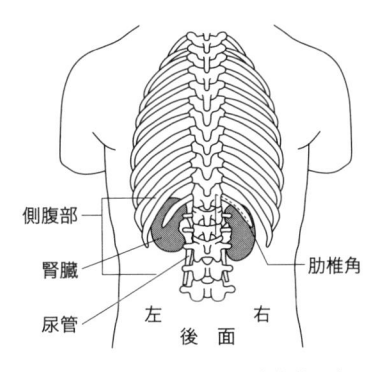

図13-3　脾臓と腎臓は直接的な打撲で受傷する

③ 脾臓の破裂

脾臓はその機能から打撲を受けた後，しばらくしてから内出血が起こります。

次のような症状がみられます。
①ショック症状を起こすことがある。
②気持ちが悪くなり，吐き気をもよおす。
③腹部が硬くなる。
④反射的な痛みが上腕の1/3ぐらいにある。

④ 腎臓への打撲

腎臓はいつも血液で膨らんでいるためにダメージを受けやすく，後ろからの打撲で損傷を受けます。障害の程度は，腎臓の腫れ具合や打撲の強さと角度によって異なります。

次のような症状がみられます。
①ショック症状を起こす。
②気持ちが悪くなり，吐き気をもよおす。
③背中の筋肉が硬くなる。
④血尿がある。

⑤ ショック症状

ショックとは，いろいろな原因，誘因のために急激に全身の循環血液量が減少し，全身状態が悪化した状態を示すものです。一般的に精神的，身体的活動能力が著しく

図13-4　ショックの処置の体位

低下した状態をいいます。
　原因としては，次のようなものがあげられます。
①重度の障害で痛みが激しい。
②複雑骨折，重度の挫傷など。
③大量の出血を起こす。
④恐怖，悲嘆などの精神的打撃が大きい。
⑤内臓への障害がある場合。

　症状としては，顔面が蒼白で，虚ろな顔つきで，反応が鈍くなり，指先，唇，耳などは暗紫色を呈し，顔や手に冷汗が出て体温は下がり，しばしば悪寒と震えがあります。脈は速くて弱く，ほとんど触れることができません。呼吸は浅くて回数が多く，しかも不規則となり，血圧も下降します。重症の場合はまったく意識がなくなり，深く長い呼吸と浅い呼吸が交互に現われます。

　ショック症状の処置は，仰向けに寝かせ脳や心臓に十分な血液が流れるように枕を用いず頭を低くし10〜15°程度下肢をもち上げます。頭部に外傷・障害のある場合には，水平の体位に保つか，わずかに頭を高くします。

3　リハビリテーション

　腹部のリハビリテーションは，腹部の筋力強化が中心になります。腹部の強化は上肢，下肢を使って行います。また上体を捻ることでも強化します。

　各エクササイズではけっして痛みを感じない範囲で行います。各自の筋力レベルに合わせて行うことが重要です。

　腹部の痛みは患部への影響によるものと，筋力が弱いために起こるものとがあります。その判断は難しいですが，エクササイズ後に痛みが残るようであれば，それは患部への影響があったものと考えられます。

　腹部のリハビリテーションプログラムについては，206ページを参照してください。

14. 頸部(首)の障害とリハビリテーション

頸部(首)の障害とリハビリテーション (208ページ参照)

1 頸部の構造と機能

　頸部の骨格構造は7個の椎骨でできています。最もよく知られているのは第1頸椎(環椎)と第2頸椎(軸椎)です(**図12-1**参照)。

　頸部を構成する椎骨は構造上非常にユニークなものです。環椎は直接頭を支持し，軸状になっています。逆に軸椎は杭のようなピボットを形成する突出した骨であり，頭を側方へ向けるときにこの杭状のピボットの周囲を環椎が回旋します。したがって，この関節はいろいろな方向性をもつようにつくられており，頭を広範囲に動かすことができるようになっています。

　頸椎部は屈曲，伸展，側屈，回旋の動きがあります。この部分は最も可動性があり，すべての椎骨のなかで最も自由に動かせます。これはその椎間板が椎体の最も高い位置にあるものとしては，最も厚くなっているからです。椎体に対する椎間板の割合は

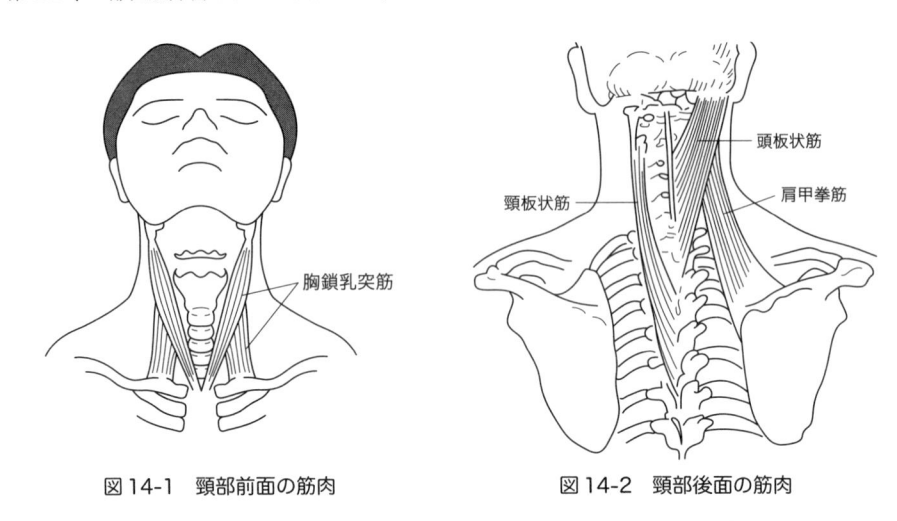

図14-1　頸部前面の筋肉　　　　図14-2　頸部後面の筋肉

40％です。さらに椎体の幅がその高さや深さよりも大きいので、側屈よりも屈伸のほうが大きくなります。

　動きの方向と範囲を決定するのは、椎体の形と椎間関節の外形（輪郭および方向）です。靭帯、筋膜、関節包もまたその動きにかかわっています。それらの弾性が限界に達すると緊張が生じ、動きを止めるようになります。

2 頸部の障害

① 骨　折

　首の可動性が比較的広いため、スポーツでは骨折の発生率は非常に低いといえます。一般的には、骨折が起きる前に首の骨の脱臼または亜脱臼が起こります。

　首の障害の発生としては、首の過伸展（首が極端に後ろに曲がった状態）、ブロック、タックルなどで頭のてっぺんを打っての圧迫、そして首の極度の捻れなどがあげられます。

　過伸展による骨折は、普通、首の骨の棘突起と部分的に第6と第7の頸椎に骨折が起こります。

14. 頸部の障害とリハビリテーション

② 脱　臼

　首の脱臼も，スポーツではそれほど一般的ではありませんが，骨折に比べればその発生率は比較的高いといえます。これは普通，首の急激な屈曲（首を前に曲げる）と捻れによって起こります。フットボールやラグビーでは，頭のてっぺんを使ってのブロックやタックルによって脱臼が起こります。首の骨は，可動性が大きいために，胸や腰の部分の骨に比べて脱臼しやすくなっています。脱臼は，第4・5・6番の頸骨に最もよく起こります。

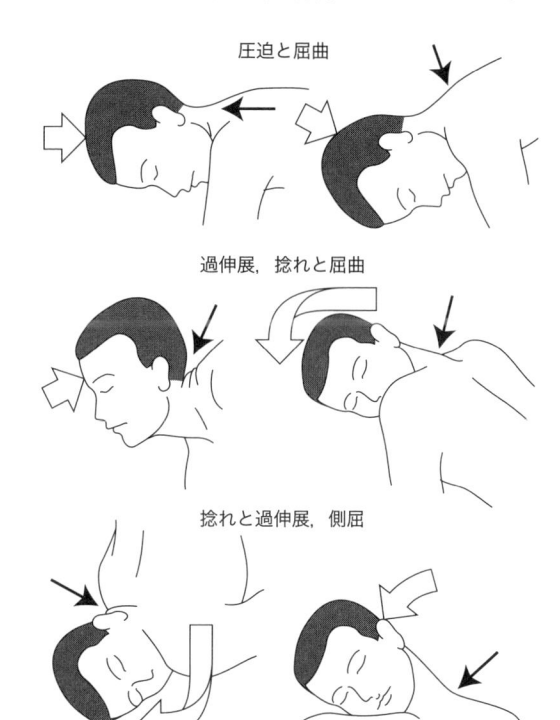

図14-3　頸部の障害が発生するメカニズム

③ 捻挫・肉離れ

　スポーツで最も一般的な首の障害は，捻挫と肉離れです。これらは，脱臼や骨折と同じメカニズムで起こります。

　首に加わる力の強さによって肉離れか捻挫が起こります。捻挫の場合は，骨と骨の間の椎間板の断裂を引き起こすことがあります。

　普通，この障害の回復には2日〜1週間の安静が必要です。

④ ピンチナーブ

　ピンチナーブとは，肩の関節に神経が挟まれた状態のことをいいます。この障害は，選手が頭また肩のブロックやタックルで首を横にかなり激しく捻ったときに起こります。

　症状としては，次のようなことがあげられます。
①腕を横に上げることができなくなったり，筋力の低下がみられたりする。

②腕から下の感覚が一時的になくなる。

③焼けるような，また電気ショックのような痛みが，首筋から手の先に走る。

　ピンチナーブ（神経が挟まれたもの）と同じメカニズムでストレッチナーブ（神経が伸ばされたもの）が起こることがあります。一般的には首が右に捻られたときに，反対側に症状が現われます。繰り返しピンチナーブを受けると，神経炎や筋萎縮を起こします。選手がフットボールやラグビーの練習や試合に復帰する前には，ドクターの許可を得る必要があります。

　首の障害が起こった場合，どのような状況においても，絶対に座らせたり立たせたり，むやみに選手を動かさないことです。

　まずその場で簡単な障害のチェックを行います。重症でないかぎり，意識がはっきりしているのが普通なので，首のどの部分が痛いのか，痛みが手の先まで走っているか，痛みはどの程度か，選手にたずねます。次に選手に四肢を動かすことができるかどうかたずねます。足や手をつねったり，針で突いたりして感覚があるかどうか確かめます。この場合，首をしっかり固定しておく必要があります。

　これらのチェックは，すべて選手を仰向けに寝かせて行います。

3 リハビリテーション

　首のリハビリテーションは，可動域の獲得と筋力の強化が中心です。

　可動域の獲得ではパートナーの手を借りず，必ず自分1人で自動的に行います。首は非常に危険な部分であり，自分で痛みを感じて調整しながら行う必要があります。可動範囲で引っかかりなく動かせるようになれば，首周囲の筋力強化に移ります。これも自分で抵抗をかけながら行います。

　自分の手の力による抵抗で十分力が出せるようになったら，パートナーや器具を使って筋力強化に入るようにします。

　頸部（首）のリハビリテーションプログラムについては，208ページを参照してください。

15. 肩の障害とリハビリテーション

肩の障害とリハビリテーション (210ページ参照)

1 肩の構造と機能

　肩の関節は，球とその球受けが組み合わさってできている球関節に属します。可動範囲が広い反面，不安定でもあります。

　1組の鎖骨，上腕骨，肩甲骨，それに胸骨を合わせて肩帯・肩・上腕の複合体といいます。これらの骨が組み合わさることで，上腕関節，胸鎖関節，肩鎖関節という3つの大きな関節が存在するわけです。上腕関節でいろいろな動きを行っているように思えても，実際には他の関節でも同時に動きが起こっています。

　上腕関節（肩甲上腕関節と呼ばれる）は，ボールとソケットの関係に似ています。この関節はからだのなかで最も可動性がある反面，不安定な状態であるといえます。安定性が悪いのは骨の構築が弱いためです。この関節の安定性は大きくおおいかぶさった筋組織が受けもっています。それらの筋肉以外に関節を支持しているのが嚢

図15-1 肩帯・肩・上腕の複合体

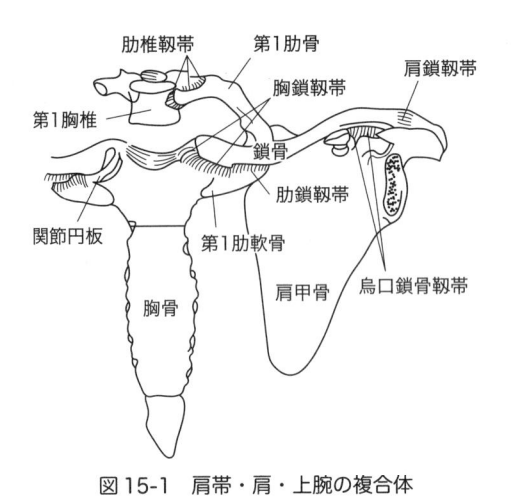

靱帯*1の複合体です。

胸鎖関節と肩鎖関節で起こる鎖骨の動きは，常に肩甲骨の動きに関係しています。肩甲骨の動きは，上腕骨と肩の動きで行われます。肩甲骨を含めた総合的な動きには挙上，下制（かせい），前方突出，後方突出といったものがあります。

同様に上腕関節での上腕の動きは，肩甲骨と先にあげた関節の動きと常に関係しています。上腕関節の動きには屈曲，伸展，外転，内転，内旋，外旋，水平屈曲，水平伸展があります。

2 肩の障害

① 胸鎖関節の捻挫

スポーツによる胸鎖関節の捻挫の発生率は非常に低いようです。

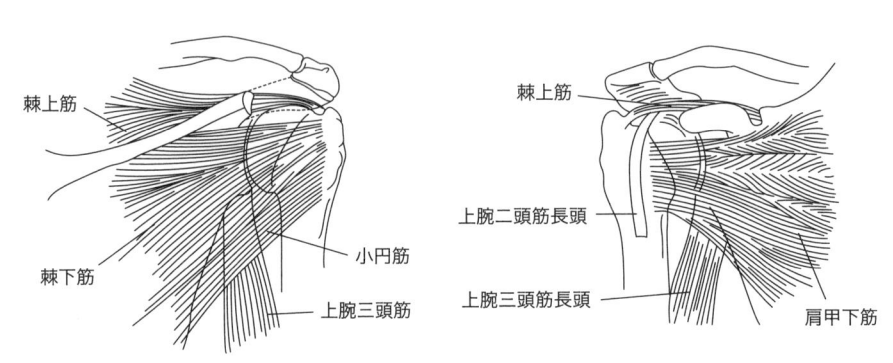

図15-2 肩周囲の筋肉

---
*1 嚢靱帯：関節包の線維膜の肥厚部。

15. 肩の障害とリハビリテーション

図15-3　胸鎖関節の捻挫

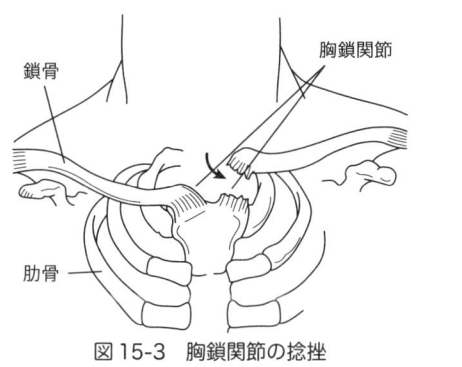

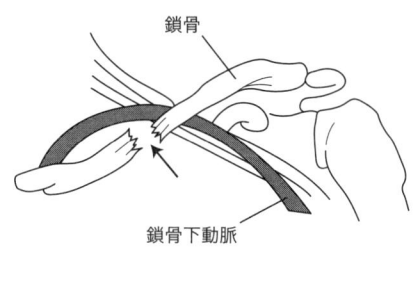

図15-4　鎖骨の骨折

捻挫の発生メカニズムは，次のようなものです。
①肩を外転させた状態で，肘をついて倒れたときや横に倒れて肩の外側を強く打って肩を強烈に前方に押し出すような間接的な力（介達外力）がこの関節に加わったとき。
②鎖骨を強く打つような打撃が加わったとき。
③腕を後方に伸ばして捻ったとき。

② 鎖骨の打撲

鎖骨と皮膚の間には筋肉や脂肪がまったくないために，直接的な衝撃を受けやすくなっています。運動に復帰する際には，その部分を保護するためにパッドを当てます。鎖骨への直接的な打撃は骨折を引き起こすこともあるので，ドクターの診断を受けて骨折の有無を確認すべきです。

③ 鎖骨の骨折

最も発生率の高い骨折の1つで，全骨折の10〜15％を占めるといわれています。骨折の発生メカニズムは，次のようなことがあげられます。
①胸鎖関節の捻挫と同様に，肩を外転させた状態で手や肘をついて倒れたときや，横に倒れて肩の外側を強く打ってその力が鎖骨に伝達されたとき。
②鎖骨に直接的な打撃が加わったとき。

骨折を受けた選手はその側の腕を支えようとしたり，首を骨折の起こったほうに傾

け顎を反対側に向けるような姿勢を
とったりします。

④ 肩鎖関節の捻挫

これはさまざまな外力によって引き起こされます。その代表的なメカニズムは，次の2つがあげられます。

①肩先を地面などに強く打ちつけ，肩峰を押し下げるような直接的な外力が加わったとき。

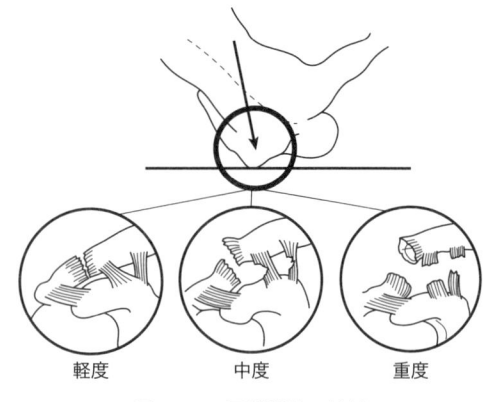

図15-5　肩鎖関節の捻挫

②肘を伸ばした状態で手をついたり，肘の先端をついてからだを支えたりしたときなどに関節窩と肩峰を後方に押しやるような間接的な外力が加わったとき。

⑤ 肩関節の脱臼

肩関節の脱臼は，フットボールなどのコンタクトスポーツでよく起こります。そのほとんどは上腕骨が前方にずれる前方脱臼で，このうちの60％前後は習慣性になる傾向があります。

肩関節は肩甲骨の浅い関節窩に上腕骨の大きな骨頭が対応しているので，脱臼しやすくなっています。一般的には腕が90°以上外転し，外旋するような力が加わったときに脱臼が起こります。

⑥ インピンジメント症候群

インピンジメント症候群（衝突症候群）とは，肩峰下腔を構成する軟部組織の慢性の病態あるいは外傷をいいます。水泳や野球のピッチングのように肩の水平面以上で腕を使うとインピンジメントが起こります。インピンジメントは，棘上筋が通る空間が狭くなることで起こります。ローテーター・カフ[1]（腱板）を痛めた選手は，活動中や活動後に肩関節の痛みを訴えます。

ローテーター・カフのインピンジメントは早期の段階でわかるので，普通は保存療

---

[1] ローテーター・カフ：4つの筋腱（棘上筋，棘下筋，肩甲下筋，小円筋）からなり，上腕骨頭を包むように付着し，肩関節の機能に重要な役割を果たしている。

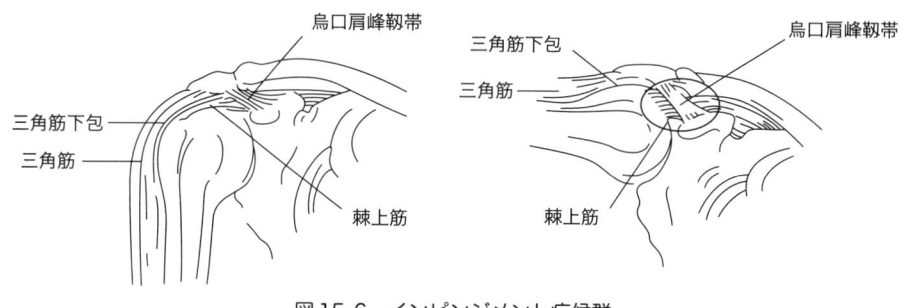

図15-6　インピンジメント症候群

法で治療します。この保存療法には，安静，正しい腕の使い方を指導する，冷却や温熱療法などが含まれます。

　野球の，特にピッチャーの肩の障害を防ぐために正しいスローイング動作を指導する必要があります。またウォーミングアップを十分行い，肩の筋肉を十分ストレッチングすることと同時に，筋力の強化も忘れないようにします。

　この障害を受けたら，水泳選手であれば，泳ぐ距離を減らしたり，泳法を変えたりすることです。またその他のスローイングの種目ではあまり力を入れずに投げたり，違ったテクニックを開発したりすることです。

　練習後の冷却は，肩の痛みや炎症を軽減する効果があり，欠かすことができません。

3　リハビリテーション

　肩のリハビリテーションは，可動域の獲得と筋力の回復が目的です。可動域の獲得は肩の自動的なエクササイズで行います。バンザイができるようになれば，肩周囲の筋力強化に入ります。

　筋力強化は壁を使ったアイソメトリックスで行います。アイソメトリックスを使えば痛みに対する力の調整ができます。かなり力が出せるようになれば，チューブを使って自動的な筋力強化を始めます。特に肩の後面の筋力を意識的に強化することが必要です。

　肩のリハビリテーションプログラムについては，210ページを参照してください。

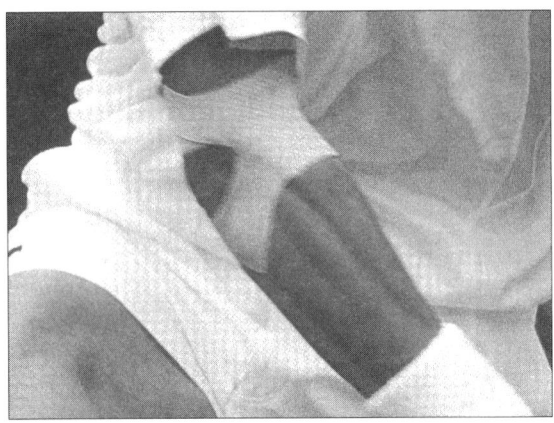

16 肘の障害とリハビリテーション (212ページ参照)

1　肘の構造と機能

肘関節は肩と手首の間で，上肢の中間部分となる関節です。

肘関節は上腕骨，橈骨，尺骨で構成されています。肘は蝶番関節ですが，実際には3つの関節面をもっています。そのなかで上腕骨-尺骨の関節は，滑走の形で屈曲と伸展だけに関与しています。また橈尺関節は，主に回内，回外動作に関与しています。

肘関節には，屈曲，伸展，回内，回外の動きがあります。

屈曲：上腕骨と前腕の関節角度が減少する動作。

伸展：屈曲位からもどす動作。

回内：解剖学的肢位や手掌（手のひら）を上に向けた状態から，手のひらを下に向けるように手を内側に返す動作。

回外：解剖学的肢位や手のひらを上に向けた状態から，前腕を外側に回旋する動作。

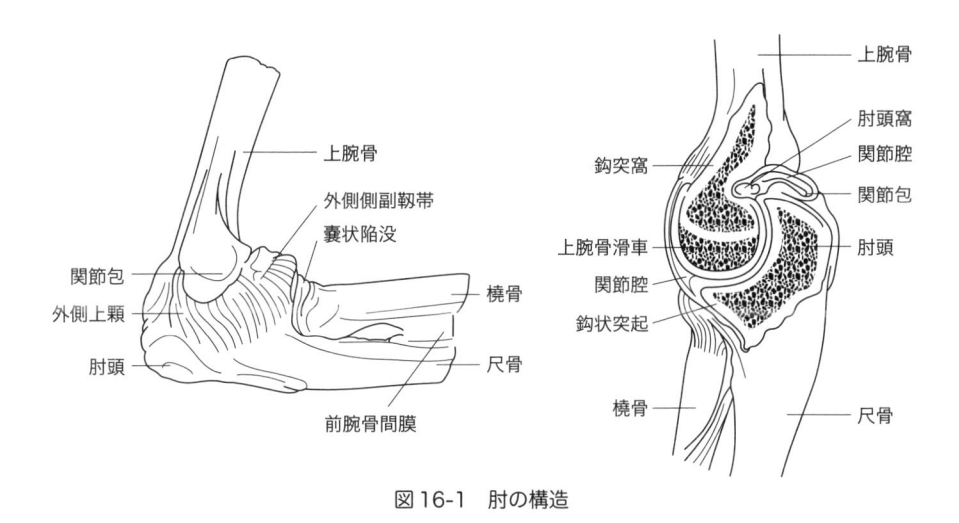

16. 肘の障害とリハビリテーション

図16-1 肘の構造

2 肘の障害

① 肘の骨折

　肘の骨折は手を伸ばしたり，肘を曲げて転倒したり，また肘に直接打撃を受けることで発生します。幼年期や成長期の子どもは，成人よりも肘の骨折が多く発生するようです。手を伸ばして転倒すると上腕骨を骨折することもあります。前腕や手首の骨にも骨折を起こすような外傷を受けることがあります。肘を骨折することによって変形がみられることも，みられないこともあります。普通は，患部に血腫，腫れ，筋痙攣がみられます。

② 肘の脱臼

　肘の脱臼は肘を過伸展の状態で腕を伸ばして倒れたり，肘を固定した状態で強く捻ったりすることで起こります。前腕の橈骨と尺骨は，後方，前方，側方に脱出します。最もよくみられる脱臼は肘頭の変形があり，肘頭が後方に飛び出しています。このような状態では，大きな神経と血管もダメージを受けています。

図 16-2　肘の骨折

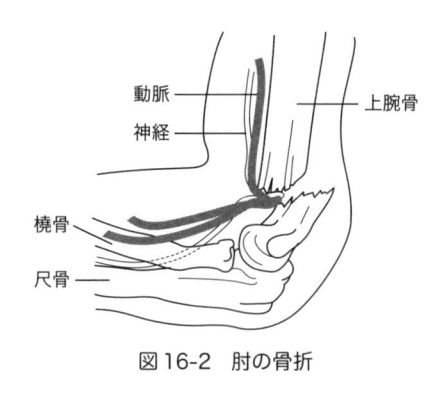

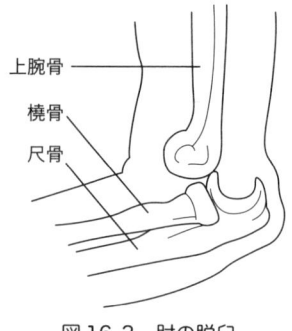

図 16-3　肘の脱臼

③ 肘の肉離れと捻挫

　肘関節に関する急性の筋の肉離れのメカニズムは，肘を伸ばすように腕を伸ばして倒れたときに肘を過伸展するような力が加わって発生します。顕微損傷を繰り返すと慢性の障害へと発展します。

　肘の捻挫は肘を過伸展したり，前腕を外方に曲げたり，捻るような力を受けることで起こります。肉離れと捻挫の判断はドクターに委ねなければいけません。

④ 上顆炎（投球肘，テニス肘，ゴルファー肘）

　上顆炎は前腕を繰り返し捻る動作をする選手にみられる慢性の障害です。

　上顆炎はそのスポーツによって投球肘，テニス肘，やり投げ肘，ゴルファー肘と名づけられます。実際の障害の位置，症状，徴候がよく似ています。また肘の外側や内側周囲の痛みに加えて上顆上の圧痛があり，腫れがみられる場合もあります。他動的に肘を捻ってみると痛みが強くなります。

　肘の障害が発生したときには次のようなチェックを行います。

①選手に質問する。
　a）肘のどの部分が痛いか。
　b）どのようにして怪我をしたのか。
②怪我をしていないほうの肘と比較する。
　a）腫れ，痛み，変色，熱。
③選手自身の力で肘を動かし，怪我をしていないほうの肘と可動範囲を比較する。

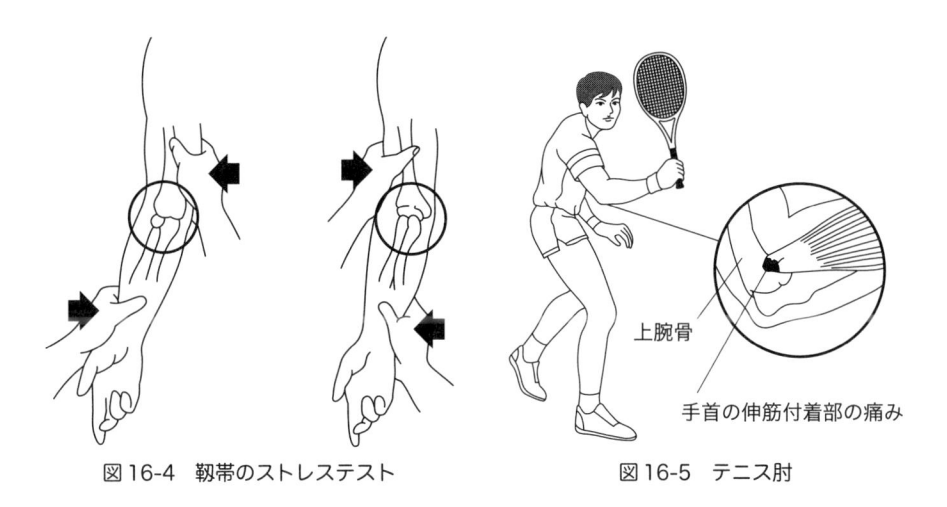

16. 肘の障害とリハビリテーション

図16-4　靱帯のストレステスト　　　図16-5　テニス肘

④触わってみる。肘頭，肘の横，肘の少し上などを軽く押さえてみて，痛みの部位をチェックする（**図16-4**）。

⑤怪我をしたときと同じ方向に肘を動かす。骨折や脱臼の疑いがある場合は絶対に行わない。

3 リハビリテーション

　肘のリハビリテーションは，可動域の獲得と筋力の回復が目的です。可動域の獲得は手首の屈曲，伸展動作を使って行います。筋力強化は手首の屈曲・伸展・尺屈・橈屈，前腕の回内・回外動作を使って行います。ほかに肘の屈曲と伸展動作でも行います。

　肘の動きは，前腕と手首の複雑な動きが組み合わされて行われます。したがって，筋力強化においては前腕の動きと手首や手の動きを使いながら行う必要があります。特に前腕の使いすぎで手掌が開きにくくなっています。手を開いたり手首を伸展させたりすることが重要です。

　肘のリハビリテーションプログラムについては，212ページを参照してください。

第 II 章　部位別障害とリハビリテーション

17 手と手首の障害とリハビリテーション (214ページ参照)

1 手と手首の構造と機能

　手首の関節（手根関節）は，非常に安定性のある関節です。その際だった安定性の機能は，手首を横切る多くの筋肉の腱と靭帯によってもたらされています。またこの安定性の一部は，骨の配列によってもたらされています。

　手根関節には屈曲（掌屈），伸展（背屈），橈屈，尺屈があります。

　手首の屈曲は手のひらを前腕方向に引き付ける動作で，可動域は 0 〜 90°あります。

　手首の伸展は手のひらを前腕から離す動作です。伸展範囲は 0 〜 85°あります。

　手首の尺屈は前腕部に対して尺骨側に手を曲げる動作です。尺屈はほとんど中手根間関節で行われます。尺屈範囲は 0 〜 55°です。手首の橈屈は前腕部に対して橈骨側に手を曲げる動作です。この動きは橈骨手根関節と舟状骨で起こります。橈屈範囲は 0 〜 25°です。

figure 17-1 手首の構造（Green の手の外科手術，第4版，診断と治療社より改変）

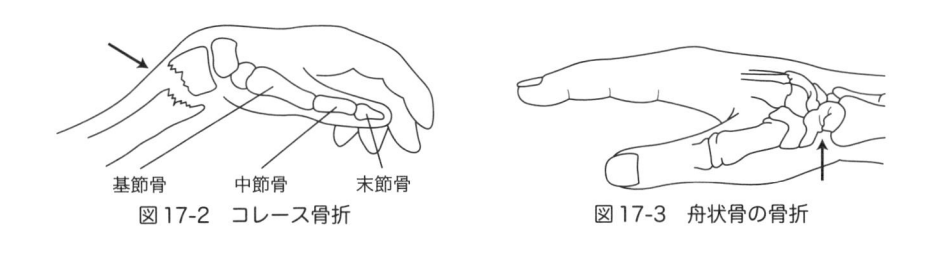

図 17-2 コレース骨折

図 17-3 舟状骨の骨折

2 手と手首の障害

① 手首の骨折

　手首の骨折はコレース骨折（**図 17-2**）と呼ばれるもので，橈骨と尺骨下端の骨折のことをいいます。発生のメカニズムとしては，手首の怪我に共通していますが，手のひらをついて倒れたときによく起こります。

② 舟状骨の骨折

　舟状骨は，手根骨のなかで最も頻繁に骨折します（**図 17-3**）。この骨折は，手首を伸ばして（過伸展），手のひらをついて倒れたときに，舟状骨が橈骨と手根骨の第二列の骨との間で，圧迫されて起こります。重度の手首の捻挫とまちがえられることが多く，骨折に対して絶対不可欠である完全固定が行われます。これは舟状骨の骨折は完

第 II 章　部位別障害とリハビリテーション

全固定をしないと血流の供給が悪くなり，なかなか治らないことが多く骨が死んでしまうことさえあるためです。

③ 月状骨の脱臼

月状骨の脱臼は，手根骨のなかで最も一般的な脱臼です。この怪我は，手をついて倒れた時に手根骨の第一列と二列目の間のスペースが広がって起こります。症状としては痛みや腫れがあり，手首や指の屈曲ができにくくなります。また脱臼した月状骨が正中神経を圧迫して，手の感覚麻痺や屈筋の麻痺を起こすこともあります。

④ 手首の捻挫

この捻挫は手首を過伸展した状態で倒れたときや，手首を急激に曲げたり捻ったりしたときに起こります。手首の主要な支持組織は，手根骨に栄養管を運んでいる手のひらと手の甲の部分の靱帯なので，繰り返し捻挫をしていると手根骨への血液供給が断たれる恐れがあります。

⑤ 指骨の骨折

この骨折は指を踏まれたり指にボールがあたったり，強く捻ったときなどによく起こります。指骨骨折のうち中節骨と基節骨の骨折では，指を曲げたり伸ばしたりする腱も損傷を受けることがあります。

⑥ ベースボールフィンガー

これは指の先端にボールがあたったりして，指を伸ばす腱（伸筋腱）がその停止している部分（末節骨の先端）から剥がれてしまう怪我のことです（**図 17-4**）。

⑦ 指の脱臼

これは主に指先にボールがあたったりして起こります。結果として，関節包や靱帯の断裂が起こります。また関節のなかや周囲の骨の小片が剥がれたり，屈筋腱や伸筋腱の断裂が起こったりすることもあります（**図 17-5**）。

17. 手と手首の障害とリハビリテーション

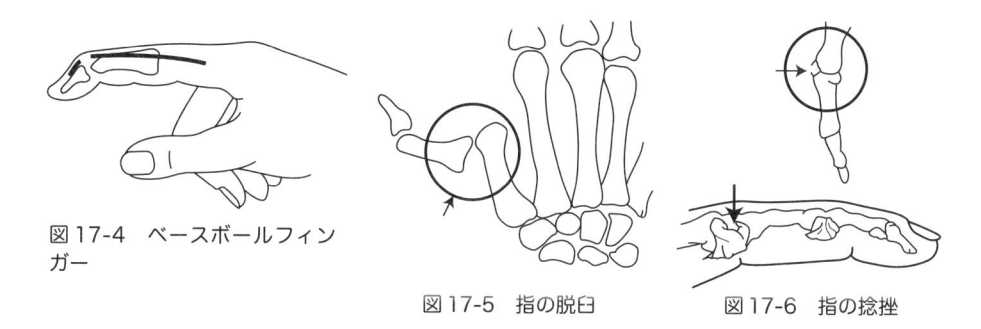

図17-4　ベースボールフィンガー

図17-5　指の脱臼

図17-6　指の捻挫

⑧ 指の捻挫

指の捻挫は指の先端に力が加わったり，急激に捻ったりして起こります。捻挫をした後少なくても1時間は，冷却と圧迫を継続する必要があります（**図17-6**）。

3 リハビリテーション

手と手首のリハビリテーションは，可動域の獲得と筋力の回復が目的です。

可動域の獲得は手首のストレッチングと手掌を開くことによって行います。筋力の回復については手首と手指の筋力強化が中心になります。

手首と手指の強化では，握力の回復が目的になり，握るエクササイズや手首の屈曲・伸展・尺屈・橈屈のエクササイズが必要です。

そして，手指の強化では指でつかんだり挟んだり，指を開くといったエクササイズが必要です。特に握って捻るという動きが重要です。

手と手首のリハビリテーションプログラムについては，214ページを参照してください。

第Ⅲ章

スポーツ障害の予防と対策

第 III 章　スポーツ障害の予防と対策

18

暑熱の障害と対策

　人間は，運動すると体温が上昇します。アスリートでは，とりわけ激しいトレーニングをする選手，体格の大きい選手，皮下脂肪の厚い選手は，熱を産生しやすくなります。

1　熱に対する生理

　生体は，体温の変動が非常に狭い範囲内で行われるようになっており，以下の方法で，できるだけ36〜37℃に近く体温を維持するように常に体温調節機構が働いています。
　①汗の発散によって皮膚を冷却する。
　②両方の肺による呼吸。
　③伝導，対流，放散。
　まず，発汗作用によって皮膚が冷却されます。

144

18. 暑熱の障害と対策

皮下の血管は膨張し血液が皮膚に運ばれて冷却されます。しかしながら，以下のようないくつかの問題が生じることがあります。

① 発汗では早く発散されない。例えば湿度が高い場合。
② 生体は実際にその環境によって温められる。例えば37.2℃以上の温度で。
③ 発汗による水分の脱水が生じる。

選手のトレーニングでは，以上の3つの組み合わせが緊急事態をまねくことになります。

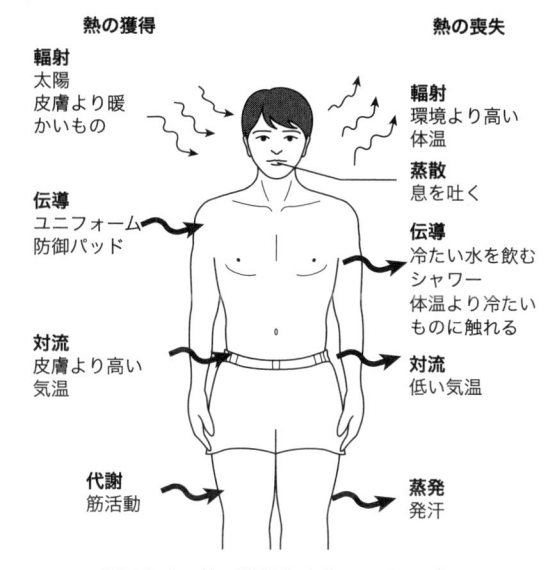

熱の獲得
輻射：太陽／皮膚より暖かいもの
伝導：ユニフォーム／防御パッド
対流：皮膚より高い気温
代謝：筋活動

熱の喪失
輻射：環境より高い体温
蒸散：息を吐く
伝導：冷たい水を飲む／シャワー／体温より冷たいものに触れる
対流：低い気温
蒸発：発汗

図18-1　熱の獲得と喪失のメカニズム

2　暑熱の障害

高温環境下で生ずる急性疾患を総称して「**熱中症**」といいます。これは熱痙攣，熱虚脱，熱疲労，熱射病に大別されます。

① 熱痙攣

熱痙攣は，水分の極端な減少と電解質，特にナトリウムの減少によって起こります。電解質は筋収縮に不可欠な要素のイオンです。大量に汗をかくと大量の水分と電解質が失われ，身体内の各要素の濃度のバランスが崩れます。このアンバランスが痛みを伴う筋肉の収縮や痙攣を引き起こします。

熱痙攣を起こしたら，ただちに大量の水分とナトリウムを摂取させ，痙攣の起きている筋肉をアイスマッサージして軽くストレッチングさせます。

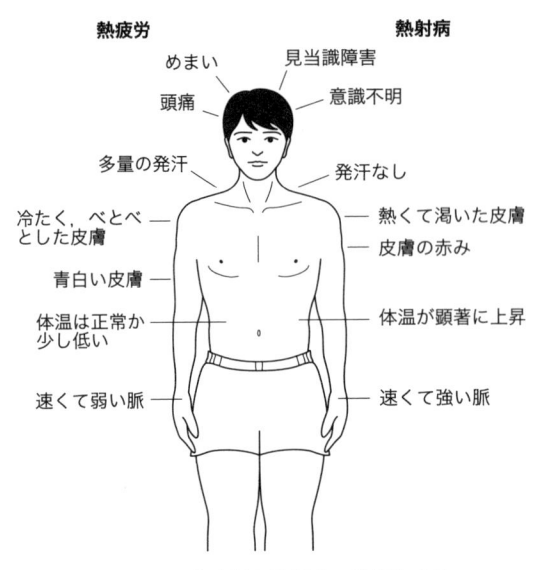

図18-2 熱疲労と熱射病の徴候と症状

熱疲労側：めまい、頭痛、多量の発汗、冷たくべとべとした皮膚、青白い皮膚、体温は正常か少し低い、速くて弱い脈

熱射病側：見当識障害、意識不明、発汗なし、熱くて渇いた皮膚、皮膚の赤み、体温が顕著に上昇、速くて強い脈

② 熱虚脱

熱虚脱は，浅血管の末梢血管拡張，低血圧，あるいは四肢に血液がうっ血することによって起こります。高温にさらされすぎて，身体の急激な疲労を伴って発生します。

めまい，失神，吐気がみられたら涼しい場所で横にして，水分を補給させます。

③ 熱疲労

大量の発汗によって起こる脱水性のショック状態をいいます。発汗で失われた水分を十分に補給しないことから起こります。熱射病と区別するために直腸温を測る必要があります。熱疲労では直腸温は38〜39℃にもなります。

崩れるように倒れ，大量の発汗，青ざめた肌，39℃近い熱，めまい，過呼吸，頻脈があればただちに大量の水分を摂取させ，涼しいところで休息させます。

④ 熱射病

熱射病は，体温の急激な上昇が原因で，体温調節のメカニズムが異常をきたしたために，身体が発汗を通して熱を放散する力を失うので，生命にかかわる緊急事態です。

突然意識を失って倒れる，紅潮した肌，浅い呼吸，発汗は少ない，強くて速い脈，核心温が40℃以上といった症状がみられたらできるだけ早く病院に搬送します。また，体温を下げるために涼しい環境に運び，衣類を脱がせ，冷水風呂に入れるか冷水で身体を拭いてタオルなどで風を送ります。

18. 暑熱の障害と対策

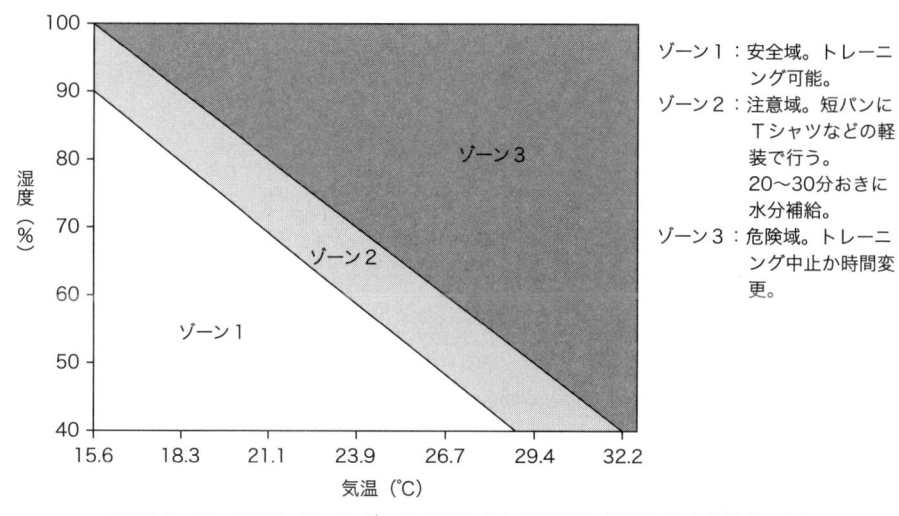

図18-3　アメリカンフットボールで用いられる湿度と気温による危険度の図

ゾーン1：安全域。トレーニング可能。
ゾーン2：注意域。短パンにTシャツなどの軽装で行う。20〜30分おきに水分補給。
ゾーン3：危険域。トレーニング中止か時間変更。

3　暑熱の障害の予防

熱障害は突然起こるものではなく，予防できるものです。

① 新しい環境への適応

いくつかの生理学的変化が新しい環境に順応するなかで熱障害が生じます。新しい環境に順応すると早期に発汗が開始し，皮膚の血流量が増加し，より低い体温でプレイするために体温調節のメカニズムが働きます。これら新しい環境への順応がないと，適当な発汗が開始される前に，より高い体温に到達してしまうことになります。

選手が暑熱の環境のなかでトレーニングをする場合，新しい暑熱の環境への順応には，少なくても7日から数週間かかります。

② 環境の整備

温度だけでなく湿度と関係する相対温度を知ることが，生命を維持するためにきわめて重要です。乾球と湿球の温度を測定するためにスリングサイクロメーターがあり

第III章 スポーツ障害の予防と対策

WBGT ℃	湿球温度 ℃	乾球温度 ℃		
31	27	35	運動は原則中止	WBGT31℃以上では，特別の場合以外は運動を中止する．特に子どもの場合には中止すべき．
28	24	31	厳重警戒 (激しい運動は中止)	WBGT28℃以上では，熱中症の危険が高いので，激しい運動や持久走など体温が上昇しやすい運動は避ける．運動する場合には，頻繁に休息をとり水分・塩分の補給を行う．体力の低い人，暑さに慣れていない人は運動中止．
25	21	28	警戒 (積極的に休息)	WBGT25℃以上では，熱中症の危険が増すので，積極的に休息をとり適宜，水分・塩分をを補給する．激しい運動では，30分おきくらいに休息をとる．
21	18	24	注意 (積極的に水分補給)	WBGT21℃以上では，熱中症による死亡事故が発生する可能性がある．熱中症の兆候に注意するとともに，運動の合間に積極的に水分・塩分を補給する．
			ほぼ安全 (適宜水分補給)	WBGT21℃未満では，通常は熱中症の危険は小さいが，適宜水分・塩分の補給は必要である．市民マラソンなどではこの条件でも熱中症が発生するので注意．

WBGT（湿球黒球温度）
屋外で日射のある場合
　WBGT＝0.7湿球温度＋0.2黒球温度＋0.1乾球温度
室内で日射のない場合
　WBGT＝0.7湿球温度＋0.3黒球温度

○環境条件の評価にはWBGTが望ましい．
○乾球温度を用いる場合には，湿度に注意．湿度が高ければ，1ランク厳しい環境条件の運動指針を適用する．

図18-4　熱中症予防のための運動指針（日本体育協会：熱中症予防のための運動指針より）
熱中症予防の温度指標としては，気温（乾球温度），湿度（湿球温度）と輻射熱（黒球温度）および気流の影響も反映され，総合的に暑さを評価できるWBGT（Wet-bulb Globe Temperature）が用いられる．

ます．これは，トレーニングをする場所などで相対温度を知るスケールとして使えます．

❸ 衣　服

高温で湿度の高いときには，短パンと白いTシャツを着用し，水分補給を積極的に

行います。そして練習は早朝や夕方に行い、場合によっては、中止することも必要です。ネットのジャージは空気にさらす皮膚面積を増やすことになり、発汗による蒸発と冷却を助けます。逆にスエットスーツは非常に危険であり、体重のロスは水分だけで一時的なものです。

④ 影響を受けやすい選手

　選手によって生理的な変化が異なり、各選手の熱のストレスの処理と適応能力も違います。筋肉量の多い選手や脂肪の厚い選手は特に危険性が高くなります。

　水分の補給が十分かどうかみるために、トレーニングの前後に体重を計ります。体重が3％減少（100 kgの人で3 kg）した程度であれば、選手はすぐに正常な体液を補給できます。しかし、体重が3〜5％も減少した選手は、体液の補給が難しくなります。体重の5％以上を減量した選手は、ひどい熱障害をまねく危険性があり指導が必要です。

⑤ 体液の返還

　熱障害を防ぐために重要なものは、水です。より大きく体重の重い選手は、より多量の水分が必要なことを理解し、明確な管理をする必要があります。

　熱障害を予防する水分（体液）の補給は、次のように行います。

①**練習2時間前に1リットル。**
②**練習15分前に400〜500 ml。**
③**練習中15〜30分ごとに400〜500 ml。**
⑤**練習後に大きいグラス5〜6杯。**
　冷たい水は温かい水よりも早く吸収されます。

⑥ 飲食物

　食事はフレッシュなサラダと種々のフルーツを十分とることです。これは失った電解質を取りもどすのに役に立ちます。新しい環境に順応している間は、食べ物に少し食塩を使うようにします。しかし、これは適用期間がすぎればやめます。

第III章 スポーツ障害の予防と対策

19 オーバーユースと オーバートレーニング

　年々スポーツのレベルが高くなるにつれて，トレーニングの頻度や強度が増し，そのためにオーバーユースの障害が起こります。

1 オーバーユースの原因

　オーバーユースとは，文字どおり使いすぎによる障害のことをいいます。オーバーユースの障害は，筋肉や骨格系に異常なストレスがかかったり，反復して顕微外傷を受けたりすることで生じます。これらの組織構造はかなり大きなストレスにも耐えることができますが，その限界は個人によって異なります。

　オーバーユースの原因には，内因性のものと外因性のものがあります。内因性の原因には，下肢のアライメントの異常，筋力のアンバランス，ほかの解剖学的要因があげられます。一方，外因性の原因とは，トレーニングの不良，テクニックの不良，器具・用具の不良，路面などの環境の不良などがあげられます。

19. オーバーユースとオーバートレーニング

　オーバーユースの障害は，その80％が持久力を必要とするスポーツや熟練したテクニックと動作の反復を必要とするスポーツで生じます。そしてこの障害の80％が下肢に発症しているといわれます。

　オーバーユースの障害は，まず炎症性の反応[*1]を引き起こすことではじまります。この炎症性の反応を見逃すことなく，その反応がみられたら，適切に処置することでオーバーユースの障害を防ぐことができます。

　炎症は圧迫や摩擦を繰り返したり，繰り返しストレスを受けたり，異常なストレスが加わったり，外力を受けることなどによって生じる組織の障害に対する反応です。内因性や外因性の原因によって，腱や筋腱付着部，滑液包（かつえきほう），骨髄に炎症性の反応が引き起こされます。

　炎症の処置は炎症の原因を取り除くことです。そして痛みを除去し可動性を増やして治癒を促進するために腫れを軽減させることです。

　炎症の症状には，次のようなことがみられます。
①分泌液の貯留による腫れ。
②血流の増加による発赤。
③患部への血流の増加による局所の熱。
④患部の圧痛。
⑤腫れと痛みによる患部の機能障害。

　炎症は気がつかないうちに発症するケースが多いようです。最初の頃は，痛みやこわばりはウォームアップで軽減したり消失したりしますが，運動を続けていると再び痛みが出現し徐々に強くなってきます。

　痛みを最初に感じたときに十分休養しなければ痛みの出現と消失を繰り返すことになり，回復の見込みがなくなります。

　痛みは組織が傷ついていることを示す警戒信号ですから，痛みを感じたら勇気をもって休むことです。

[*1] 炎症性の反応：炎症が原因になって起こる生体の反応。

2 オーバーユースによる障害

① 腱や筋腱付着部の炎症

　筋腱付着部の炎症は、その部分に繰り返しストレスが加わることによって生じます。その結果、微細な損傷や出血が生じて周囲の組織を刺激し炎症を起こします。骨と腱の接合部はその間に線維性の軟骨が存在するために血流がほとんどないので、この部分の障害は治癒に時間がかかり、慢性化しやすくなります。この種の障害には、成長期の子どもにみられるオスグッド・シュラッテル病や踵骨骨端炎があります。

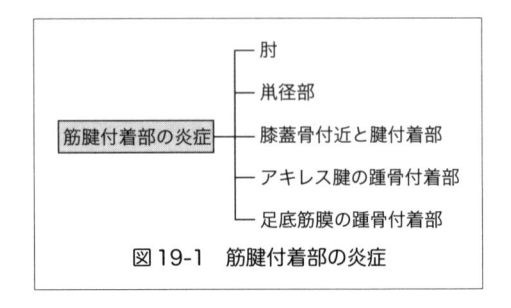

　筋腱付着部の炎症は、肘や鼠径部、膝蓋骨の近位と遠位の腱付着部、アキレス腱の踵骨付着部、足底筋膜の踵骨の付着部にみられます。

　この障害には、次のようなの症状がみられます。

①筋腱の骨との付着部の痛み。
②軽い腫れと機能障害。
③筋腱付着部の圧痛。
④筋肉を収縮させたときの自発痛。

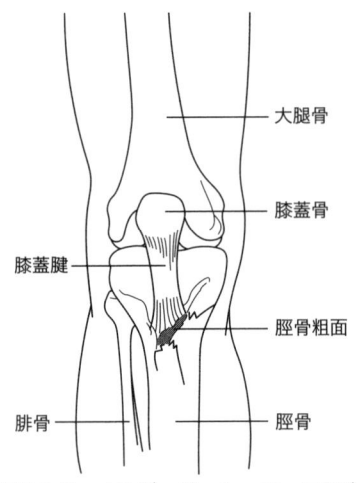

［処置］まず冷やして安静にさせることです。少し動かして痛みが出る場合には、スプリントやテーピングで固定します。急性期が過ぎれば患部を温めて少しずつ動かしていきます。慢性になってしまったら1～2週間完全に休ませ、局所にステロイド剤の注射をすることがあります。そして痛みが長く続いて慢性化するような場合には、手術を行うこともあります。

　予防は適切なトレーニングを実施し、個人に

図19-1　筋腱付着部の炎症

筋腱付着部の炎症 ─ 肘
　　　　　　　　─ 鼠径部
　　　　　　　　─ 膝蓋骨付近と腱付着部
　　　　　　　　─ アキレス腱の踵骨付着部
　　　　　　　　─ 足底筋膜の踵骨付着部

図19-2　オスグッド・シュラッテル病の発症部位

19. オーバーユースとオーバートレーニング

適した用具や器具を用いることと，基礎体力を高めることです。

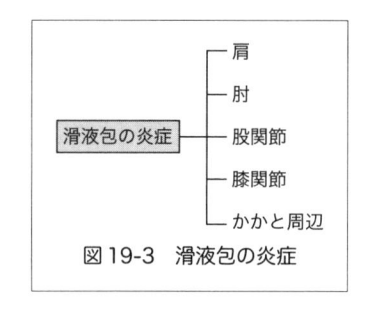

❷ 滑液包の炎症

滑液包は，骨と腱の間，腱と腱の間，骨と腱と皮膚の間にみられる液体の入った小さな袋です。この滑液包はよくストレスが加わったり摩擦が生じたりする部分に存在し，それらを軽減する働きがあります。その分衝撃や刺激を繰り返し受けることで炎症が起こりす。

滑液包の上を通る腱が繰り返し動き続けると炎症が生じます。例えば，アキレス腱周囲の滑液包があります。この部分の滑液包が炎症を起こすと滑液包内に分泌液が貯留し，腫れが生じて痛みが出ます。炎症がひどければ，表層の皮膚に発赤と熱感を伴います。

一般的にみられる滑液包の炎症は摩擦によるものであり，テニスや長距離走など同じ動作を繰り返し続けるスポーツで生じます。よくみられる部分は，肩，肘，股関節，膝関節，かかと周辺の滑液包です。

[処置] まず痛みが完全に消失するまで安静にします。そして患部を冷やして弾性包帯で圧迫します。その部分の炎症が外部からの圧迫によって生じているのであれば，それを取り去る必要があります。腫れがひどくて痛みがあれば，ドクターの診断を受けます。

普通は24時間後から局所を温めますが，症状が長引くようであれば手術が必要となる場合もあります。

図 19-3 滑液包の炎症
- 滑液包の炎症
  - 肩
  - 肘
  - 股関節
  - 膝関節
  - かかと周辺

❸ 骨膜の炎症

下腿の骨膜炎は固い路面や床で激しいトレーニングをしたり，つま先で走ったり，テクニックや用具の不備によって起こるオーバーユースの障害です。また

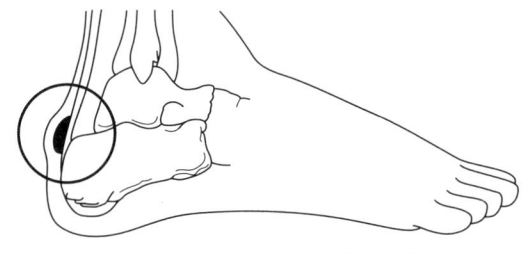

図 19-4 アキレス腱周囲の滑液包炎

足のアーチの崩れや，回内足（**図19-5**）などの足の構造上の異常などが原因になります。

症状は，運動によって下腿の深部に痛みを感じ，運動が激しくなると痛みも比例して強くなります。また下腿の前面と内側との間の角張った部分に圧痛と腫れがみられます。

[処置] まず安静にして患部にストレスを加えないことです。一般的には初期に冷やして，その後は温熱療法を行います。安静と温熱療法で痛みが軽減しなければドクターの診断を受け，疲労骨折の有無を確認します。その後の処置については，ドクターの指示に従います。

予防は，下腿へのストレスを緩和するために固い路面や床でのトレーニングを避けたり，適切な用具や器具を使ったりすることです。特にシューズは衝撃を吸収するクッション性のよいものを使用します。またランニングのテクニックについての指導も必要になります。

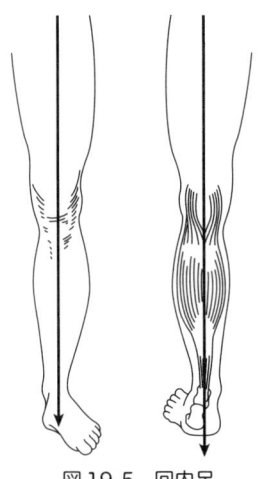

図19-5　回内足
オーバーユースの原因になる。

④ 筋肉の炎症

筋肉は激しく使うと熱を発生し，オーバーヒートを起こします。オーバーヒートを静めることなく筋肉を使い続けると，筋肉は焼切れて炎症を起こしてしまいます。一般的には大腿部，背部，肩甲帯，ふくらはぎにみられます。

筋肉に炎症が起こると収縮させたときに痛みを感じます。さらにもっと強く収縮させたり，何度も繰り返したりしていると痛みが強くなります。また痛みのある筋肉にしこりや痙攣がみられたりします。

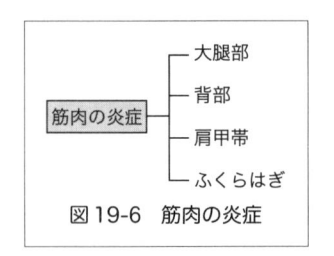

[処置] 筋肉を休めトレーニングを軽減することです。初期には冷却を行い，その後は温熱療法を行い少しずつ筋肉を動かしていきます。

⑤ 腱と腱鞘の炎症

腱や腱鞘は，繰り返し反復する運動で機械的な刺激

図19-6　筋肉の炎症

19. オーバーユースとオーバートレーニング

が加わると炎症の反応を起こします。腱炎や腱鞘炎は、スポーツ障害のなかでも治癒が困難なものです。したがって、運動したときに痛みや腫れがみられれば、安静にして慢性の腱炎や腱鞘炎を引き起こさないようにします。

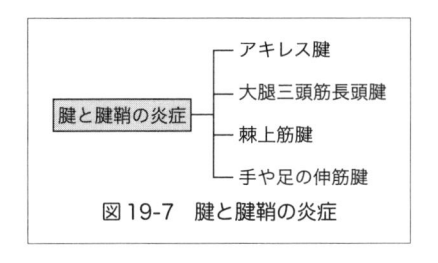

```
                ┌─ アキレス腱
                ├─ 大腿三頭筋長頭腱
腱と腱鞘の炎症 ──┤
                ├─ 棘上筋腱
                └─ 手や足の伸筋腱
```

図19-7　腱と腱鞘の炎症

　腱炎や腱鞘炎は、アキレス腱に最もよくみられ、ほかに大腿二頭筋長頭腱、棘上筋腱、手や足の伸筋腱にみられます。初期には、運動中や運動後に痛みが出たり、捻髪音を感じたりします。また機械的な障害がみられたり、X線像で患部の腫れと石灰化現象*1がみられたりします。

[処置] 痛みが消失するまで安静にします。急性期には冷却し、その後は温熱療法を行います。

　予防は、ウォームアップとウォームダウンを十分行うことです。そして同じ繰り返しの運動や片側だけの運動を避け、いろいろなトレーニングを行ってからだをバランスよく使うことです。すなわち基礎体力を重視するということです。

❻ 疲労骨折

　疲労骨折もオーバーユースの重要な障害の1つです。疲労骨折は主に脛骨、腓骨、中足骨に多くみられます。投手ややり投げの選手では、上腕骨にもみられます。

　疲労骨折は正常レベルのストレスが繰り返し加わり続けたり、大きなストレスが何度も加わったりしたときに生じます。疲労骨折は急に症状が出現することが多く、発症後1週間は運動中だけに痛みが起こり、休むと消失します。しかしその後は、激しい運動をすると痛みが強くなり、運動を中止しても痛みは鈍痛として残るようになります。患部に腫れと圧痛がありますが、最初のX線検査で疲労骨折の所見がみられないことが多いので、症

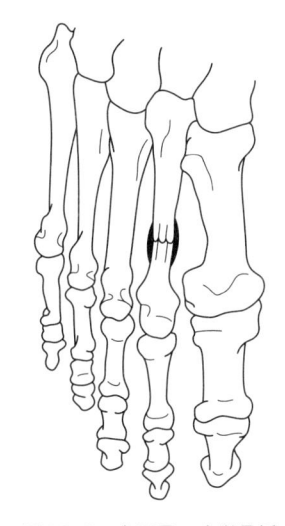

図19-8　中足骨の疲労骨折

---

*1 石灰化現象：カルシウムが沈着し、組織や体内の非細胞性物質が硬化する状態。

状が続く場合には，2〜4週間後に再度X線写真を撮る必要があります。
　初期の確定診断には，断層撮影や骨シンチグラフィを撮る必要があります。
[処置] 痛みが消失するまで冷やして安静にします。X線検査で異常が認められたら，ギプスで固定したり，松葉杖を使用したりします。
　疲労骨折の予防は難しいですが，シューズや用具を適切に選択するとともに，選手個人に見合ったトレーニングプログラムを処方することです。

3 オーバーユースによる障害を防ぐ

　基礎体力のトレーニングを忘れてテクニックの練習ばかりやっていると，知らず知らずのうちにストレスが蓄積し，使いすぎによる障害（オーバーユース症候群）が起こります。それを防ぐためには，適切な体力トレーニングと日頃から練習後に冷却を用いることです。冷却は，アイスパックやアイスマッサージを使うと便利です。

① 肩の障害

　肩の使いすぎによる障害は，行っている競技によって野球選手の肩，やり投げ選手の肩，水泳選手の肩と呼ばれることもあります。肩の障害を防ぐには肩の三角筋を強化し，練習後に冷却とストレッチングを十分行うことです。

② 肘の障害

　肘の使いすぎによる障害は，行っている競技によって野球肘，ゴルファー肘，やり投げ肘，テニス肘と呼ばれることもあります。肘の障害を防ぐには，上腕二頭筋・上腕三頭筋，そして手関節を強化し，練習後に冷却とストレッチングを十分行うことです。

③ 手首と手の障害

　手首は使いすぎによる障害が最もよく起こる部分です。特にボールやラケットを扱うスポーツで起こります。手首や手指の障害を防ぐには，手首の柔軟性と握力を高め，

19. オーバーユースとオーバートレーニング

練習後や突き指をした直後に冷却することです。

④ 腰の障害

腰の痛みは，疲労による筋肉性のものがほとんどです。しかし脊柱そのものの障害も起こりやすいので，腰痛があればドクターの診断を受けその指示に従うことが重要です。疲労性の腰痛を防ぐには，腹筋，背筋，股関節部の強化と腰と股関節のストレッチングを十分行い，練習後の冷却とストレッチングも欠かさないことです。

⑤ 大腿部の障害

大腿部の障害で多いのは，肉離れと筋肉の挫傷です。筋肉は疲れると弱くそして硬くなり，肉離れを起こしやすくなります。また挫傷を起こすと骨化性筋炎（図10-4参照）という厄介な障害を引き出すこともあります。大腿部の障害を防ぐには，大腿四頭筋の筋力強化とストレッチングを徹底して行い，練習後や打撃を受けた後には，必ず冷却を行うことです。

⑥ 膝の障害

膝の障害は使いすぎによるものと，X脚やO脚などのアライメントの不良が原因となるものがあります。膝の障害を防ぐには，大腿四頭筋の筋力強化が必要で，練習後の冷却とストレッチングを欠かさずに行うことです。

⑦ 下腿部の障害

下腿部の障害は，主にすねの痛みです。原因は足首の硬さと足首の捻れです。またアキレス腱の障害もよく起こります。アキレス腱の障害の原因は，足首の硬さとかかとの傾きです。下腿部の障害を防ぐにはすねの筋肉の強化とふくらはぎのストレッチングをよく行い，足首の可動性をよくすることが必要です。また，練習後の冷却とストレッチングを欠かさず行うことです。

⑧ 足首の障害

足首は最も捻挫を起こしやすい部分です。また捻挫とともに外踝の剥離骨折が併発

することもよくみられます。捻挫を起こしたら必ずドクターの診断を受け，骨折の有無を確認する必要があります。足首の捻挫の後遺症は，再発を繰り返すことによって長引きます。足首の捻挫の再発を防ぐには，足首の強化と練習後の冷却を欠かさず行うことです。

⑨ 足部の障害

足部の疲労による障害には，母趾の腱鞘炎，中足骨の疲労骨折があります。また突発的に厄介な足底筋膜炎が起こります。足部の障害を防ぐには，大腿部や下腿部の筋力強化と足首の可動性をよくすることです。足部に違和感があれば冷却してドクターの診断を受けることです。

4 オーバートレーニング

① オーバートレーニングの定義

オーバートレーニング症候群は，オーバーユース症候群，バーンアウト症候群，オーバーロードなどと混同されることがあります。トレーニング用語辞典新訂版（森永製菓健康事業部）によると，それぞれ次のように定義されています。

オーバーユース症候群とは，人間の身体の各器官にはおのおのに生物学的な強度があります。通常の日常生活ではこの生物学的強度の範囲内でからだを使っているので安全ですが，労働やスポーツ活動などで，この安全範囲以上にからだを使用し続けると，ストレスが蓄積され，さまざまな障害をきたします。これらの障害を総称して，オーバーユース（使いすぎ）症候群といいます。特にスポーツ活動でみられる障害は，オーバーユースであることが多いとされ，種目ごとに「過使用」される部位や動作に特徴があるため，例えばテニス肘，野球肘，野球肩，ジャンパー膝，ランナー膝などの名称で呼ばれています。

バーンアウト症候群とは，練習や仕事のしすぎで，心身のエネルギーが減少し，身も心もへとへとにすり切れてしまったような状態で，「**燃えつき症候群**」とも呼ばれま

す．子どもの場合には，ほかの生活を犠牲にしてまでスポーツを強制することによって心がひずみ，スポーツに興味がなくなってしまい，生活そのものにも意欲がわかなくなってしまうことがあります．

オーバーロードとは，日常でかかる程度以上の運動負荷がかかることをいいます．スポーツに必要な瞬発力，持久力，筋力などを強化させるためにはオーバーロードは不可欠です．

オーバートレーニング症候群は，スポーツ医学の分野では，過剰なトレーニングによって生じたパフォーマンスの低下や疲労症状が容易に回復しなくなった慢性的な疲労状態のことを意味し，このような状態がオーバートレーニングと定義されています．

急性疲労の場合は1日，長くても3～4日休息をとれば疲労症状やパフォーマンスの低下ももとの状態にもどります．これは**オーバーリーチング**と呼ばれ，トレーニングの量や強度が過度になることにより，短期間の練習で急性疲労を起こし，パフォーマンスの低下や燃え尽き症候群，過度のストレスなどの症状が現われます．オーバーリーチングの状態が持続すると，最終的にはオーバートレーニング症候群になってしまいます．オーバートレーニング症候群の場合，疲労症状は数日間の休息でとれますが，身体の機能やパフォーマンスはもとにもどりません．症状が軽くても回復には数週間，重症になると数ヵ月もかかります．

❷ オーバートレーニングの症状

オーバートレーニングの症状が軽度な場合では日常生活にはほとんど支障はなく，ジョギング程度であれば実施しても問題ありませんが，スピードが上がるとついていけなくなります．症状が中等度になると，ジョギング程度の軽い運動でもつらくなります．日常生活でも疲労感や立ちくらみなどの症状がみられるようになりますが，ときに胸痛，筋肉痛，腹痛，下痢，頭痛などを訴えることもあります．重度になると，日常生活での疲労症状が強くトレーニングができなくなります．また不眠が必発で，心理テストでは「うつ」が強くトレーニングの意欲もなくなります．

疲労症状はあらゆる病気で起こりうるので，オーバートレーニングかどうかを診断するためには，専門医によってまずその疲労症状を起こしている原因（病気）があるかどうかを調べます．通常，オーバートレーニング症候群では，パフォーマンスの低

表19-1 オーバートレーニングの発症の徴候と症状（Israel, 1976による）

バセドー病的（交感性）オーバートレーニング	アジソン病的（交感性）オーバートレーニング
少し疲労しやすい	少し（異常に）疲労しやすい
興奮性	抑制的
不眠性	不眠でない
食欲減退	通常の食欲
体重の減少	体重は一定
発汗しやすい	体温調節は正常
夜間に手が湿る	―
頭痛	―
動悸，心臓の圧迫，心臓のさし込み，静止期での心拍の増加	―
基礎代謝の増加	基礎代謝は正常
わずかに体温が上昇	体温は正常
顕著に紅くなる皮膚絞画症	―
負荷後の心拍数の静止値への回復の遅れ	負荷後の心循環はすみやかに回復
血圧に特徴なし	しばしば負荷時および負荷後の拡張期血圧が上昇（100 mmHg以上まで）
負荷時の異常な過呼吸	呼吸に困難はなし
感覚刺激（特に音響）に対する過敏	―
運動経過の協調性の低下，しばしずれを伴う	ぎこちなく協調性の不十分な運動経過（最高負荷強度でのみみられる）
震え	―
回復の遅れ	回復能力は良好
内的不安，いらだち，うつ状態	不活発，気分は正常

下や疲労症状を除いては異状はなく，一般的に臨床検査で異状はみられません．そのため，オーバートレーニング症候群の誘因や，トレーニングの経過や症状の経過をみて診断していきます．特にPOMS（Profile of Mood States）テストは特有の変化を現わすため有効と考えられています．

1976年にIsraelが報告した『過剰トレーニング発生の徴候と症状』に，バセドー病的（交感性）オーバートレーニング，アジソン病的（副交感性）オーバートレーニングの症状の区分があり，参考になると思います（**表19-1**）．

③ オーバートレーニングの原因と処置

オーバートレーニング症候群の原因には，次のようなことが考えられます．

19. オーバーユースとオーバートレーニング

①トレーニング負荷が大きすぎる
②トレーニング負荷を急激に増加する
③試合スケジュールが過密
④休養が不十分,睡眠不足
⑤栄養不足
⑥仕事,勉強,日常生活での過剰なストレス
⑦風邪などの病気の回復期に不適切なトレーニングをする

そして,オーバートレーニングの処置としては次のようなことが考えられます。

①オーバートレーニングの誘因を取り除く
②トレーニングを一定期間軽減したり休養させる
③時間をかけて徐々に計画的に通常のトレーニングにもどしていく

オーバートレーニング症候群からの回復には,休むことが必要ですが,休むだけでは根本的な解決は望めません。休めば疲労症状はとれますが,それだけではパフォーマンスの低下や身体機能はもとの状態にもどりません。休養の後,時間をかけて徐々にトレーニングをもどしていく必要があります。

具体的には,軽症の場合は必ずしも完全休養が必要ではなく,トレーニングを1週間くらい軽めにして数週間でもとにもどしていく,中等症の場合は最低1週間くらい休養をとり,1～2ヵ月くらいかけてトレーニングをもとにもどしていく,重症の場合は,数週間休養をとらせて数ヵ月間様子をみるべきとされています。

オーバートレーニング症候群の症状を単なる疲労と判断してしまうと,せいぜい2～3日の休養で強い負荷をかけてしまい,もとにもどらなくなって,どんどん悪循環に陥ってしまいます。スポーツ障害と同様に,リハビリテーションが必要です。ただし,重症でうつと不眠の症状がある場合には,運動をやめて休んでもなかなかもとにもどりません。その際には専門医のカウンセリングが必要です。

第III章　スポーツ障害の予防と対策

20 投球障害とその予防

(投球障害のリハビリテーションについては，216，218ページ参照)

　野球の投球動作で生じる障害を予防し，また完全に回復させるには，投球動作を理解する必要があります。

1　投球動作

投球動作は，次の5つの段階に分けられます。
①ワインドアップ
②コッキング
③アクセレレーション
④リリース
⑤減速・フォロースルー

① ワインドアップ

コッキングに入るためのバランスをとる準備期間です。投球動作を開始した後，ス

20. 投球障害とその予防

図20-1 投球動作の段階

（ワインドアップ：スタート→アームパス／初期のコッキング：アームパス→フットダウン／後期のコッキング：フットダウン→最大の外旋位／アクセレレーション：最大の外旋位→ボールリリース／減速／フォロースルー：→フィニッシュ）

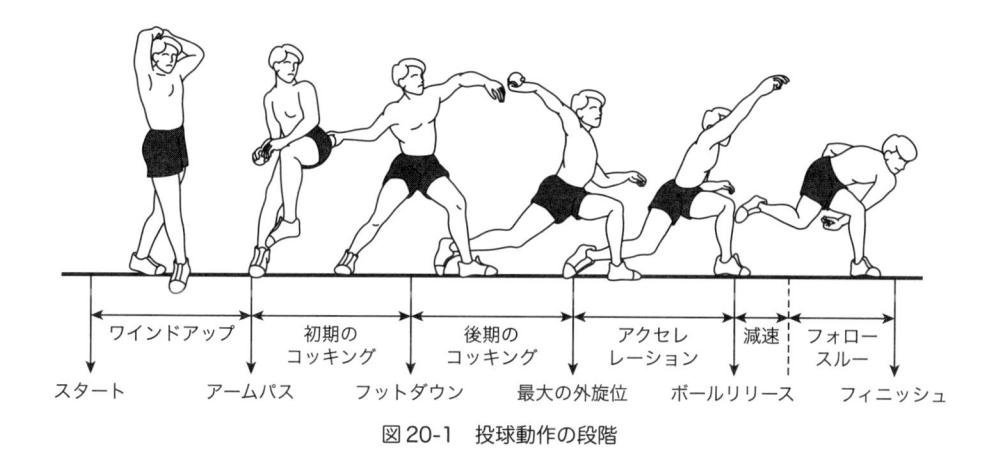

タンスをとるとワインドアップが完了し，コッキング段階に移ります。

② コッキング

コッキングにはリード足が地面から離れている期間の初期のコッキングと，リード足が着いてからの期間の後期のコッキングがあります。

肩は90°外転し過伸展され，極端に外旋されます。肩の前部に牽引ストレスが加わり，前関節包と肩の内旋筋にストレスがかかります。

肩の周囲の大きな筋肉のほとんどがこの段階で働きます。

肘は約90°屈曲され，屈筋と伸筋の両方によって動的に反り返ります。これは上腕二頭筋と三頭筋の両方がこの段階で働くということです。

肩，肘，手首が緊張しないように力が抜けていることが理想です。

③ アクセレレーション

胸部と肩関節が前方に移動を終了した時点からはじまり，肩が急激に内転・内旋され，ボールが手から離れるまでの期間です。この段階はボールの前方への動きで開始され，ボールのリリースで終了します。

この段階でからだを前方にもってくるとき，肘に過度の外反ストレスと最大の内側の牽引力がかかります。

④ リリース

ボールが指から離れた後,上腕骨頭が肩甲関節窩から離れないように上肢の動きが急速に減速される期間です。

リリース段階はボールのリリースではじまり,ボールコントロールに集中します。速球,スライダー,カーブはこの段階で決まります。

前腕の回内はリリース段階での重要な動きで,前腕の内側屈筋群に動的なストレスをかけることになります。

ボールに最大の力とスピードを加えるために,ボールが一番前のポジションでリリースされることが理想です。

⑤ 減速・フォロースルー

投球動作が終わるまでの期間で,腕とからだの勢いを減速しコントロールします。

フォロースルーで腕が前方に投げ出されないようにするために,投球腕を対角方向に巻き込むことが理想です。

2 肩の障害のメカニズム

筋肉はオーバーロード(過負荷)で肉離れを起こします。筋肉には内的負荷や外的負荷が加わり,障害は負荷のタイプによって異なります。内的な負荷は筋肉の短縮と随意的な収縮によるものです。外的な負荷は筋肉が外力によって伸ばされるときに生じます。

筋肉の内的な負荷は,投球動作のアクセレレーション段階で著しく強くなります。外的な負荷はコッキング段階やフォロースルーで強くなります。内的な過負荷は筋線維の断裂を生じます。外的な過負荷は筋肉の付着部からの断裂が生じます。

これは投球動作のメカニズムと筋腱の障害を起こしやすい部位の相互関係を理解するうえで重要なポイントです。一般的に筋腹の断裂であれば手術は必要としません。その障害が筋肉の起始部や停止部で生じていると手術が指示されます。投球動作の段階と発生する障害との相互関係を理解することは,その障害の位置と程度を理解する

20. 投球障害とその予防

ために重要なことです。

3 投球による肩の障害

肩の痛みは大きく前部と後部に分けられます。前部の痛みは投球動作でからだを早く開きすぎることに関係があります。からだを早く開くと腕が後方に残り、強いストレスが肩関節と肘の前面の構造にかかります。

後部の肩の痛みはより長い間からだを閉じた状態が続いたり、腕だけで投げたりすることに関係があります。前部や後部の肩の痛みは、顕微外傷による炎症性反応が原因です。これは微小な筋腱の肉離れが起こっていることを示し、休養と消炎剤で治まります。一般にこのようなケースでは、特別な診断を必要としません。適切な投球動作の指導が非常に重要な部分になります。

① 三角筋下嚢炎（のう）

三角筋下嚢炎は、高齢の選手の前部の痛みの一般的な原因です。三角筋下嚢は1つの嚢（袋）であり、その中が粘性のある液体で満たされており、三角筋と肩のローテーター・カフの間にあります。

三角筋下嚢炎は、限局した圧痛と運動痛がみられます。また、普通アクセレレーション段階での痛みと関係があります。

② 肩甲下筋腱炎

肩甲下筋腱炎は肩の前部の痛みであり、肩甲下筋が肩の前部を交差するときにその腱に生じます。

肩甲下筋は強い内旋筋であり、大きな内旋力がアクセレレーションを生むために必要なので、アクセレレーションと関係があります。限局した圧痛は、三角筋下嚢の内側にみられます。またアクセレレーション段階に肩の他の強い内旋筋が影響を受けて、肩の前部の痛みが生じます。

③ ローテーター・カフ（腱板）の断裂

ローテーター・カフの断裂は筋腱の障害と同様に生じます。肩の関節窩に起始のある二頭筋長頭の断裂は，外的な過負荷によりコッキング段階で生じます。

④ 肩峰下滑液包炎

滑液包が腫れて癒着を起こした状態です。骨頭が屋根の下をうまくすべれないために肩にひっかかり感や痛みを感じ，テイクバック時に肩が上がりにくくなります。

⑤ 関節包炎，滑膜炎

滑液包だけでなく関節の袋全体がまっ赤に腫れた状態です。関節の袋自体の大きさが小さくなった五十肩と同じような状態で，悪化すると日常生活でも痛くなったり肩が上がりにくくなったりします。

⑥ 前方不安定症

投げすぎにより，関節上腕靱帯-関節唇-関節窩縁複合体のどこかに傷がついた状態です。完全に上腕骨頭が抜けてしまうことはありませんが，投球時のいちばん胸を張ったときに骨頭が少し前にずれるため，痛みや違和感を感じます。

⑦ 上方関節唇損傷

上腕二頭筋長頭の腱が付着している上方関節唇が剥がれたり割れたりした状態です。投球時に剥がれた部分が骨頭と受け皿の間に挟まってひっかかったり，骨頭が少しずれるような動きが起きたりします。

⑧ 有痛性ベネット病変

ボールを投げるときには，腕全体も放り投げてしまうような状態になるので，上腕三頭筋などの筋肉や後ろの関節包，関節唇はこれを支えようとします。そのときに，これらの筋肉が付着している関節包の後方に牽引力が加わるために，この部分の骨が盛り上がってきます。フォロースルーのときに肩の後方に痛みが続く場合には有痛性ベネット病変と考えられ，手術が必要になることがあります。

20. 投球障害とその予防

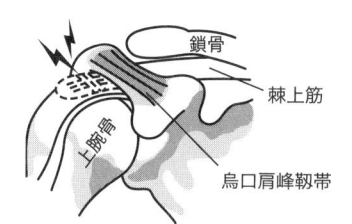

腱板部分断裂
腱板が部分的に切れる（肩峰下滑液包を除いた図）

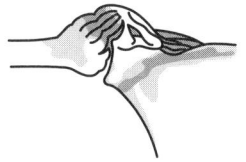

肩峰下滑液包炎
肩の上にある袋（滑液包）が骨頭と肩峰との間でこすれて腫れてくる

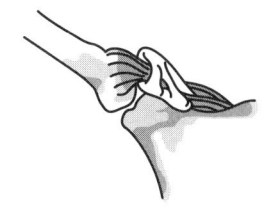

関節包炎・滑膜炎
ボールを投げすぎると関節の袋（関節包）が腫れてくる

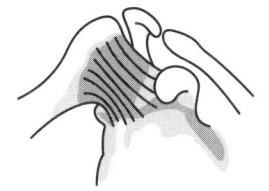

前方不安定症
肩の前方のすじ（関節唇や関節上腕靱帯）が傷むと，上腕骨頭が前方に不安定になることがある

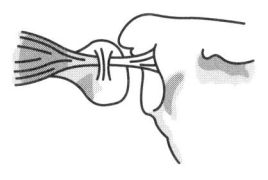

上関節唇損傷
上腕二頭筋長頭腱の付着部が剥がれたもの

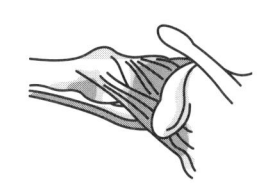

有痛性ベネット病変
受け皿の後下方の土手の骨の盛り上がりがある

図 20-2　投球によって起こる主な肩の障害

⑨ 大胸筋の損傷

　大胸筋の損傷はまれですが，突発的に発生します。この筋の断裂は腕が極端な外旋から極端な内旋に進むとき，すなわちコッキングからフォロースルーで生じます。

　断裂は大胸筋の胸骨や鎖骨の起始と停止部に生じます。この診断は外的な過負荷があったかどうかと局所の圧痛の有無によって行われます。胸筋の筋腹部は，中間段階で内的な負荷が加わっているときに断裂します。

⑩ 上腕二頭筋腱炎と二頭筋長頭の逸脱

　上腕二頭筋腱炎と二頭筋長頭の逸脱は，動的な筋緊張が最大であるコッキング段階で生じます。また後方亜脱臼の結果として生じる肩の痛みは，後部の肩の筋組織の動的収縮からコッキング段階で生じます。

　前方亜脱臼と後方亜脱臼は，ごくわずかな動的サポートから前方亜脱臼，そして多くの動的サポートから後方亜脱臼というように，同じスローイングの段階で生じるた

めによく混乱されます。

⑪ 上腕二頭筋の断裂

二頭筋の筋腹は内的な過負荷によって断裂します。

リリース段階はボールコントロールに関係しています。ボールコントロールは前腕の回内で行われるので，回内筋の断裂は手根屈筋と肘の内側，その他の支持筋に沿って内的な過負荷がかかることによるものです。

これらと同様に，内側の肘の支持筋は，アクセレレーション段階での外反ストレスによって断裂します。

⑫ 上腕三頭筋の腱炎

上腕三頭筋はコッキング段階のいずれかで，内的な過負荷によるストレスを受けます。これは三頭筋が肘頭尖端に停止するので，遊離体の形成や転位骨の形成による腱炎が明確になり，肘の屈曲拘縮の原因になります。

⑬ ルーズショルダー

生まれつき肩がゆるい病態です。肩に異常がないにもかかわらず，いろいろな方向に肩がずれます。肩のゆるみは程度の違いはありますが，生まれつきもち合わせているものです。しかし，ゆるみが大きいと肩の内外に加わる負担が大きくなります。投球時に大きく腕が振れるので，この肩がゆるいことが長所になることもありますが，その程度がひどいと故障も起きやすくなります。

⑭ リトルリーグ肩

少年野球期に特有の障害であり，オーバーユースが原因です。少年期には成長軟骨という部分から骨が成長しますが，成長軟骨は骨よりもはるかに弱い部分なので，負荷が集中するとストレス骨折を起こします。この障害のほとんどは10〜12歳に発生し，中学生以上にはあまりみられません。

痛みが起こっているのに投球を続けていると，この成長軟骨の部分がずれて変形が残ったり，早い時期から腕の成長が止まってしまうことがあります。

4 肘の障害のメカニズム

　投球動作によって肘の内側（尺骨側）には強い牽引力が，肘の外側（橈骨側）には強い圧迫力が加わります。橈骨頭が上腕骨小頭に繰り返しぶつかると，その部位の骨が死んで弱くなります。死んだ骨は治癒に向かいますが，投球を続けていると圧迫力がかかり続け，生き残った骨と死んだ骨との境い目に隙間ができ，投球をやめただけでは簡単に治らなくなります。さらに投球による圧迫が続けば，死んだ骨が軟骨とともにはげ落ちて関節鼠となります。

　小学生から中学生までは，肘内側にある尺側側副靱帯がまだ弱く，特に靱帯の付着部（上腕骨側）も軟骨のまま完全な骨になっていないので，外反力を支えきれずに外側の圧迫による障害が生じやすくなります。骨の成長が進んで尺側側副靱帯とその付着部がしっかりしてくると，投球時の肘外反力は徐々に尺側側副靱帯により支えられるようになります。

　投球動作のリリースからフォロースルーまで，肘は最大伸展から次第に屈曲して腕を身体に巻き付けるように動きますが，このとき肘を屈曲する上腕二頭筋の筋力，瞬発力，持久力がないと，リリースポイント近くで肘に過伸展ストレスがかかります。

5 投球による肘の障害

① 離断性骨軟骨炎
　肘外側の痛みを生ずる障害のなかで最も重症な障害といえます。保存的治療による治療期間も長期にわたり，手術療法を余儀なくされることの多い障害です。投球動作のアクセレーションからリリースポイントにかけて，肘外側の痛みを訴えます。

② 尺側（内側）側副靱帯損傷
　肘内側の痛みのなかで最も重症なものです。痛みの部位も，前腕の屈筋群の付着部

ときわめて近いので（内側上顆炎），筋肉の炎症，腱鞘炎などとまちがわれやすいものです。尺側側副靱帯損傷は，中学生や高校生に多く認められます。

アクセレレーションからリリースポイントで，肘内側の痛みを訴えます。

❸ インピンジメント

リリースポイント近くで肘に過伸展ストレスがかかると，肘頭が上腕骨の肘頭窩にぶつかり，炎症を起こして痛みを引き起こします。この状態をインピンジメントといいます。

肘の伸展ストレスにより肘後方の痛みが誘発され，投球時に肘が伸展できないため特にリリースポイント前後で投球フォームが大きく変化します。

慢性化すると，ぶつかる肘頭や肘頭窩に骨棘を形成し，成長期の小・中学生では肘頭部に離断性骨軟骨炎が起こることもあります。

6 投球障害の予防

投球障害の予防策は，肩と手首の可動域を正常にして動きをよくしておくことです。まず両肘を約90°曲げ，外転して自分で思う肩の高さまで肘をもち上げます。ここで鏡を見て両肘が肩と水平になっているか確認します。僧帽筋を働かせないで，楽に肘を上げられるようにします。ひどい状態では僧帽筋を使って肘を肩の高さまで上げようとします。これができない状態でボールを投げることは障害の誘因となります。投げる以前の問題で，肘が下がって肘を痛めることになります。

2つ目のエクササイズは，1つ目のポジションから水平に肘を後ろに引きます。僧帽筋を緊張させないで，肩の高さで両肘を水平に後方に引くことができるようにします。肘を後方に引くと菱形筋が働いて肩甲骨が寄り合います。この動きができない人は，テイクバックで肘が下がります。これも投げる以前の問題で，障害の誘因になります。

3つ目のエクササイズは，2つ目のポジション（肩の水平外転）から外旋させます。上腕を外旋させて肘よりも前腕・手首を後方にもっていきます。ここで肘が下がったり，手首を肘より後方にもっていけないと，腱板が硬くなっていると考えられます。

20. 投球障害とその予防

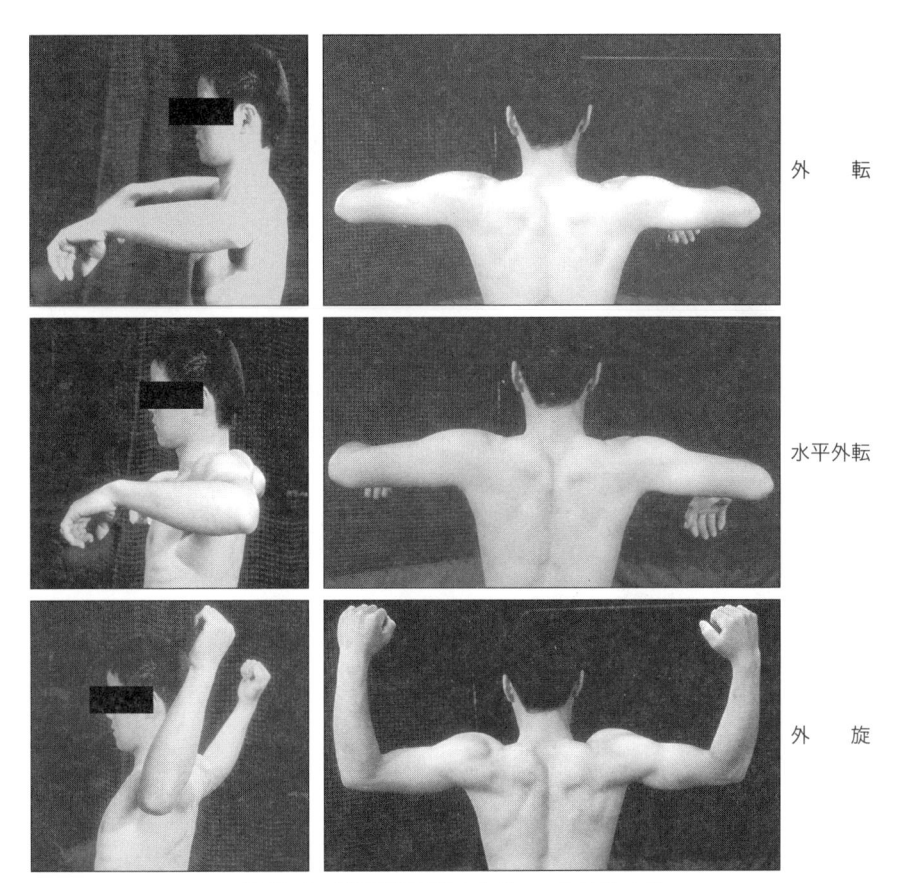

図20-3 投球障害予防のためのエクササイズ

外　転
水平外転
外　旋

　3つの動きを別々に繰り返し、楽にできるようになれば、1, 2, 3の動きを連続して行い、ゆっくり順にもどして繰り返します。単純な動きですが、左右対称の動きでやれるように鏡の前でみながらやります。

　手首の可動域の改善は、単純な方法が効果的です。腕を伸ばして手のひらを開き、手首を反らせます。その状態を10秒間保持するだけです。手の5本の指が完全に伸びて反る状態が理想です。また肘を伸ばして手のひらを開いて床に着け、垂直方向に体重をかけるストレッチングを30秒間ほど保持します。

21 ランニングによる障害と予防

1 ランニング障害の原因

　ランナーの脚や足の障害の原因は，ほとんどがからだの歪みやバランスの崩れに起因しています。ランナーは腰の痛み，膝の痛み，脚や足の痛み，いろいろな部位に痛みを訴えます。そういうランナーの脚のアライメントを見たり，歩行やランニングフォームを見れば，「何かがおかしい」とか「異常だ」ということがわかります。

　人間のからだは正常な状態であれば，痛みを訴えることはありません。アライメントに何らかの異常をもっているランナーは，ほとんどが「おかしなランニングフォーム」をしています。これはランナーにとって癖(くせ)と呼ばれるものかもしれませんが，これが曲者(くせもの)です。その癖をどう見抜くか，またどのように正常な状態にもどすかということが，脚や足の障害を防いだり，その障害から復帰するうえで重要になります。

　ランニングフォームが悪ければ，長くランニングを続ければ続けるほどからだは歪んできます。このような状態で痛みが出るとなかなか治りません。しかし，からだを

21. ランニングによる障害と予防

人間の正常な状態にもどせば痛みは消失するはずです。ランナーの脚や足の痛みで関節の中や靱帯を痛めることはまれで，大半がオーバーユースや偏ったフォームによって筋肉がアンバランスになることが原因による障害だと考えられます。

2 姿勢と体重分布

図21-1はマルカルドの体重分布図と呼ばれるものです。からだは2本の足で支えられていますが，その2本の足で，体重の50％ずつを支えています。そして，その50％の体重は，母趾球，小趾球，かかとの3点で支えられており，全体重は6点で支えられていることになります。

脚や足に異常がみられるランナーは，この体重支持の分布が狂っています。足には内側縦弓，外側縦弓，横弓，中足骨弓という4つのアーチがあります（**図21-2**）。このアーチが非常に大切です。このアーチは3点で支持され，ドーム型のアーチを造っています。そのドーム型の屋根に脛骨がのり，体重の50％がかかっています。

上から体重がかかると各アーチは縦と横に広がって，重みを分散して吸収します。そして足をもち上げるとアーチはもとの状態にもどり，いわゆるスプリングの役割を果たしています。このスプリングは，3点で支持されていると強いのですが，アーチが崩れると使えなくなります。

図21-3は中足骨アーチですが，矢印は体重のかかっているところを示しています。

Aは，母趾球と小趾球の2点に体重がかかり，中央の3本の中足骨が浮いたノーマルな状態です。後は，かかとがついて3点支持になります。

B〜Dは，アーチの崩れを示しています。

Bは，親指に体重がかかっています。特に，親指で意識的にキックして走るランナーには，この親指の裏に仮骨ができます。これは異常な体重のか

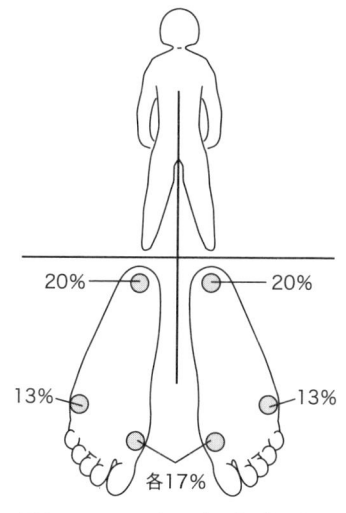

図21-1　マルカルドの体重分布図

図21-2 足の4つのアーチ（弓）

図21-3 中足骨アーチ（弓）

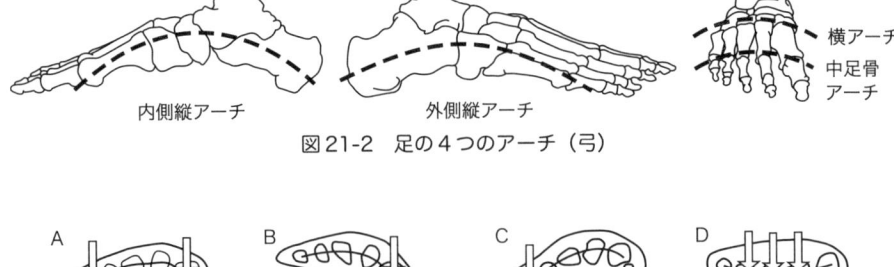

かり方によるものです。また親指の使いすぎで母趾の伸筋腱が炎症を起こして，背面上に痛みを訴えることがあります。

Cは最もよくみられるもので，ややO脚気味で，小指側で体重を受けるランナーにみられます。このタイプのランナーは，小指側でキックをして足が内に返り，足の外側にある靱帯の捻挫や腱の炎症，腓骨の疲労骨折をまねきやすくなります。

足の親趾と小趾の太さを比べるとわかりますが，小趾は非常に細く，そこに多くの体重がかかってしまうと，そのストレスに耐えられなくなります。

Dのケースもよくみられます。体重のかかった矢印のところの足の裏に仮骨ができます。このような体重のかかり方をすると中足骨の疲労骨折を起こしやすくなります。これではスプリングの役目はほとんどなく，ストレスを吸収することができずに，ストレスが第2・3・4中足骨にかかってしまいます。

3 ランニングによる障害

① 母趾球周囲の痛み

母趾の関節の下には種子骨という種のような骨が2つついています。これが骨折したり，先天的に分裂している場合があります。母趾球の部分には，種子骨の損傷の痛

みと体重のかかりすぎによる痛みがあり，いずれの痛みであるかはドクターの診断によらなければなりません。

足の裏を見れば，どのような足の使い方をしているのか，あるいはランニングフォームはどうかということはすぐにわかります。

② 足底筋膜炎

親指を使ってキックをすると，親指側の足底筋膜のラインに張力がかかり，親指側の踵の付け根が引っぱられます。そこに炎症を起こしたり，部分的に剥離したり，断裂がみられたりします。また，中央部や外側に断裂がみられるランナーもいます。この原因は肉離れとよく似ています。

足底筋膜が縮んだ状態だと，急激に伸ばされて張力がかかり切れることがあります。これは走り方に原因があると考えられます。

足底筋膜炎を起こすランナーは，ほとんどがつま先走りで，かかと，母趾球，小趾球という3点支持ができていません。

足底筋膜炎の対策は，足の裏の筋肉の柔軟性を改善・向上させることです。体重をかけないで治そうとするとなかなか治りません。足底筋膜をもとの正常な長さにもどす必要があります。

③ 外踝や内踝周囲の腫れや痛み

外踝や内踝の周囲には，足首を曲げたり伸ばしたりする筋肉の腱が通っています。

内踝の後方には後脛骨筋の腱が走っており，特に親指を意識してキックするランナーは，この筋肉を使いすぎる傾向があり，この腱の炎症が起こります。

一方，外踝の後方には腓骨筋の腱が走っており，小指側でキックしたり，つま先走りや小指側で着地するランナーにこの部分の腫れや痛みがみられます。

このようなランナーの大半は，足を正しく着くことができず，3点支持ができていないようです。O脚やX脚気味であったり，小指側に体重がかかっていたりします。

④ アキレス腱の痛み

アキレス腱の痛みは，着地した後に正しい3点支持ができていなかったり，正しい

足首の使い方ができていない場合によくみられます。アキレス腱はかかとの骨についているためかかとが内側や外側に傾くと，アキレス腱が捻れます。アキレス腱が捻れた状態で足首を曲げたり伸ばしたりすると，アキレス腱の内側か外側のどちらかに張力がかかって痛みが出ます。またアキレス腱を使いすぎたり，アキレス腱に急激な力が加わったりすると，アキレス腱の踵骨の付着部，筋肉と腱の移行部，そしてアキレス腱の中間部分に痛みが出たりします。

⑤ シンスプリント

すねの痛みであるシンスプリントにもいろいろあります。1つは後脛骨筋のようなつま先，足先を使う筋肉が付着している部分，その筋膜，骨膜，そして筋肉そのもののどれかにオーバーユースを起こしています。

骨に過度のストレスが加わると，疲労骨折として出てきます。筋肉を使いすぎるケースでは，骨膜が刺激されたり筋膜が刺激されたりします。急性期の段階ではどこに過度のストレスを受けているかの判断は難しいといえます。

いずれにしてもシンスプリントの症状が出るランナーは，すね，ふくらはぎ，大腿部の筋肉が疲労状態にあるといえます。

シンスプリントも痛みを訴える脚への過体重と考えることができます。両足に体重が50％ずつノーマルにかかった状態であれば，骨盤も安定していますが，骨盤が側方に傾くと，内転筋が収縮します。そして，左足に体重がかかりすぎていれば，右の骨盤が下がってきます。このような状態をつくらないことです。

⑥ 膝周囲の痛み

膝の痛みは，ほとんどが大腿部の筋肉のオーバーユースが原因です。ランナーズ・ニー（膝）やジャンパーズ・ニー（膝）は，大腿四頭筋の中間にある大腿直筋の使いすぎで，結果的に痛みは膝蓋骨の上極か下極に現われます。

膝蓋靱帯の付着部や膝蓋骨の付着部にも痛みが出ますが，ほとんどが中央部です。

中央部に出る痛みは，大腿直筋の使いすぎが考えられますが，膝蓋靱帯の内側や外側にも痛みが出ます。この場合，大腿部の内側の筋肉を使いすぎると，内側に痛みが出ますし，逆に外側の筋肉を使いすぎると，外側に痛みが出てきます。

21. ランニングによる障害と予防

このことから，膝周囲の痛みは大腿部の内側と外側の筋バランスの崩れが原因していることがわかります。

⑦ 鵞足炎（がそくえん）

鵞足炎は膝の下の内側の部分に痛みを訴えます。鵞足の筋肉が収縮すると膝が曲がりますが，この筋群が強く働くと脛骨が内側に捻れます。

キックをして足が外側に流れるランナーは，鵞足炎になりやすい傾向があります。

鵞足炎はこの鵞足の筋肉のオーバーユースであり，鵞足の付着部が引っぱられて炎症を起こすものです。

腱や骨の付着部に痛みが出るケースは，そこにアプローチしても効果は得られません。オーバーユースで硬くなった筋肉を緩め，大腿部そのものをリラックスさせれば，痛みはとれるはずです。

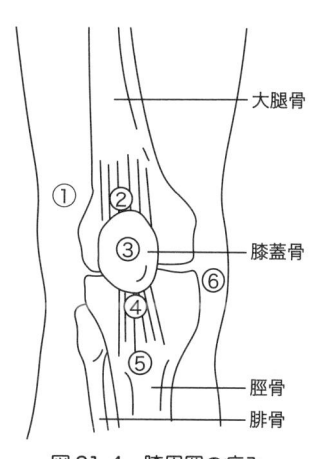

図21-4 膝周囲の痛み
①腸脛靭帯炎，②大腿四頭筋腱炎，③膝蓋骨軟骨軟化症，④膝蓋靭帯炎（ジャンパー膝），⑤オスグッド病，⑥鵞足炎。

⑧ 腸脛靭帯炎

足の外側に体重がかかると，腸脛靭帯がストレスを受けます。そして，体重が足の外側にかかった状態で膝の曲げ伸ばしを繰り返していると，腸脛靭帯と大腿骨外上踝が擦れ合って腸脛靭帯の炎症が起こります。

根本的には使い方が悪いので，もとのノーマルな状態にもどせば問題は解決します。大腿部外側と内側の筋肉，そして中間の筋肉とのバランスが問題なのです。

また，腸脛靭帯や外側にある膝を曲げるハムストリングスの使いすぎが膝の外側の痛みとなって現われます。常にこれらの筋肉群を柔軟にしておけば，ランニングで膝の障害が起こることはほとんど食い止められます。

⑨ 大腿筋膜張筋の炎症

大腿筋膜張筋に繰り返し衝撃ストレスを受けると大腿筋膜張筋の炎症が起こります。

特に，O脚で足の外側で着地する傾向のある選手によくみられます。この筋は下方で腸脛靱帯とつながっているので，この筋の炎症が腸脛靱帯炎を引き起こす原因になったりします。単なる大腿筋膜張筋の疲労ですので，この筋の緊張を緩めてやれば問題は解決します。また大腿部の内側と外側の筋肉のバランスがとれていれば，大腿筋膜張筋だけに大きなストレスを受けることはありません。

3 ランニング障害の予防

① ランニングフォーム

　ランニング障害を防ぐには，筋肉を常に柔軟にして左右の動きを対称にすることです。からだの対称性が崩れると，異常が現われます。

　最も簡単な異常のみつけ方は，からだが歪んでいないかどうかをみることです。肩幅に足を開いて立ち，膝を少し曲げます。この後，垂直方向に軽くジャンプします。そして，ベタ足で足の裏をフラットにして着地します。ベタ足は，母趾球，小趾球，かかとの3点支持で同時に衝撃を吸収します。これが最も緩衝作用の強い形であり，ノーマルな着地です。ベタ足だと着地したときに接地音が1回しか聞こえませんが，すねが張っていたり，足首が硬いランナーは，接地の音が必ず2回聞こえます。

　要するに，つま先から着いて，次に踵をつく。これが日頃のランニングの着地の癖になっているからです。例えば，つま先で1時間歩くと，ふくらはぎが疲れてすねも張ってきます。

　そのほかに，ジャンプを繰り返しているうちに着地する足の位置が前後にずれてきます。ひどい場合は，1回ずつジャンプするごとに前後にずれてしまいます。それは骨盤が歪んでいる証です。まっすぐ飛び上がってまっすぐ降りて着地したつもりでも，着地したときに骨盤が歪んでいます。

　これは腕振りと関係します。どちらかの腕だけ強調して走るフォームがそうです。片方の腕が前に出ると，反対の膝が前に出ます。これは基本的なからだのメカニズムです。腕を前に出さないと膝は前に出ません。意識して前に出したり肘を後方に引い

21. ランニングによる障害と予防

たりといった腕振りの癖でストライドが変わります。そうすると左脚ばかり前に出して，右は少ししか出ないということになり，腰をいつも捻ったような状態で使うことになります。

練習量の少ないランナーにはあまり影響はありませんが，練習量が増えると腰，骨盤，股関節の付け根，それから足に痛みが走ります。

② 全身を見直す

足先は 15 〜 16°外側を向いているのが普通です。これより内側や外側につま先が向くと足首が捻れます。足首が捻れるとすねが捻れ，すねが捻れると膝が捻れ，そして膝が捻れると大腿部も捻れます。これは，足先から股関節までがつながっているためで，普段の歩き方から右足と左足のつま先の向きに注意する必要があります。

足の内側と外側の縦のアーチは衝撃を受けるたびに縦に伸びます。体重がかかるとショックアブソーバーがストレスを吸収しますが，使いすぎるといずれストレスが吸収できなくなり，スプリングが効かなくなります。

足は骨の構造によってアーチを形成しており，それを筋肉が支えています。足の裏の筋肉と後脛骨筋や腓骨筋などくるぶしの後方を通って足の裏に停止する筋肉でアーチを支えています。足首を使いすぎたり走りすぎるとこれらの筋肉は疲労を起こしてアーチが崩れます。アーチが崩れるとストレスが吸収できなくなり，下腿部の筋肉と大腿部の筋肉でストレスを吸収しようとします。これらの筋肉は力を出すとともにストレスも受けます。繰り返しストレスを受けていると疲労して筋肉の弾力性がなくなり，硬くなって動きが遅くなり動く範囲も狭くなります。

この状況ではストレスが吸収できなくなります。筋肉がパンパンに張るという状態ですが，そうなると殿部にも影響します。殿部の筋肉は大きいので比較的長く耐えられますが，ここまでくると限界です。恐らくすねが痛い，足の甲が痛い，足の裏が痛い，膝が痛いという症状が出ています。

このように殿部までいくと，その上にある腰から背中まで張ってきます。人間のからだは 2 本の脚で支えた骨盤の上に脊柱を立てているので，下から衝撃を受けると背中に最もストレスがかかります。背部が張ってくると腕が振れなくなります。

したがって，全身の筋肉を常に柔軟にしてバランスのとれたからだを保持し，左右

第III章 スポーツ障害の予防と対策

の動きを対称にすることがランニング障害を予防する原則といえます。

❸ シューズを見直す

　シューズに問題があると，足に影響するだけでなく，膝やふとももの痛みにも関係します。小さいシューズを履くと足先が縮んでしまい，非常に不安定になり，足趾が緊張します。シューズには足趾が十分伸ばせて動かせるスペースが必要で，シューズが適当でないために下肢の障害を引き起こすケースが多くみられます。

　シューズには足に適した長さと幅があります。

　長さについては，足趾の一番先端からシューズの先まで指１本のスペースが空くのが適正な長さといえます。それは，実際のスポーツ活動では，片足に体重がかかったときに足は必ず前方へスライドするので，そのスライドできるスペースをつくる必要があるからです。

　シューズの幅は，足の横幅よりもシューズのソールの横幅が広くなければいけません。新しいシューズを買うと，シューズはだいたいドーム型になっています。これが適切な形ですが，足の幅が広すぎるとソールの幅より足幅のほうが広くなり，かまぼこ型になります。このような場合は，自分の足幅とシューズの幅が合っていません。自分の足幅よりもソールの幅が狭いので足が横にはみ出してしまい，不安定で捻挫しやすくなり，靴が変形してきます。

　シューズの中にアーチクッキーというものがあります。アーチクッキーとは，アーチをもちあげるためのものですが，最初から入れておくべきです。シューズの中でアーチをもちあげてくれるパッドが入っているシューズを履くと，長時間運動してもアーチが低下しなくなり，足が疲れにくくなります。

　軽くて底の薄いシューズを履くと，走る距離や運動の時間にもよりますが，１ヵ月もすればクッション性はなくなります。マラソンのレース用シューズを１ヵ月履いていると，クッション性は草履のようになることもあります。長い距離を走る一般ジョガーには，トレーニングシューズ，ジョギングシューズはソールの厚いものがすすめられます。軽いレース用シューズばかりを履いていると，数週間もすると徐々に脛が痛くなったり，腰が痛くなったりします。それは衝撃を吸収できないからです。シューズを変えることで，下肢へのストレスを軽減することができます。

第IV章

リハビリテーション　プログラム

注：リハビリテーションプログラムのなかに「（　　）kg 10回2セット」という記述がありますが，この（　　）の数値を示していない部分は，痛みや不快を感じない程度の重さに設定してください。

足部のリハビリテーションプログラム
●足底筋膜炎

目的と注意点：
　①足趾と足首の動きをよくすること，可動域を広げること。
　②足の裏の筋肉を伸ばし，収縮させ，すねの筋肉を収縮させ，ふくらはぎを伸ばすこと。
　③着地のときに完全に足の裏を密着させるフラット着地を習得すること。

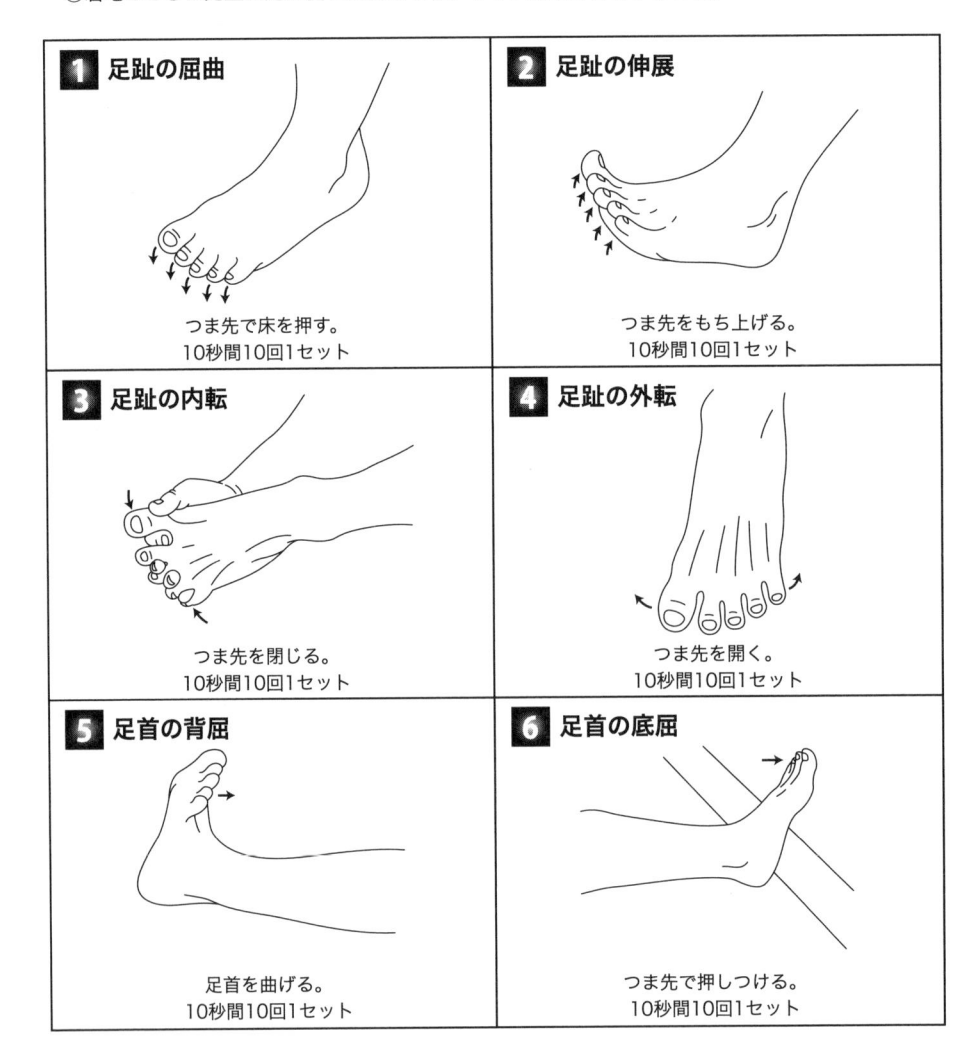

1 足趾の屈曲
つま先で床を押す。
10秒間10回1セット

2 足趾の伸展
つま先をもち上げる。
10秒間10回1セット

3 足趾の内転
つま先を閉じる。
10秒間10回1セット

4 足趾の外転
つま先を開く。
10秒間10回1セット

5 足首の背屈
足首を曲げる。
10秒間10回1セット

6 足首の底屈
つま先で押しつける。
10秒間10回1セット

第 IV 章　リハビリテーションプログラム

7 足首の内転 母趾側で内に押しつける。 10秒間10回1セット	**8 足首の外転** 小趾側で外に押しつける。 10秒間10回1セット
9 ふくらはぎのストレッチ ふくらはぎを伸ばす。 40秒間3回	**10 ディープスクワット** かかとをつけて完全にしゃがむ。 (　　) kg10回3セット
11 スクワットカーフレイズ 膝を少し曲げた後，つま先立ちになる。 (　　) kg10回3セット	**12 ジャンプストップ** 足をフラットについて着地する。 10回3セット
13 片脚スクワット かかとを浮かさないで，1/4膝を曲げる。 左右各10回3セット	**14 ヒールウォーク** つま先をもち上げて，かかとで歩く。 20 m5回

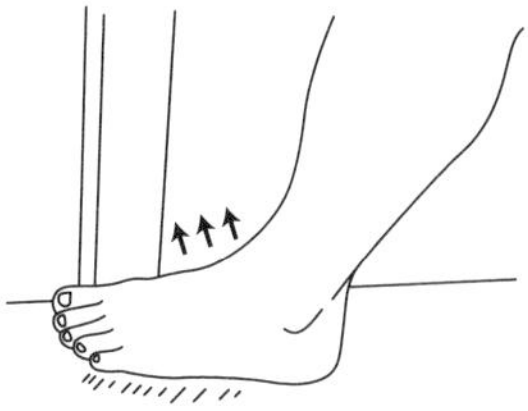

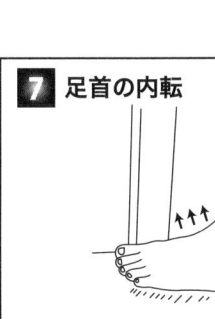

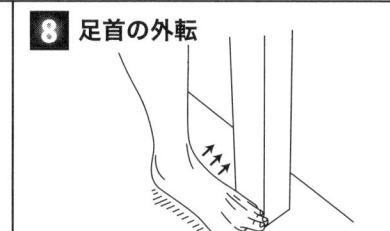

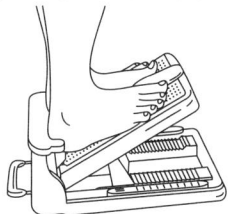

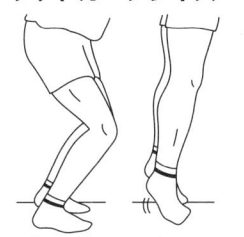

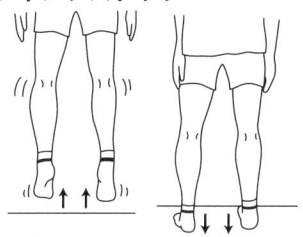

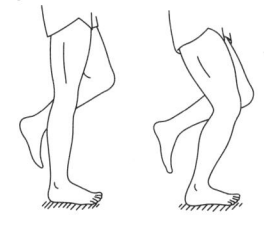

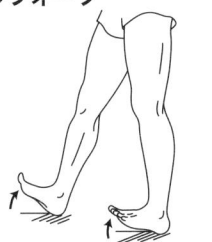

第 IV 章　リハビリテーションプログラム

足首のリハビリテーションプログラム
●捻挫●腱炎

目的と注意点：
①正常な足首の可動域を取りもどし，3点支持を確実にできるようにすること。
②正しい着地を習得することと痛みを管理すること。
③ランニング開始後すぐに起こる痛みより痛みが強くならないようにし，強くなった場合はスピードを落とすか，それでも痛みが強ければランニングを終了すること。

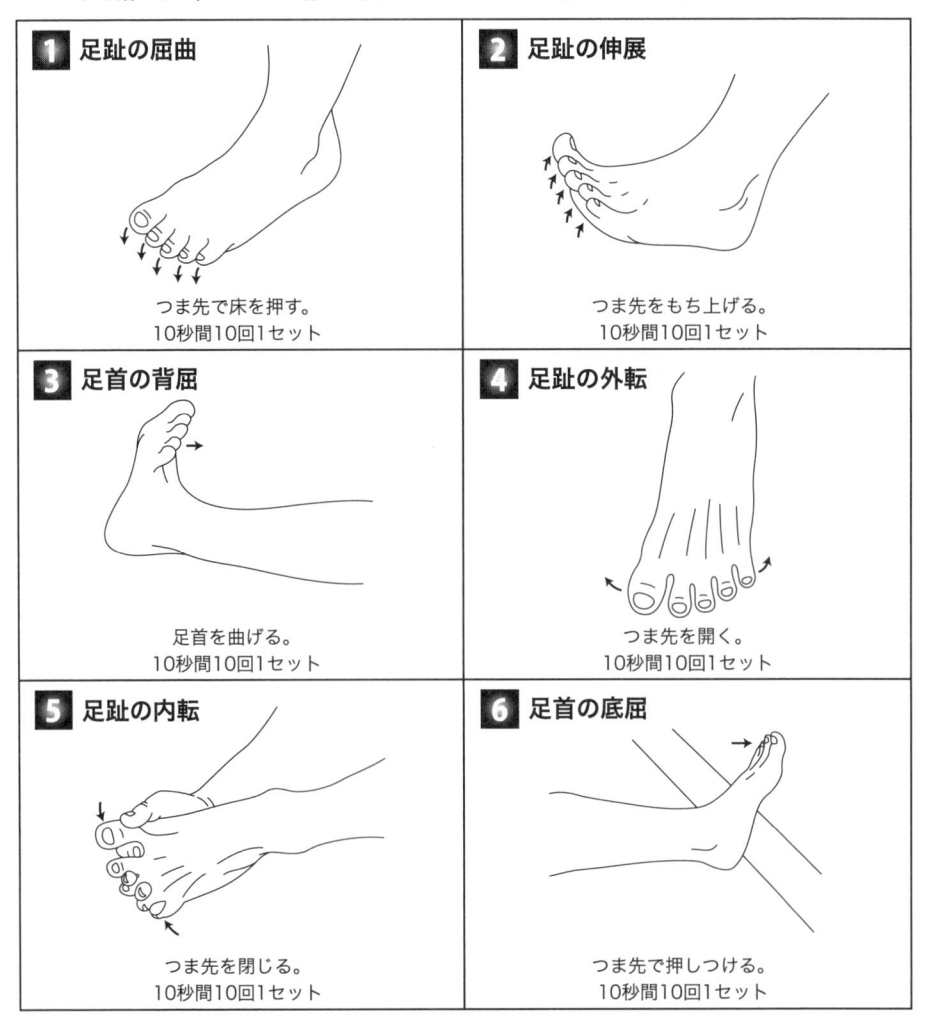

1 足趾の屈曲
つま先で床を押す。
10秒間10回1セット

2 足趾の伸展
つま先をもち上げる。
10秒間10回1セット

3 足首の背屈
足首を曲げる。
10秒間10回1セット

4 足趾の外転
つま先を開く。
10秒間10回1セット

5 足趾の内転
つま先を閉じる。
10秒間10回1セット

6 足首の底屈
つま先で押しつける。
10秒間10回1セット

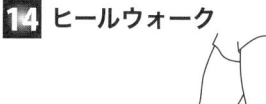

第 IV 章　リハビリテーションプログラム

7 足首の外反 小趾側をもち上げる。 10秒間10回1セット	**8 足首の内反** 母趾側をもち上げる。 10秒間10回1セット
9 足首の内転 母趾側で内に押しつける。 10秒間10回1セット	**10 足首の外転** 小趾側で外に押しつける。 10秒間10回1セット
11 バランスボード いろいろな方向に体重をかける。 40秒間3回	**12 ディープスクワット** かかとをつけて完全にしゃがむ。 （　　）kg10回3セット
13 スクワットカーフレイズ 膝を少し曲げた後，つま先立ちになる。 （　　）kg10回3セット	**14 ヒールウォーク** つま先をもち上げて，かかとで歩く。 20 m5回

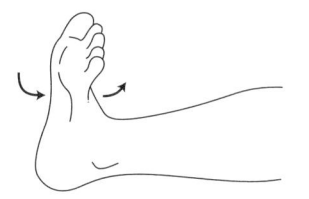

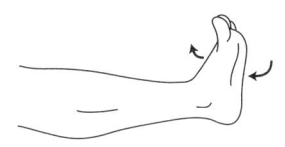

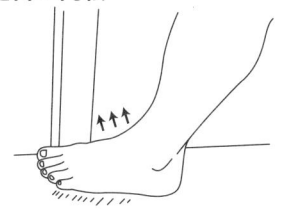

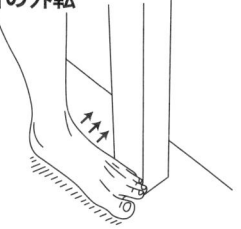

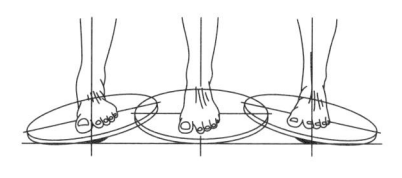

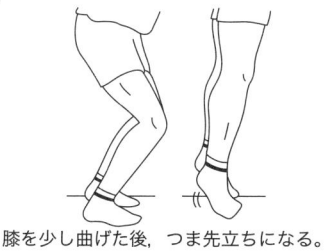

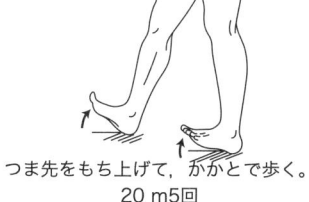

第IV章　リハビリテーションプログラム

下腿部のリハビリテーションプログラム①
●アキレス腱の障害

目的と注意点：
　①足首の柔軟性とふくらはぎの筋力強化，そして踵骨の傾きをなくし，正常な3点支持を獲得すること。
　②3点支持が獲得できないかぎり痛みが消えることはないので，3点支持やフラット着地ができるようにすること。

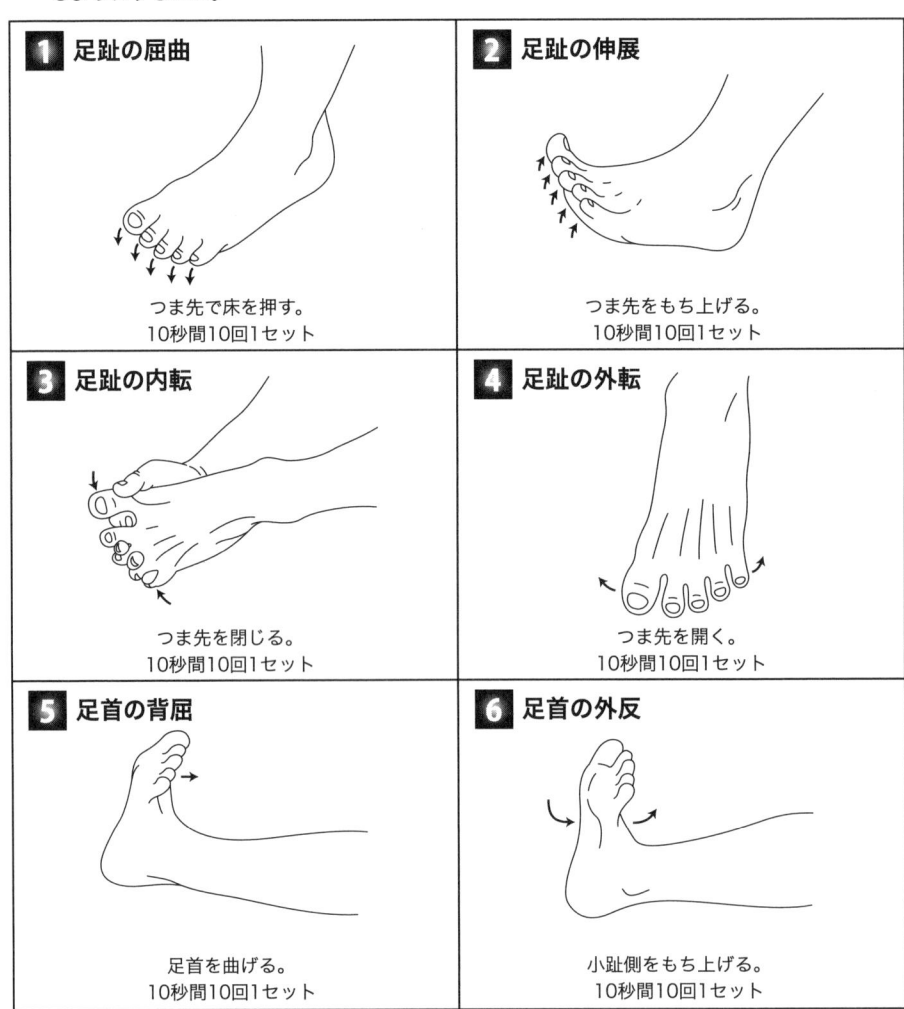

1 足趾の屈曲
つま先で床を押す。
10秒間10回1セット

2 足趾の伸展
つま先をもち上げる。
10秒間10回1セット

3 足趾の内転
つま先を閉じる。
10秒間10回1セット

4 足趾の外転
つま先を開く。
10秒間10回1セット

5 足首の背屈
足首を曲げる。
10秒間10回1セット

6 足首の外反
小趾側をもち上げる。
10秒間10回1セット

第 IV 章　リハビリテーションプログラム

7 ふくらはぎのストレッチ ふくらはぎを伸ばす。 40秒間3回	**8 ディープスクワット** かかとをつけて完全にしゃがむ。 （　）kg10回3セット
9 スクワットカーフレイズ 膝を少し曲げた後，つま先立ちになる。 （　）kg10回3セット	**10 カーフレイズ** かかとをもち上げ，母趾球で支持する。 （　）kg 10回2セット
11 片脚のカーフレイズ 片脚のかかとをもち上げ，母趾球で支持する。 左右各（　）kg10回2セット	**12 ジャンプストップ** 足をフラットについて着地する。 10回3セット
13 ヒールツートゥーウォーク かかと→ベタ足→母趾球の順に体重をかける。 20 m5回	**14 すねのストレッチ** 足首を伸ばしてすねの筋肉を伸ばす。 40秒間2回

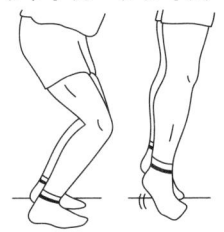

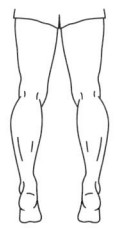

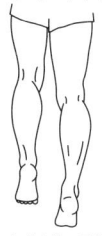

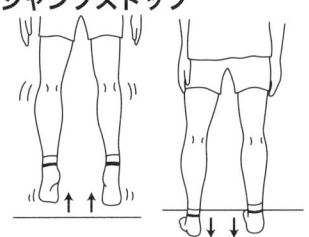

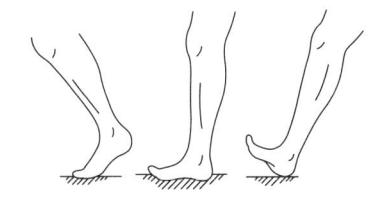

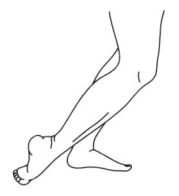

第IV章 リハビリテーションプログラム

下腿部のリハビリテーションプログラム②
●シンスプリント

目的と注意点：
① すねとふくらはぎの筋力のバランスをとり，足首の可動域を回復させる，すなわち下腿部の筋力を弾力のある柔らかい状態にし，柔軟性を改善すること。
② 足の3点支持を獲得し，下腿部の筋肉へのストレスを軽減するために，大腿部やお尻の筋肉の緊張もとること。

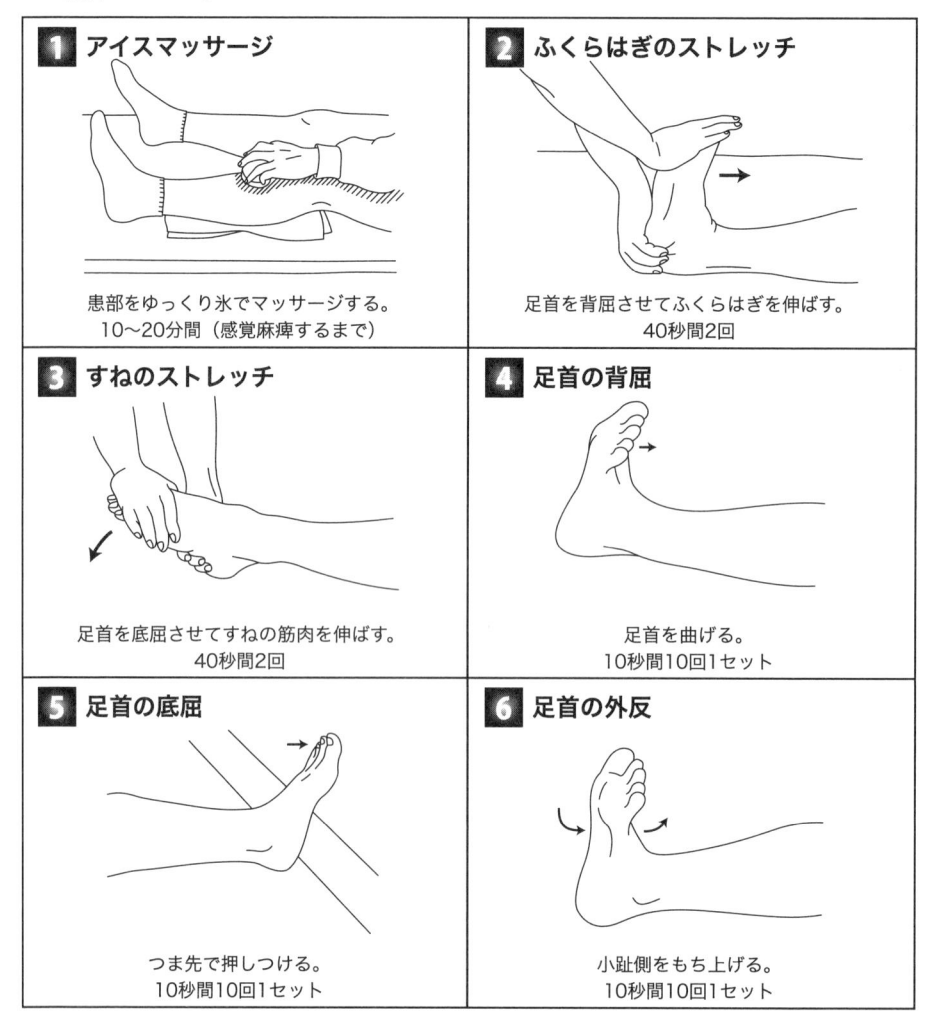

1 アイスマッサージ
患部をゆっくり氷でマッサージする。
10〜20分間（感覚麻痺するまで）

2 ふくらはぎのストレッチ
足首を背屈させてふくらはぎを伸ばす。
40秒間2回

3 すねのストレッチ
足首を底屈させてすねの筋肉を伸ばす。
40秒間2回

4 足首の背屈
足首を曲げる。
10秒間10回1セット

5 足首の底屈
つま先で押しつける。
10秒間10回1セット

6 足首の外反
小趾側をもち上げる。
10秒間10回1セット

第Ⅳ章 リハビリテーションプログラム

7 足趾の屈曲 つま先で床を押す。 10秒間10回1セット	**8 足趾の伸展** つま先をもち上げる。 10秒間10回1セット
9 足首の内転 母趾側で内に押しつける。 10秒間10回1セット	**10 足首の外転** 小趾側で外に押しつける。 10秒間10回1セット
11 ディープスクワット かかとをつけて完全にしゃがむ。 (　) kg10回3セット	**12 大腿部のストレッチ** 片膝を曲げて大腿部前面の筋肉を伸ばす。 40秒間2回
13 ふくらはぎのストレッチ 足首を曲げてふくらはぎを伸ばす。 40秒間2回	**14 すねのストレッチ** 足首を伸ばしてすねの筋肉を伸ばす。 40秒間2回

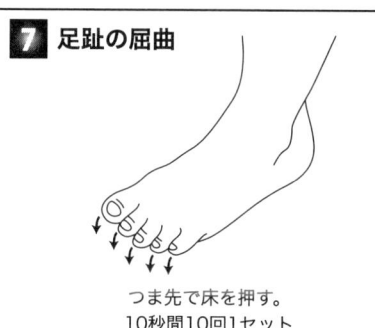

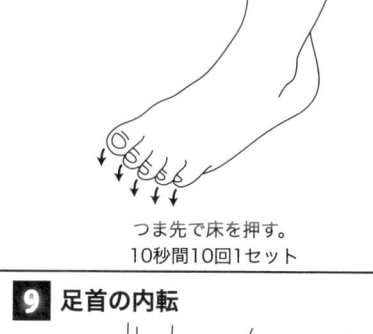

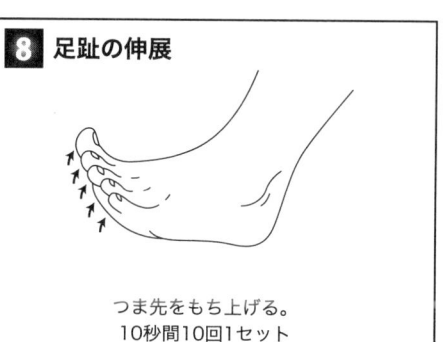

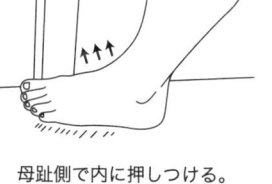

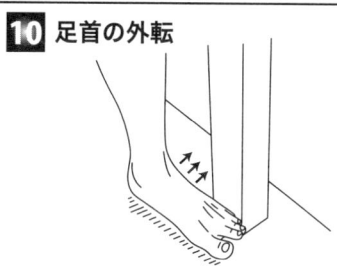

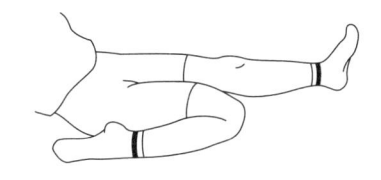

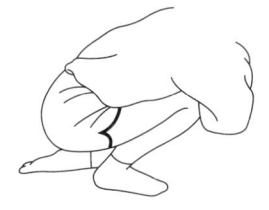

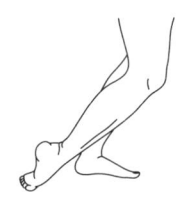

第IV章 リハビリテーションプログラム

膝のリハビリテーションプログラム①
●捻挫●半月板損傷

目的と注意点：
　①膝関節の可動域の回復と大腿四頭筋，特に内側広筋を強化すること。
　②拮抗筋であるハムストリングス，下腿部のふくらはぎとすねの筋肉も強化すること。
　③健側と比較して，大腿部の周径囲と最大筋力を同等以上にすること。

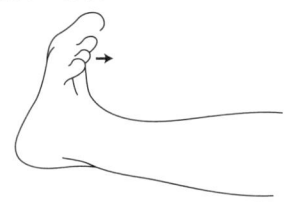

1 足首の背屈
足首を曲げる。
10秒間10回1セット

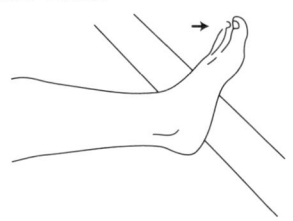

2 足首の底屈
つま先で押しつける。
10秒間10回1セット

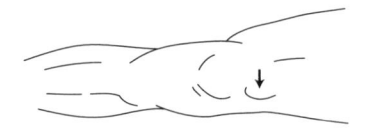

3 クォードセット
足首を曲げて内側広筋を収縮させる。
10秒間10回1セット

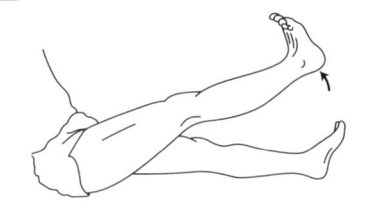

4 ストレートレッグレイズ
足首を曲げ膝を伸ばしてもち上げる。
6秒間10回1セット

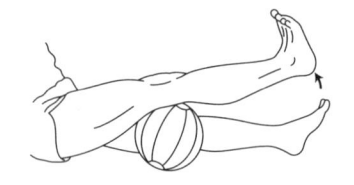

5 レッグエクステンション
足首を曲げて膝を伸ばす。
10回3セット

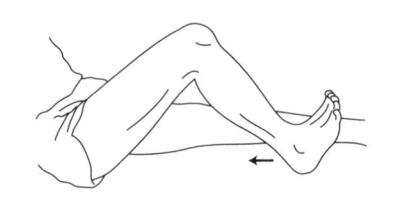

6 ニーフレクション
膝と足首を曲げてかかとを手前に引き寄せる。
10秒間10回1セット

第 IV 章　リハビリテーションプログラム

7 下腿の内旋 両足のつま先を合わせて互いに押し合う。 10秒間10回1セット	**8 ボール挟み** 両膝の間でボールを挟みつける。 10秒間10回1セット
9 股関節の開き 大腿部にタオルを巻き両膝を開く。 10秒間10回1セット	**10 マシンレッグエクステンション** 足首を曲げて膝を伸ばす。 （　）kg10回3セット
11 マシンレッグカール 足首を曲げて膝を曲げる。 （　）kg10回3セット	**12 パラレルスクワット** 足は肩幅で太ももと床が平行になるまでしゃがむ。 （　）kg10回3セット
13 フロントランジ 前方に1歩踏み出してもとにもどる。 （　）kg10回3セット	**14 サイドランジ** 側方に1歩踏み出してもとにもどる。 （　）kg10回3セット

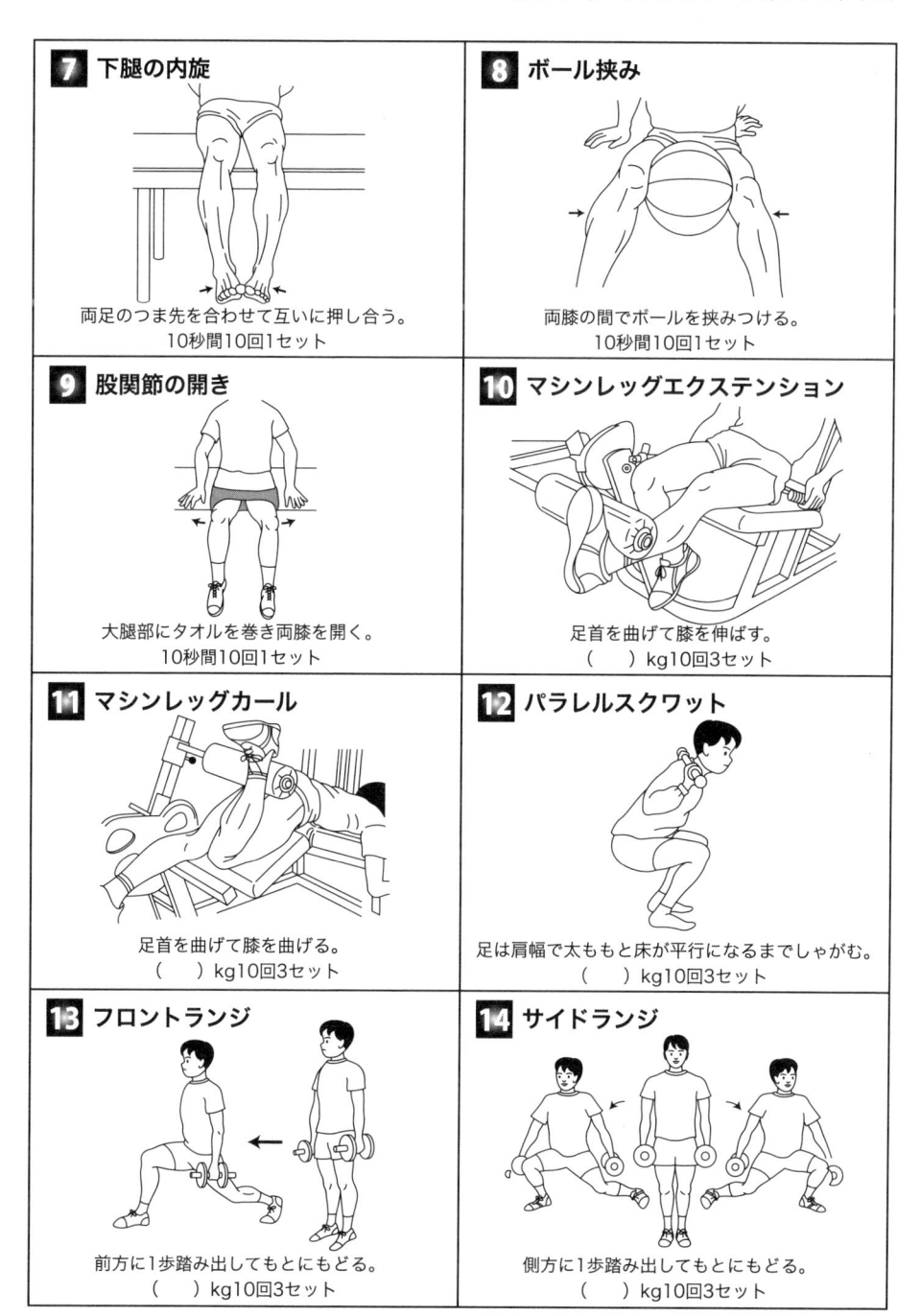

膝のリハビリテーションプログラム②
●膝蓋靱帯炎●膝蓋骨軟骨軟化症●タナ障害

目的と注意点：
①大腿四頭筋の柔軟性を回復すること。
②Qアングルの崩れや膝の捻れを伴う動きがみられることが多いので，大腿部の筋のバランスを獲得し，正常な膝の屈曲，伸展動作ができるようにすること。
③足首の正常な動きを獲得するとともに，股関節の筋力も強化すること。

1 足首の背屈
足首を曲げる。
10秒間10回1セット

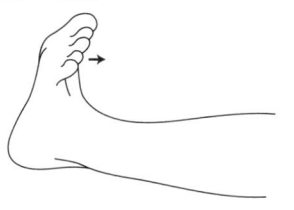

2 足首の底屈
つま先で押しつける。
10秒間10回1セット

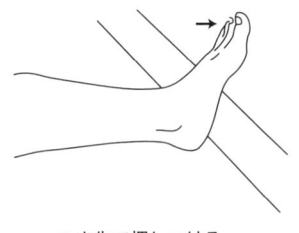

3 足首の内転
母趾側で内に押しつける。
10秒間10回1セット

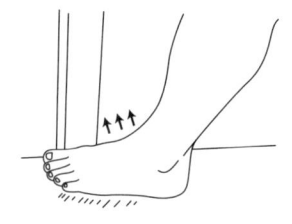

4 足首の外転
小趾側で外に押しつける。
10秒間10回1セット

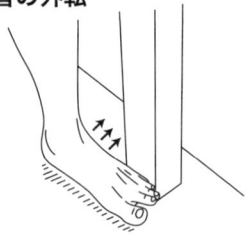

5 クォードセット
足首を曲げて内側広筋を収縮させる。
10秒間10回1セット

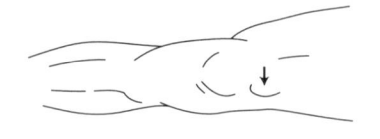

6 マシンレッグエクステンション
足首を曲げて膝を伸ばす。
（　　）kg10回3セット

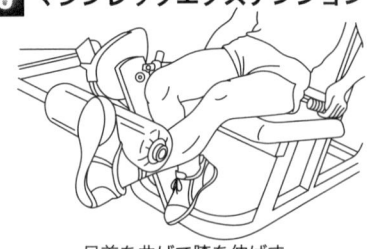

第IV章 リハビリテーションプログラム

7 マシンレッグカール 足首を曲げて膝を曲げる。 （　　）kg10回3セット	**8 パラレルスクワット** 足は肩幅で太ももと床が平行になるまでしゃがむ。 （　　）kg10回3セット
9 ボール挟み 両膝の間でボールを挟みつける。 10秒間10回1セット	**10 股関節の動き** 大腿部にタオルを巻き両膝を開く。 10秒間10回1セット
11 大腿部のストレッチ 片膝を曲げて大腿部前面の筋肉を伸ばす。 40秒間2回	**12 ハムストリングスのストレッチ** 膝を少し曲げハムストリングスを伸ばす。 40秒間2回
13 鼠径部のストレッチ 両足の裏を合わせ鼠径部を伸ばす。 40秒間2回	**14 内転筋のストレッチ** 足首を曲げ上体を倒して内転筋を伸ばす。 40秒間2回

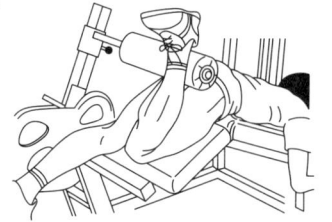

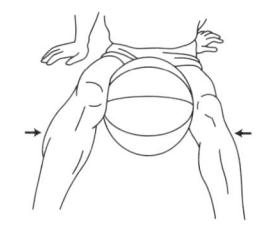

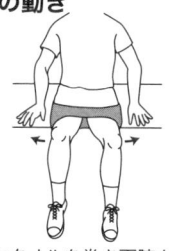

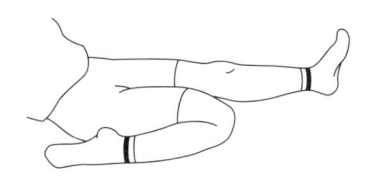

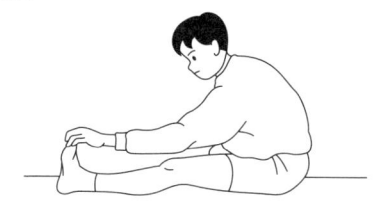

第IV章 リハビリテーションプログラム

膝のリハビリテーションプログラム③
●腸脛靭帯炎●鵞足炎

目的と注意点：
① オーバーユースが原因で筋肉が硬くなっているので，筋肉の緊張をとること。
② 大殿筋，中殿筋をはじめ股関節周囲の筋肉の柔軟性をとりもどすとともに，ハムストリングス，大腿四頭筋，前脛骨筋，ふくらはぎと下肢筋の緊張をとること。
③ 足首，膝，股関節の可動域を正常にもどすこと。

1 足首の背屈
足首を曲げる。
10秒間10回1セット

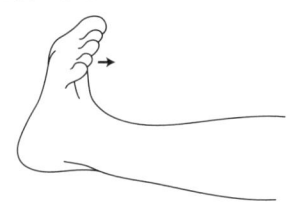

2 足首の内転
母趾側で内に押しつける。
10秒間10回1セット

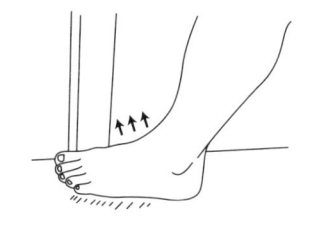

3 足首の外転
小趾側で外に押しつける。
10秒間10回1セット

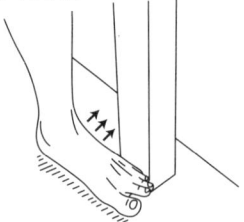

4 クォードセット
足首を曲げて内側広筋を収縮させる。
10秒間10回1セット

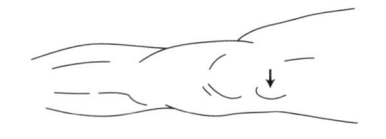

5 ディープスクワット
かかとをつけて完全にしゃがむ。
（　　）kg10回3セット

6 マシンレッグエクステンション
足首を曲げて膝を伸ばす。
（　　）kg10回3セット

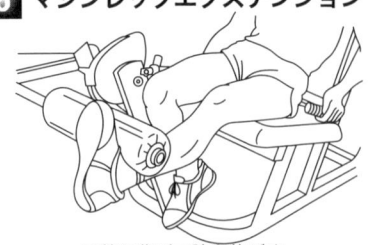

第 IV 章　リハビリテーションプログラム

7 マシンレッグカール 足首を曲げて膝を曲げる。 （　）kg10回3セット	**8 ボール挟み** 両膝の間でボールを挟みつける。 10秒間10回1セット
9 股関節の開き 大腿部にタオルを巻き両膝を開く。 10秒間10回1セット	**10 腸脛靭帯のストレッチ** 脚をベンチから出して腸脛靭帯を伸ばす。 40秒間2回
11 大腿部のストレッチ 片膝を曲げて大腿部前面の筋肉を伸ばす。 40秒間2回	**12 股関節のストレッチ（外旋）** 足首を曲げ股関節を外旋する。 6秒間最大収縮10回1セット
13 股関節のストレッチ（内旋） 足首を曲げ股関節を内旋する。 6秒間最大収縮10回1セット	**14 内転筋のストレッチ** 足首を曲げ上体を倒して内転筋を伸ばす。 40秒間2回

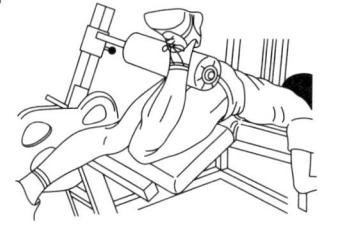

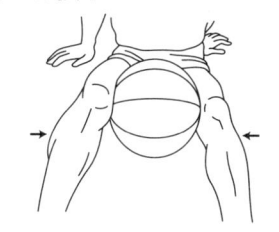

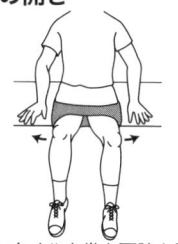

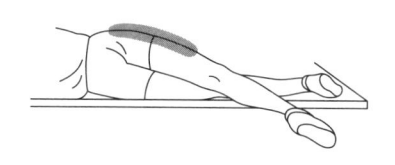

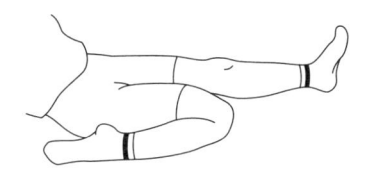

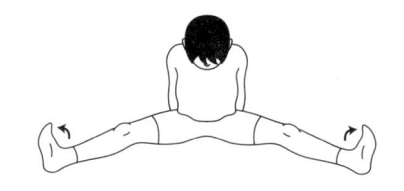

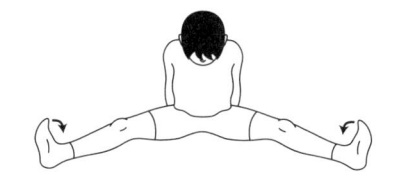

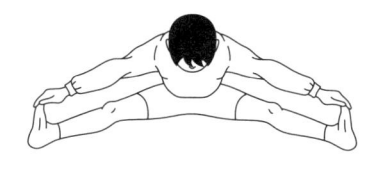

第IV章　リハビリテーションプログラム

大腿部のリハビリテーションプログラム①
●ハムストリングスの肉離れ

目的と注意点：
①筋力の強化と筋肉の柔軟性を獲得すること。
②軽度の肉離れでは，積極的に筋収縮を繰り返し，同時に筋のストレッチングを十分行うこと。
③部分断裂や完全断裂ではアイソメトリックとコンセントリックな筋収縮を使いながら筋力を回復させ，その後ストレッチングすること。

1 ニーフレクション
膝と足首を曲げてかかとを手前に引き寄せる。
10秒間10回1セット

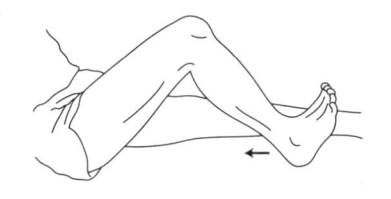

2 クォードセット
足首を曲げて内側広筋を収縮させる。
10秒間10回1セット

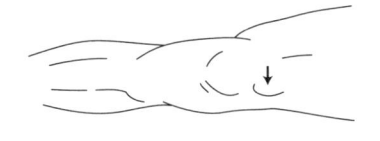

3 スタンディングレッグカール
足首を曲げて膝を曲げる。
(　　)kg10回3セット

4 ヒップエクステンション①
太ももを内に捻りながら外側に引き下ろす。
左右各10回3セット

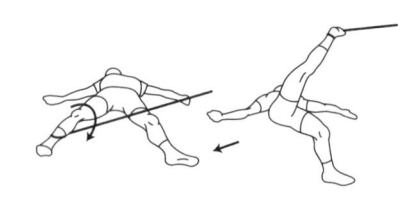

5 ヒップエクステンション②
太ももを外に捻りながら内側に引き下ろす。
左右各10回3セット

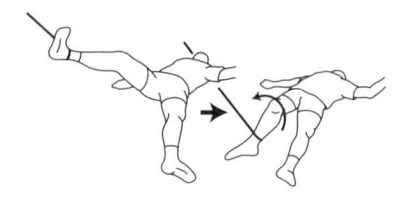

6 ヒップフレクション①
太ももを内に捻りながらかかとを外に引き寄せる。
左右各10回3セット

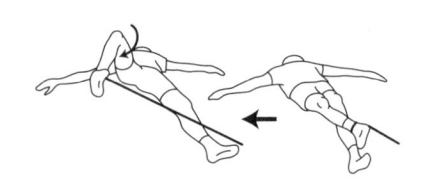

第 IV 章　リハビリテーションプログラム

7 ヒップフレクション②
太ももを外に捻りながらかかとを内に引き寄せる。
左右各10回3セット

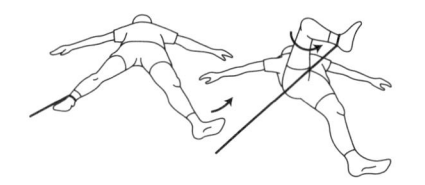

8 ヒップエクステンション③
太ももを外に捻りながら後方内側に引く。
左右各10回3セット

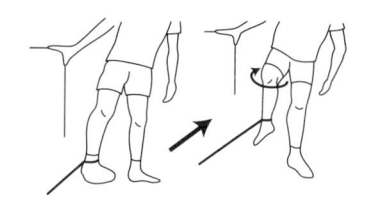

9 ヒップエクステンション④
太ももを内に捻りながら後方外側に引く。
左右各10回3セット

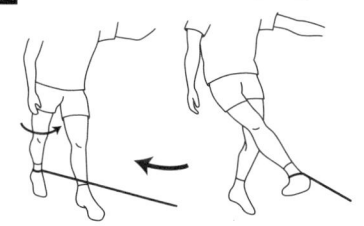

10 ニーフレクション①
太ももを内側に捻りながら膝を曲げる。
左右各10回3セット

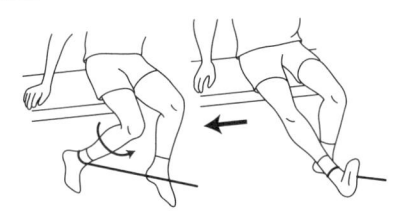

11 ニーフレクション②
太ももを外側に捻りながら膝を曲げる。
左右各10回3セット

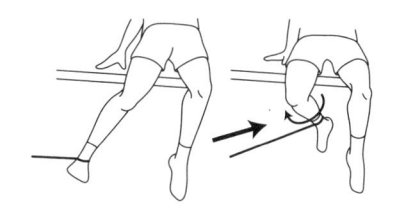

12 マシンレッグカール
足首を曲げて膝を曲げる。
（　　）kg10回3セット

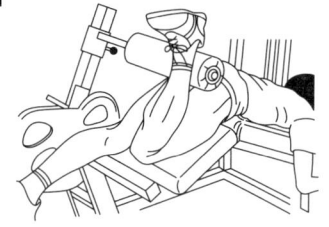

13 ハムストリングスのストレッチ
膝を少し曲げハムストリングスを伸ばす。
40秒間2回

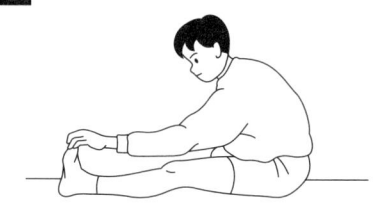

14 内転筋のストレッチ
足首を曲げ上体を倒して内転筋を伸ばす。
40秒間2回

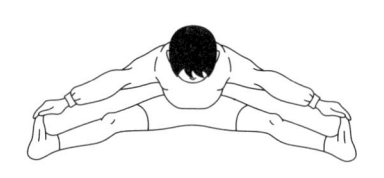

197

第IV章 リハビリテーションプログラム

大腿部のリハビリテーションプログラム②
●チャーリーホース

目的と注意点：
①患部のストレッチングをし，その後，筋力の強化をすること．
②ストレッチングやエクササイズは必ず痛みの出ない範囲内で進めること．
③患部周囲の関節可動域が正常になったら筋力強化を開始すること．
④筋力の強化は直線的な筋収縮だけでなく，捻れ方向の筋収縮も行うこと．

1 ハムストリングスのストレッチ
膝を少し曲げハムストリングスを伸ばす．
40秒間2回

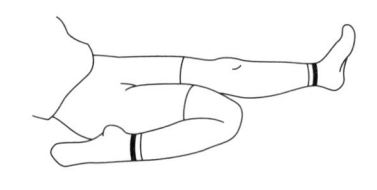

2 大腿部のストレッチ
片脚を曲げて大腿部前面の筋肉を伸ばす．
40秒間2回

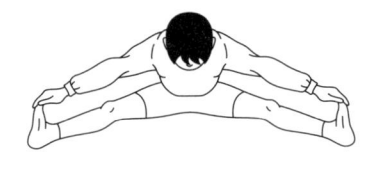

3 内転筋のストレッチ
足首を曲げ上体を倒して内転筋を伸ばす．
40秒間2回

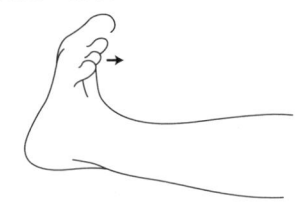

4 足首の背屈
足首を曲げる．
10秒間10回1セット

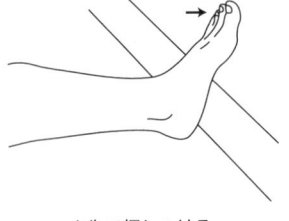

5 足首の底屈
つま先で押しつける．
10秒間10回1セット

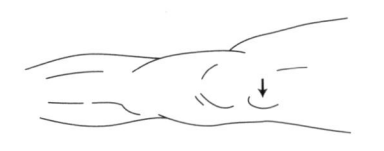

6 クォードセット
足首を曲げて内側広筋を収縮させる．
10秒間10回1セット

第 IV 章　リハビリテーションプログラム

7 レッグエクステンション

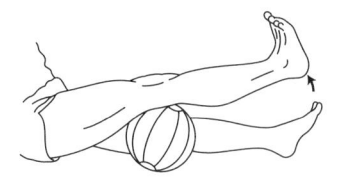

足首を曲げて膝を伸ばす。
10回3セット

8 股関節のPNFストレッチ

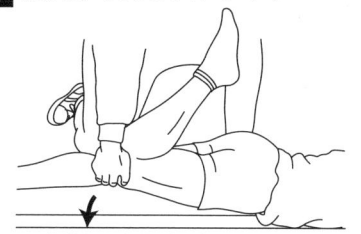

一度膝をもち上げて膝を引き下ろす。
6秒間保持5回

9 大腿部のPNFストレッチ

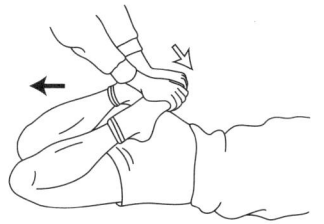

一度膝を曲げてから膝を伸ばす。
6秒間保持5回

10 マシンレッグエクステンション

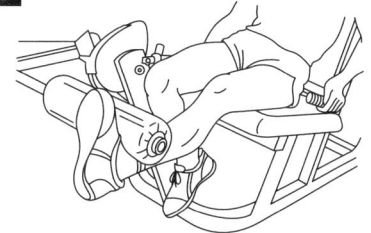

足首を曲げて膝を伸ばす。
（　　）kg10回3セット

11 ニーエクステンション①

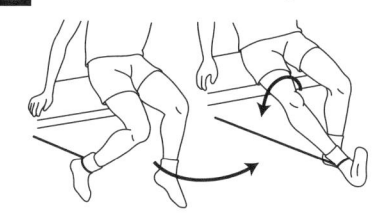

太ももを外側に捻りながら膝を伸ばす。
10回3セット

12 ニーエクステンション②

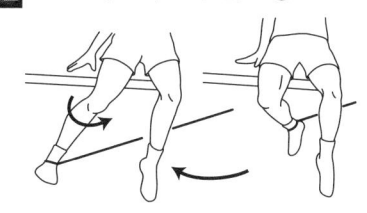

太ももを内側に捻りながら膝を伸ばす。
10回3セット

13 マシンレッグカール

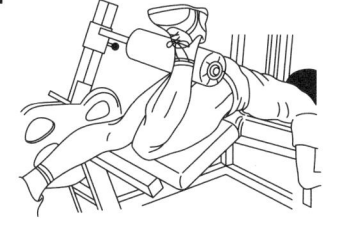

足首を曲げて膝を曲げる。
（　　）kg10回3セット

14 ディープスクワット

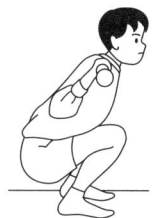

かかとをつけて完全にしゃがむ。
（　　）kg10回3セット

第IV章 リハビリテーションプログラム

股関節のリハビリテーションプログラム
●捻挫●脱臼●骨折

目的と注意点：
①可動域の回復と筋力を強化すること。
②筋力強化は股関節の屈曲、伸展、外転、内転といった単純な動きから開始し、ある程度改善されたら内旋や外旋動作を組み合わせた複合的なエクササイズに移行すること。

1 股関節のストレッチ（内旋）
足首を曲げ股関節を内旋する。
6秒間最大収縮10回1セット

2 股関節のストレッチ（外旋）
足首を曲げ股関節を外旋する。
6秒間最大収縮10回1セット

3 ヒップフレクション①
仰向けで足首を曲げて脚をもち上げる。
（　　）kg10回3セット

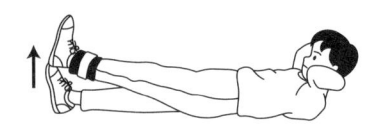

4 ヒップエクステンション①
うつ伏せで足首を曲げて脚をもち上げる。
（　　）kg10回3セット

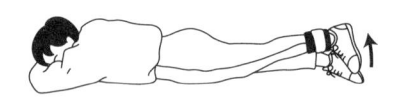

5 ヒップアダクション
横向きで足首を曲げて脚をもち上げる。
（　　）kg10回3セット

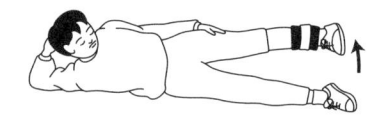

6 ヒップアブダクション
横向きで足首を曲げて下の脚をもち上げる。
（　　）kg10回3セット

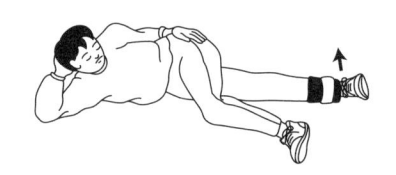

第IV章　リハビリテーションプログラム

7 ボール挟み 両膝の間でボールを挟みつける。 10秒間10回1セット	**8 股関節の開き** 大腿部にタオルを巻き両膝を開く。 10秒間10回1セット
9 ヒップフレクション② 太ももを内に捻りながら前方外側に引く。 左右各10回3セット	**10 ヒップフレクション③** 太ももを外に捻りながら前方内側に伸ばす。 左右各10回3セット
11 ヒップエクステンション② 太ももを内に捻りながら後方外側に引く。 左右各10回3セット	**12 ヒップエクステンション③** 太ももを外に捻りながら後方内側に引く。 左右各10回3セット
13 ニーアップ 足首と膝を曲げて膝を引き上げる。 左右各10回3セット	**14 股関節のストレッチ（屈曲）** 膝を胸に引き寄せて股関節を伸ばす。 40秒間2回

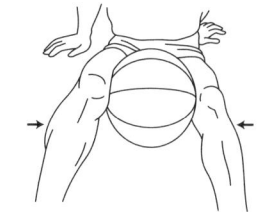

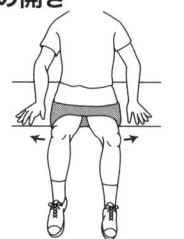

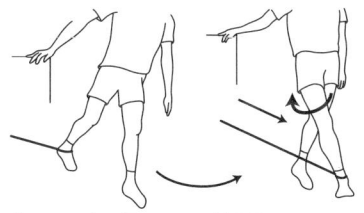

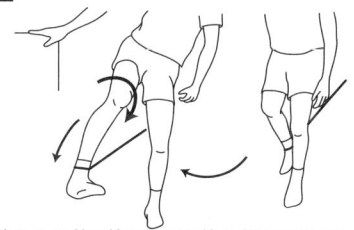

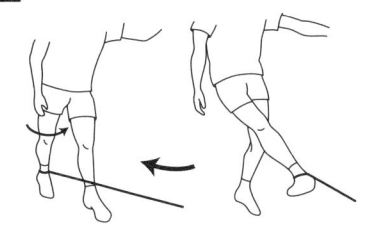

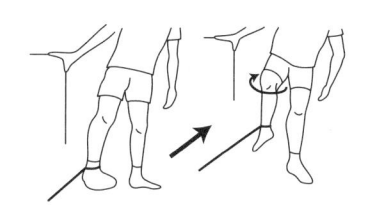

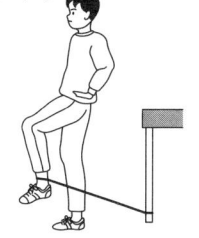

201

腰部のリハビリテーションプログラム①
●緊張の緩和

目的と注意点：
　①背部，腰部，股関節の緊張を緩和し，可動域を回復すること。
　②背部や体側のストレッチングとともに股関節のストレッチングにも時間をかけること。
　③ストレッチングの後は腰の捻りや股関節を動かすエクササイズで自動的に筋肉を動かすこと。

1 体側のストレッチ①
側方に倒して体側を伸ばす。
左右各20秒間2回

2 キャットストレッチ
四つ這いで背を丸めて背部を伸ばす。
20秒間2回

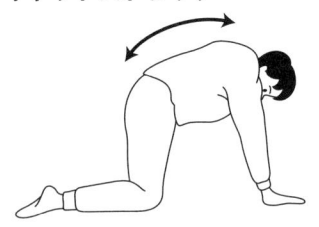

3 股関節のストレッチ（屈曲）
膝を胸に引き寄せて股関節を伸ばす。
左右各40秒間2回

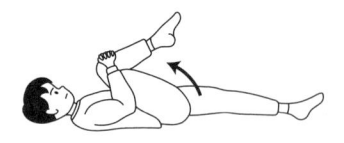

4 腰のストレッチ
両膝を抱えて腰を伸ばす。
40秒間2回

5 腰を捻るストレッチ
脚を交差し，腰を捻って伸ばす。
40秒間2回

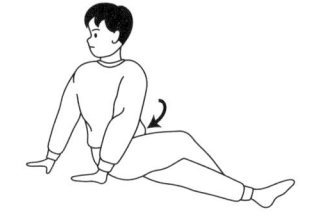

6 ハムストリングスのストレッチ
膝を少し曲げ，上体を前に倒して伸ばす。
40秒間2回

第 IV 章　リハビリテーションプログラム

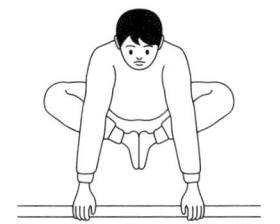

7 鼠径部のストレッチ 両足の裏を合わせ鼠径部を伸ばす。 40秒間2回	**8 体側のストレッチ②** 側方に倒して体側を伸ばす。 左右各40秒間2回
9 内転筋のストレッチ 足首を曲げ上体を倒して内転筋を伸ばす。 40秒間2回	**10 大腿部のストレッチ** 片膝を曲げて大腿部前面の筋肉を伸ばす。 40秒間2回
11 体幹を捻るエクササイズ① 足は床につけ両膝を左右に倒す。 15往復1セット	**12 体幹を捻るエクササイズ②** 股関節と膝を90°曲げ両膝を左右に倒す。 15往復1セット
13 背部の解緊エクササイズ① うつ伏せに寝て膝を脇に引きつける。 左右各10回1セット	**14 背部の解緊エクササイズ②** 仰向けに寝て足首を曲げてかかとを押し出す。 左右各10回1セット

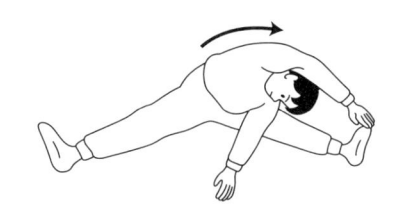

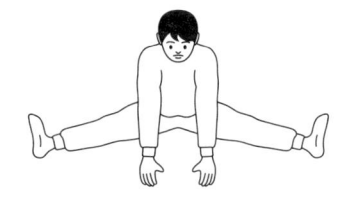

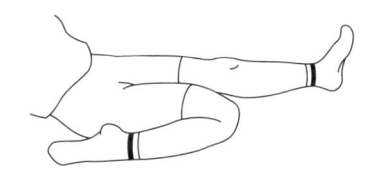

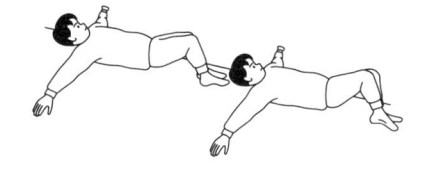

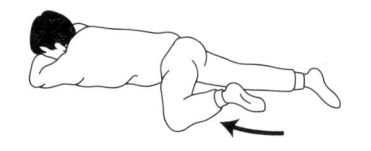

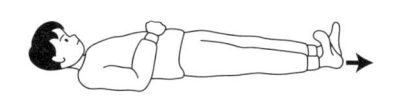

腰部のリハビリテーションプログラム②
●腰部の強化

目的と注意点：
　①腰部の緊張が緩和されてから筋力強化を開始すること．
　②腰部の強化は背筋だけでなく，腹筋の強化も同等に行うこと．
　③腹部，体側部，背部，そして股関節を強化すること．

1 アブカール
両膝を立て肩甲骨が浮くまでもち上げる．
15回3セット

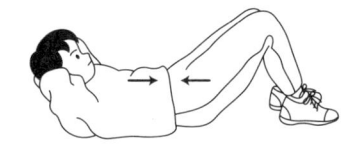

2 ニーツーチェスト
両膝を胸に引き寄せる．
10回3セット

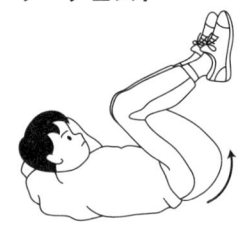

3 サイドアップ
横向きに寝て上体をもち上げる．
左右各15回3セット

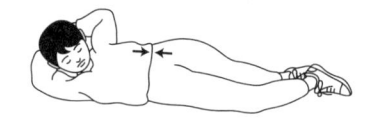

4 ディアゴナルローテーション
斜め上方から対角方向に体幹を捻る．
左右各15回3セット

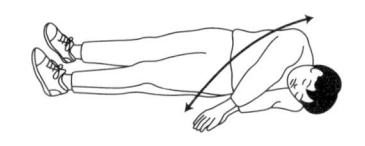

5 アッパーレイズ
両腕を伸ばして上体を起こす．
15回3セット

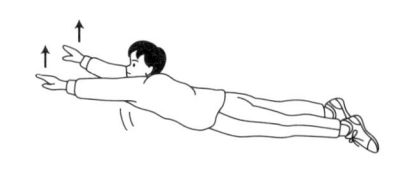

6 プローンレッグレイズ
うつ伏せで両脚を揃えて脚をもち上げる．
15回3セット

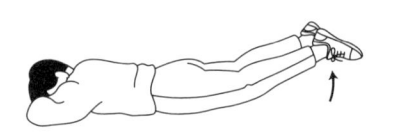

第Ⅳ章 リハビリテーションプログラム

7 対角のアーム&レッグレイズ 対角方向の腕と脚を対角方向でもちあげる。 左右各15回3セット	**8 アーム&レッグレイズ** うつ伏せで両手と両脚を同時にもち上げる。 15回3セット
9 ヒップフレクション 仰向けで足首を曲げて脚をもち上げる。 （　　）kg10回3セット	**10 ヒップアブダクション** 横向きで足首を曲げて脚をもち上げる。 （　　）kg10回3セット
11 ヒップエクステンション うつ伏せで足首を曲げて脚をもち上げる。 （　　）kg10回3セット	**12 ヒップアダクション** 横向きで足首を曲げて下の脚をもち上げる。 （　　）kg10回3セット
13 ペルビックレイズ 両肩とかかとで支えて骨盤をもち上げる。 15回3セット	**14 ワンレッグペルビックレイズ** 両肩と片足のかかとで支え骨盤をもち上げる。 左右各10回3セット

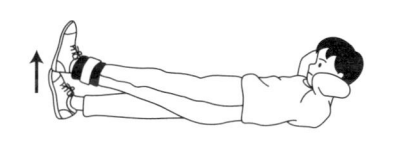

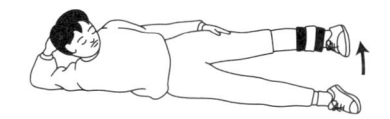

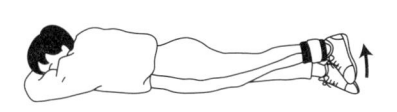

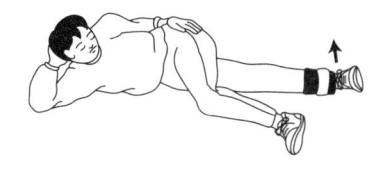

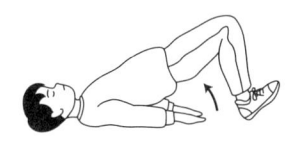

第IV章 リハビリテーションプログラム

腹部のリハビリテーションプログラム

目的と注意点:
①腹部の筋力を強化すること。
②上肢，下肢，そして上肢と下肢を同時に行い，上体を捻ることでも強化すること。
③各エクササイズとも痛みを感じない範囲で行うようにし，各自の筋力レベルに合わせてエクササイズすること。

1 ディアゴナルローテーション
斜め上方から対角方向に体幹を捻る。
左右各15回3セット

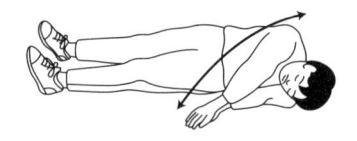

2 ニーツーチェスト
両膝を胸に引き寄せる。
10回3セット

3 アブカールツイスト
膝を立て対角方向の肘を膝を合わせる。
左右各10秒間10回1セット

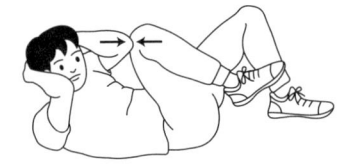

4 ハンドツーニー
片膝を曲げ反対の腕を膝の外側に伸ばす。
左右各10秒間10回1セット

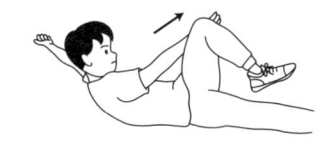

5 アブカールクロスレッグ
片膝を交差しへそを見て上体を起こす。
左右各10秒間10回1セット

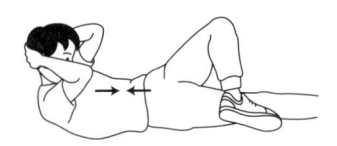

6 ニーツーエルボ
仰向けで片方の肘と反対の膝を近づける。
左右各10秒間10回1セット

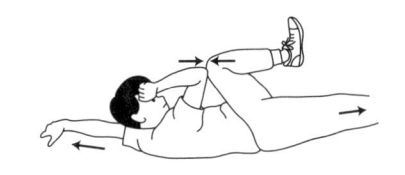

第IV章　リハビリテーションプログラム

7 アブカールオンボール

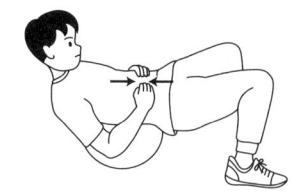

バランスをとって腹の筋肉を収縮させる。
10秒間10回1セット

8 シットアップオンボール

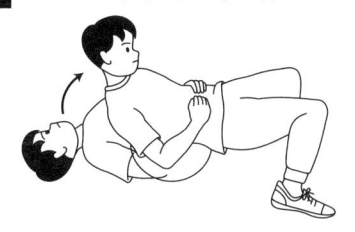

バランスをとりながら起き上がる。
10回3セット

9 スパインアッパーレイズ

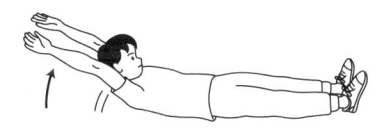

仰向けで両腕と上体をもち上げる。
10秒間10回1セット

10 スパインレッグレイズ

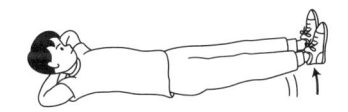

仰向けで両脚をもち上げる。
10秒間10回1セット

11 対角のアーム＆レッグレイズ

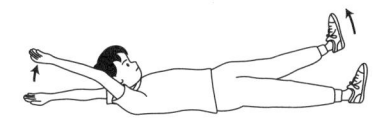

仰向けで対角方向の腕と脚をもち上げる。
10秒間10回1セット

12 スパインアーム＆レッグレイズ

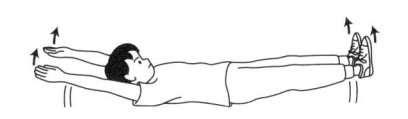

仰向けで両腕を両脚をもち上げる。
10秒間10回1セット

13 エルボトゥーサポート

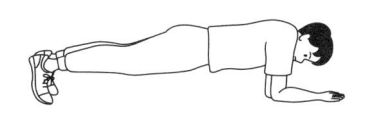

両肘とつま先で支えて腰をもち上げる。
10秒間10回1セット

14 腹部のストレッチ

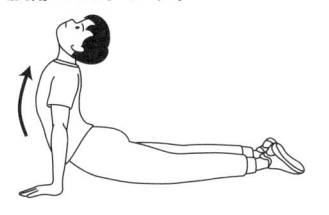

両手で支えながら腹部を伸ばす。
40秒間2回

第IV章　リハビリテーションプログラム

頸部（首）のリハビリテーションプログラム

目的と注意点：
①可動域を獲得することと筋力を強化すること。
②可動域の獲得はパートナーの手を借りず，必ず自分ひとりで自動的に行うこと。
③可動範囲でひっかかりなく動かせるようになったら筋力強化に移ること。
④自分の手の抵抗で十分に力が出せてからパートナーや器具を使った筋力強化に入ること。

1 エクステンション
頭を後ろにそらして首の前部を伸ばす。
40秒間2回

2 フレクション
頭を前に曲げて首の後ろを伸ばす。
40秒間2回

3 サイドフレクション
頭を横に倒して首の外側を伸ばす。
40秒間2回

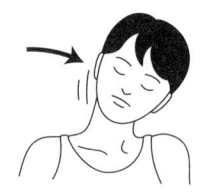

4 サイドローテーション
頭を左右に回旋して首の外側を伸ばす。
40秒間2回

5 ローテーション＆フレクション
頭を横に倒しあごを引いて左右に捻る。
30秒間2回

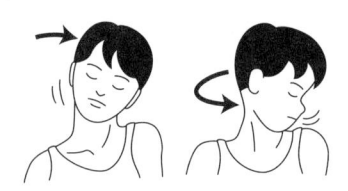

6 ローテーション＆エクステンション
頭を横に倒しあごを上げて左右に捻る。
30秒間2回

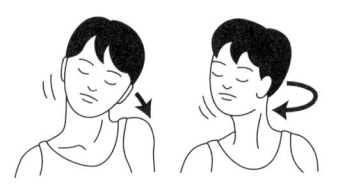

第IV章　リハビリテーションプログラム

7 タックアンドスラスト

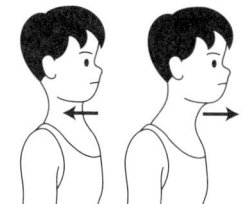

頭を倒さずに前後にあごを出し入れする。
15回1セット

8 ショルダーシュラッグ

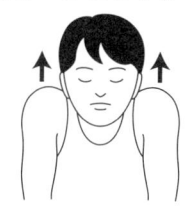

ゆっくり両肩をすぼめ1〜2秒保持する。
10回1セット

9 アイソメフレクション

両手を額に置き両手を押し続ける。
10秒間10回1セット

10 アイソメエクステンション

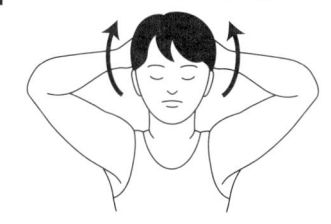

後頭部に両手を置き両手を押し続ける。
10秒間10回1セット

11 アイソメサイドフレクション

側頭部に片手を置き手を押し続ける。
10秒間10回1セット

12 アイソメローテーション

側頭部前方に片手を置き押し続ける。
10秒間10回1セット

13 チンアップカール

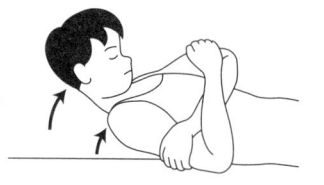

両腕を交差しあごを引いて頭をもち上げる。
10秒間10回1セット

肩のリハビリテーションプログラム

第IV章 リハビリテーションプログラム

目的と注意点：
①可動域を獲得することと筋力を回復すること。
②可動域の獲得は肩の自動的なエクササイズで行うこと。
③バンザイができるようになったら肩周囲の筋力強化に入ること。
④肩の後面の筋力を意識的に強化すること。

1 ペンダルム
腕の重みを使っていろいろな方向に動かす。
50回1セット

2 ショルダーフレクション
からだの前で両腕を上下に交互に動かす。
20回1セット

3 ショルダーアブダクション
からだの側方で両腕を上下に動かす。
20回1セット

4 バーフレクション
バーを逆手で握り頭上にバーをもち上げる。
5秒間保持10回1セット

5 Tバーエクスターナルローテーション
肘を90°に曲げ肩を外旋させる。
5秒間保持10回1セット

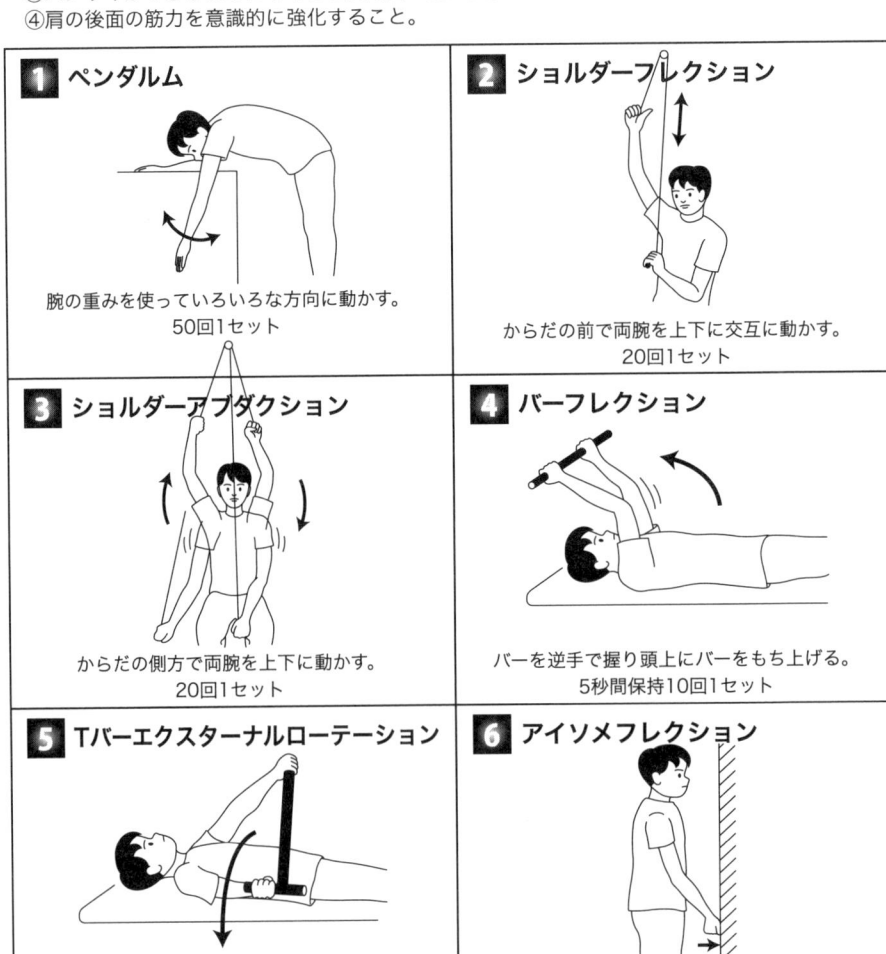

6 アイソメフレクション
肘を少し曲げて親指側で壁に押しつける。
10秒間10回1セット

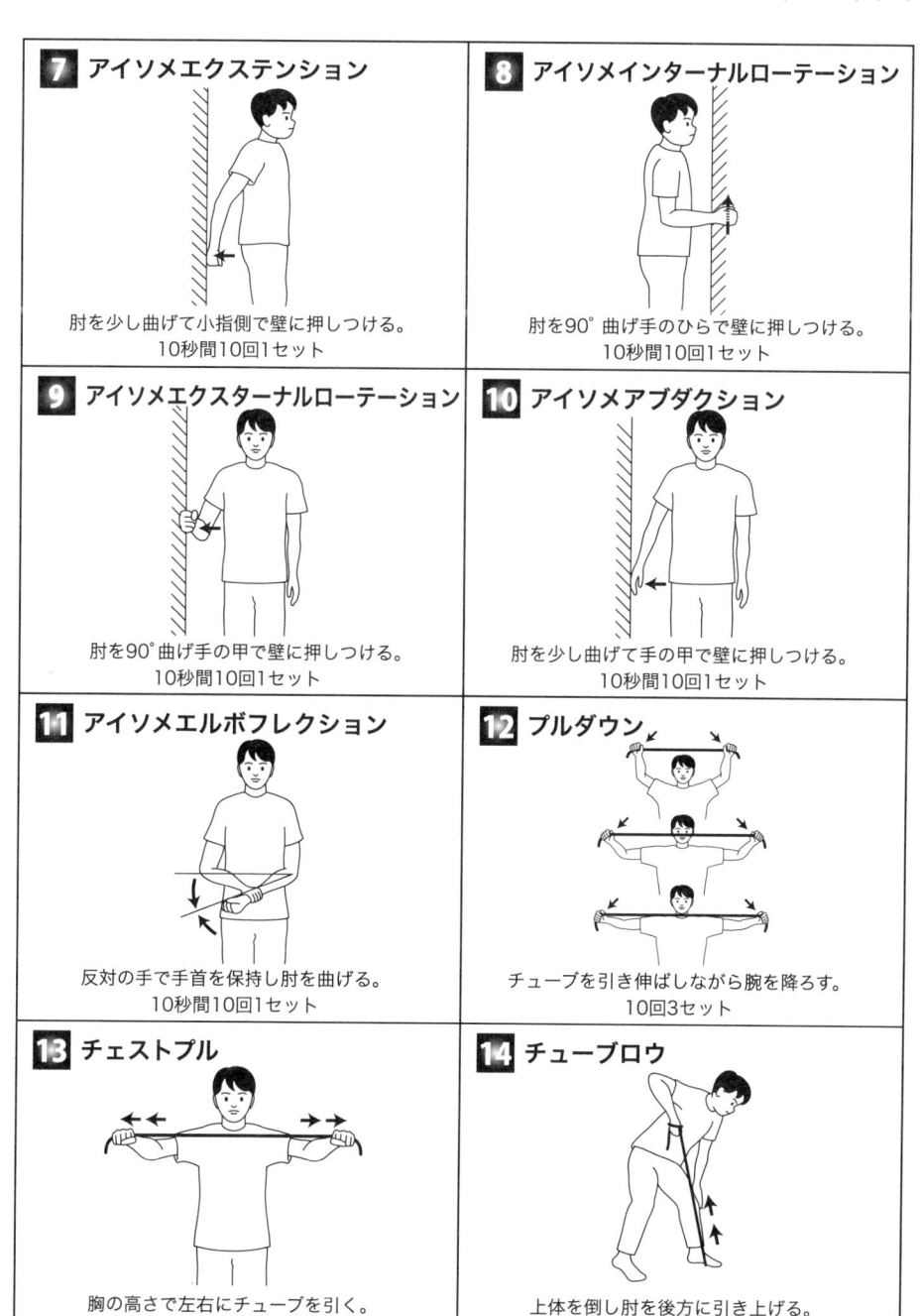

第 IV 章　リハビリテーションプログラム

7 アイソメエクステンション
肘を少し曲げて小指側で壁に押しつける。
10秒間10回1セット

8 アイソメインターナルローテーション
肘を90°曲げ手のひらで壁に押しつける。
10秒間10回1セット

9 アイソメエクスターナルローテーション
肘を90°曲げ手の甲で壁に押しつける。
10秒間10回1セット

10 アイソメアブダクション
肘を少し曲げて手の甲で壁に押しつける。
10秒間10回1セット

11 アイソメエルボフレクション
反対の手で手首を保持し肘を曲げる。
10秒間10回1セット

12 プルダウン
チューブを引き伸ばしながら腕を降ろす。
10回3セット

13 チェストプル
胸の高さで左右にチューブを引く。
10回3セット

14 チューブロウ
上体を倒し肘を後方に引き上げる。
10回3セット

第IV章 リハビリテーションプログラム

肘のリハビリテーションプログラム

目的と注意点：
①可動域を獲得することと筋力を回復すること。
②可動域の獲得は手首の屈曲，伸展動作を使って，筋力強化は屈曲・伸展・尺屈・橈屈，前腕の回内・回外動作を使って行うこと。
③筋力強化は前腕の動きと手首や手の動きを使いながら行うこと。

1 手首のストレッチ（伸展） 手のひらを上に向け反対の手で手首を伸ばす。 30秒間2回	**2 手首のストレッチ（屈曲）** 手のひらを下に向け反対の手で手首を伸ばす。 30秒間2回
3 リストフレクション 手のひらを上に向けて手首を巻き込む。 （　　）kg10回3セット	**4 リストエクステンション** 手のひらを下に向けて手首をもち上げる。 （　　）kg10回3セット
5 ウルナフレクション 手の甲を外に向け小指側でもち上げる。 （　　）kg10回3セット	**6 ラジアルフレクション** 手の甲を外に向け親指側でもち上げる。 （　　）kg10回3セット

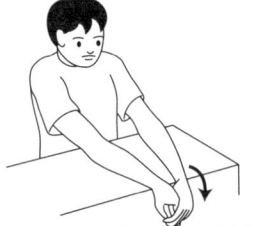

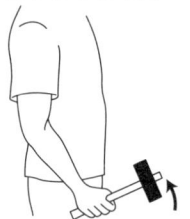

第 IV 章　リハビリテーションプログラム

7 プロネーション 前腕を回内し手首を立てる。 （　）kg10回3セット	**8 サピネーション** 前腕を回外し手首を立てる。 （　）kg10回3セット
9 エクステンサーカールアップ 順手でバーを握り手前に巻き込む。 （　）kg10回3セット	**10 フレクサーカールアップ** 逆手でバーを握り手前に巻き込む。 （　）kg10回3セット
11 アームカール 胸の高さで肘を曲げたり伸ばしたりする。 （　）kg10回3セット	**12 トライセプス** 肘を肩より高く置いて肘を伸ばす。 （　）kg10回3セット
13 スクイーズ＆スプリード 肩の高さで手のひらを握りそれから開く。 各10秒間10回1セット	**14 タオルツイスト** 胸の高さでタオルを絞って2秒間保持する。 各方向10回1セット

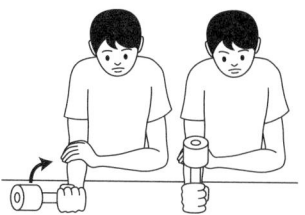

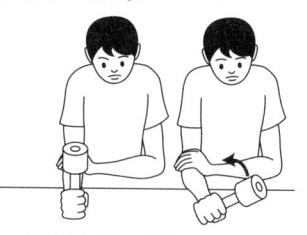

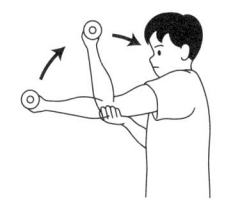

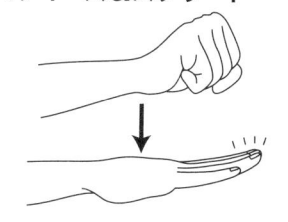

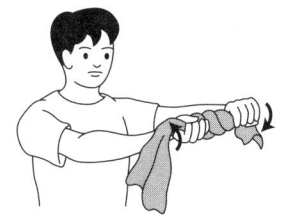

第IV章　リハビリテーションプログラム

手と手首のリハビリテーションプログラム

目的と注意点：
①可動域を獲得することと筋力を回復すること。
②可動域の獲得は手首のストレッチングと手のひらを開くことで行うこと。
③筋力の強化では握力の回復が目的になり、手指の強化では指で摘んだり、挟んだり、指を開いたり、握って捻るという動きをすること。

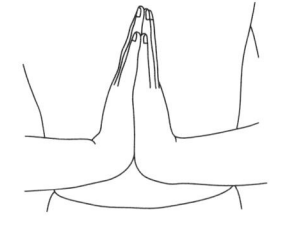

1 手首のストレッチ①
胸の前で両手のひらを合わせる。
30秒間2回

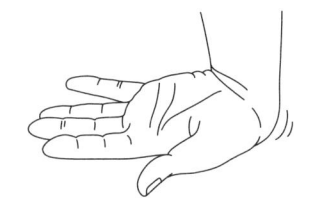

2 手首のストレッチ②
手の甲全体を床に押しつけて手首を曲げる。
30秒間2回

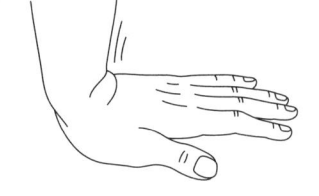

3 手首のストレッチ③
手のひら全体を床に押しつけて手首を曲げる。
30秒間2回

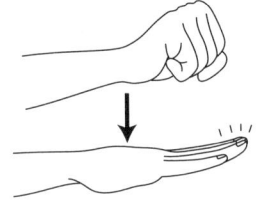

4 スクイーズ＆スプリード
肩の高さで手のひらを握りそれから開く。
各10秒間10回1セット

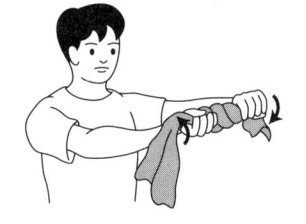

5 タオルツイスト
胸の高さでタオルを絞って2秒間保持する。
各方向10回1セット

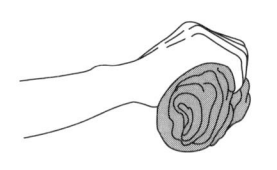

6 パルムスクイーズ
片手でタオルを握り込む。
10秒間10回1セット

第 IV 章　リハビリテーションプログラム

7 フィンガーフレクション 指先に意識を集中しコインを摘み上げる。 50回1セット	**8 リストエクステンション** 手のひらを下に向けて手首をもち上げる。 (　) kg10回3セット
9 リストフレクション 手のひらを上に向けて手首を巻き込む。 (　) kg10回3セット	**10 フィンガーアブダクション** 人指し指と小指側とで輪ゴムを開く。 15回2セット
11 ザムブアブダクション 4本の指を閉じて親指を外転させる。。 15回2セット	**12 ザムブアダクション** 親指に輪ゴムをかけ内転させる。 15回2セット
13 ウルナフレクション 手の甲を外に向け小指側でもち上げる。 (　) kg10回3セット	**14 ラジアルフレクション** 手の甲を外に向け親指側でもち上げる。 (　) kg10回3セット

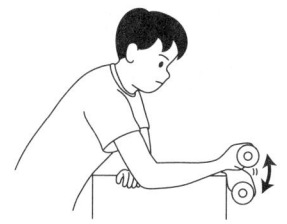

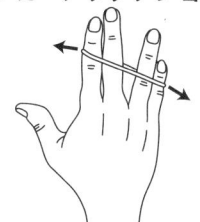

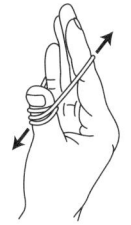

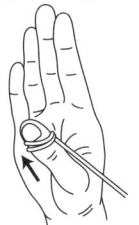

215

第IV章　リハビリテーションプログラム

投球障害のリハビリテーションプログラム①
●ダンベルエクササイズ

目的と注意点：
① ローテーター・カフを強化すること。
② 最初は自分の腕の重さだけを負荷にして行い，その後，500g単位でウエイトを負荷しながら漸進的にレベルアップしていくこと。
③ ダンベルエクササイズに入る前に肩の可動域を改善させ，最終的には2～3kgのダンベルを使って20～30回繰り返せるようになること。

1 エクスターナルローテーション
肘は90°で手の甲を上に向けてもち上げる。
（　）kg10回3セット

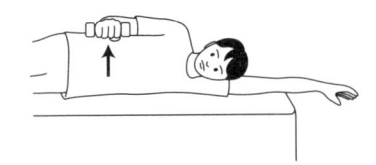

2 インターナルローテーション
肘は90°で手のひらを上に向けてもち上げる。
（　）kg10回3セット

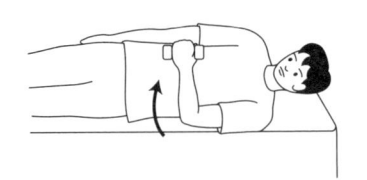

3 ホリゾンタルアブダクション
手の甲を上にし肩の延長線上にもち上げる。
（　）kg10回3セット

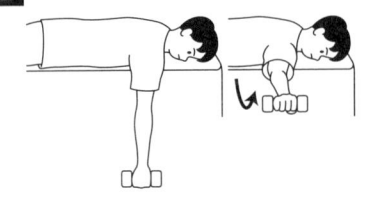

4 ショルダーエクステンション
小指側を上に向けて体側上にもち上げる。
（　）kg10回3セット

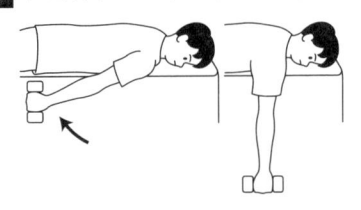

5 サプラスピネイタス
からだの少し前で小指側でもち上げる。
（　）kg10回3セット

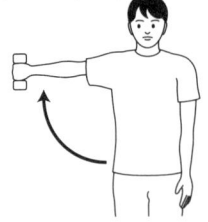

6 ショルダーアブダクション
腕を外に捻りながら側方にもち上げる。
（　）kg10回3セット

第IV章　リハビリテーションプログラム

7 ショルダーフレクション 親指側を上に向けて前方からもち上げる。 （　　）kg10回3セット	**8 プッシュアップ** 手の向きをいろいろ変えて行う。 10回3セット
9 プッシュダウン ベンチに座り両手でからだを押し上げる。 10回2セット	**10 アームカール** 胸の高さで肘を曲げたり伸ばしたりする。 （　　）kg10回3セット
11 トライセプス 肘を肩より高く上げて肘を伸ばす。 （　　）kg10回3セット	**12 肩のストレッチ①** 手のひらを上に向け腕をまっすぐ伸ばす。 40秒間2回
13 肩のストレッチ② 手のひらを上に向け135°の方向に伸ばす。 40秒間2回	**14 肩のストレッチ③** 肘を90°に曲げて肩の延長線上に肘を置く。 40秒間2回

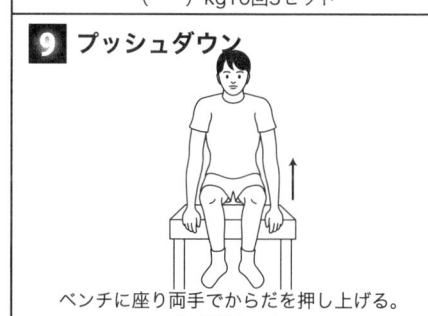

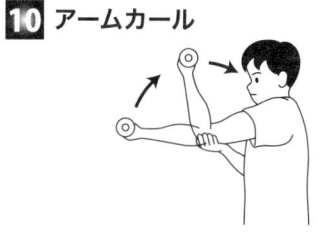

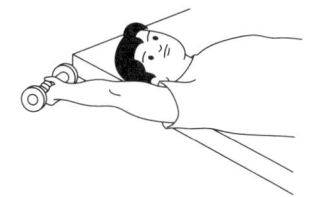

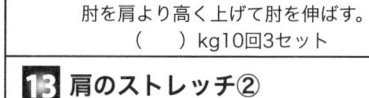

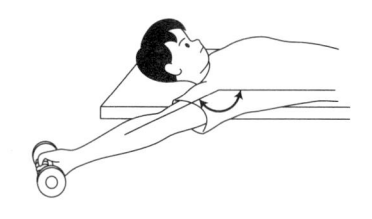

第IV章 リハビリテーションプログラム

投球障害のリハビリテーションプログラム②
●チューブエクササイズ

目的と注意点：
①チューブを使うことによって，投球動作で加わるエキセントリックな負荷をかけること。
②チューブの抵抗に逆らうようにゆっくりともどすこと。
③スタートのポジションまでは反対の手でサポートしながらもっていき，その後，手を離してゆっくりもどすこと。

1 ショルダーフレクション①
手の甲を上に向けゆっくりもどす。
15回2セット

2 サプラスピネイタス
小指側を上に向けゆっくりもどす。
15回2セット

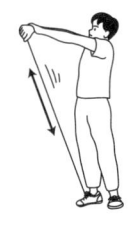

3 ショルダーアブダクション
手の甲を上に向け側方にゆっくりもどす。
15回2セット

4 インターナルローテーション①
親指を上に向けて外側にゆっくりもどす。
15回2セット

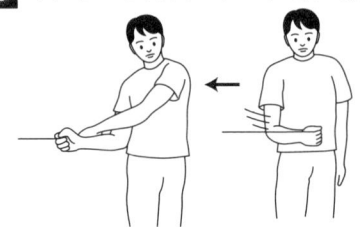

5 エクスターナルローテーション①
親指を上に向けて内側にゆっくりもどす。
15回2セット

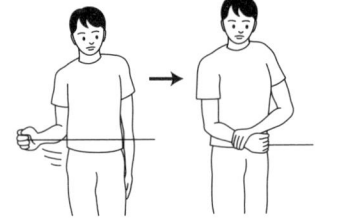

6 エルボフレクション
手のひらを上に向けてゆっくり肘を伸ばす。
15回2セット

第 IV 章　リハビリテーションプログラム

7 エルボエクステンション 手のひらを上に向けてゆっくり肘を曲げる。 15回2セット	**8 ショルダーフレクション①** 親指を上に向けてゆっくりもどす。 15回2セット
9 ホリゾンタルアブダクション 親指を上に向けて肩の延長線上でゆっくりもどす。 15回2セット	**10 プローンエクステンション** 手のひらを外に向けてゆっくりもどす。 15回2セット
11 エクスターナルローテーション② 手のひらを上に向けてゆっくりもどす。 15回2セット	**12 シーテッドロウ** 両肘を後方に引きゆっくりもどす。 15回2セット
13 肩のストレッチ① 肘を引き寄せ脇を伸ばす。 40秒間2セット	**14 肩のストレッチ②** 肘を胸におしつけ肩の側方を伸ばす。 40秒間2セット

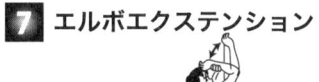

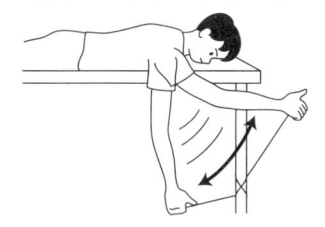

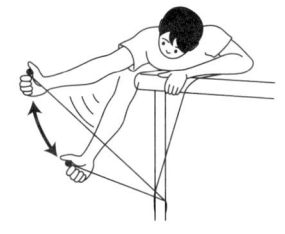

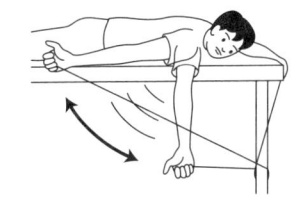

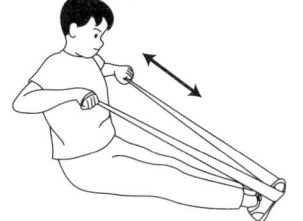

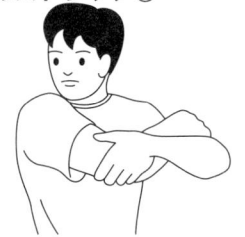

付録

テーピング

付　録

テーピング

　テーピングやラッピングは，多くの場合，捻挫や肉離れをした後，競技に出場するために巻かれます。しかし，本来の目的はスポーツ外傷・障害を予防するためのものであり，受傷後の使用については患部の保護を目的としています。

　テーピングやラッピングは，主に関節と筋肉に対して適用されることから，**重要な役割は，関節の固定と制限，筋肉の動きの制限にあります**。したがって，テーピングやラッピングをすると関節や筋肉自体の機能も制限されることになり，当然パフォーマンスも低下することが考えられます。

　テーピングの適用は，障害を悪化させたり，ほかの部位に二次的な障害を引き起こしたりする可能性があるので，必ずドクターや専門家のアドバイスを受けて実施すべきです。

▶ 1 テープの選択

　関節を固定するのか筋肉の動きを制限するのか，**その目的と適用する身体部位によ**

って使用するテープを選択します。

　一般的には，伸縮性のないテープと伸縮性のあるテープがあり，肩関節や膝関節など大きな筋肉が関係する部分では，伸縮性のあるエラスチックテープを使います。そして足首や手指などの大きな筋肉のない部分で，主に固定を目的とするときには伸縮性のないテープを使います。

2　テープの強度

　テープにはそれぞれ幅と種類に応じた強度があります。

　強度は引っぱり強度といわれるもので，どの程度の力で引っぱると切れるかということです。この強度がテープをどのくらい貼り合わせるかの目安になります。

　メーカーによってテープの強度が異なるので，まず使用するテープの強度を知る必要があります。

　テープの強度と選手の筋力，スポーツによる動きの特性に合わせて使用するテープの量，すなわち強度が決まります。

　当然テープを貼り重ねるほど強度が強くなり，2重，3重に重ねれば強度もそのテープの強度の2倍，3倍になります。

　テーピングが完了した状態は，少なくとも動かしにくいとか動かせない状態になるのが自然です。それがテープの固定力になるのです。

3　スムースに巻く

　テープの巻き方は選手の手足の形状によって変わってきます。そして万人が同じ形状をしていることはありません。

　テープを巻くポイントは，その選手の手足の形状に沿って巻くことです。また，方向を変えるとテープの両端のいずれか一方だけが引っぱられることになるため，急に方向を変えないことが必要です。

付　　録

　どちらか一方に偏って引っぱられるとテープの張力が一定でなくなり，テープが裂けやすくなります。テープは均等な張力をもって巻くようにします。そのためにも各部位の形状に沿って素直に巻くことです。

　加えて，血行を妨げないためにテープは1回で長く巻き続けないで，短く何枚も貼り重ねるようにするのがコツです。**テーピングの上達のこつは，「早く，正しく，美しく」巻く**ことです。

4　機能解剖学的知識の必要性

　テーピングを本でみて，見よう見まねで巻いている人たちが大勢います。

　そのような人は，テーピングの目的が固定と制限に限られるということ，また関節の動きと筋肉の働きを十分理解することが，テーピングの効果を引き出すことにつながるという点に注意してください。

　そこが足首なら，足首がどのように動くのか，そしてその選手はどのような動きをしているのか理解できないと，その選手に応じたテーピングができなくなり，ただ違和感や不快感が残ってしまいます。

　障害を受けた後，テーピングをするなら，特に解剖学的知識が必要です。その知識とテクニックがあれば痛みを軽減させることもできます。

　テーピングを扱うのであれば，講習会などでひと通りの基礎知識を修得すべきです。

　くれぐれもテーピングをしたために障害を起こすことは避けたいものです。

　以下に代表的な部位のテーピング方法を示します。

付　録

1. 足首のテーピング

① アンカー 
② スターアップ 
③ アンカー 
④ フィギュアエイト① 
⑤ フィギュアエイト② 
⑥ フィギュアエイト③ 
⑦ フィギュアエイト④ 
⑧ ヒールロック外側① 
⑨ ヒールロック外側② 
⑩ ヒールロック外側③ 
⑪ ヒールロック内側① 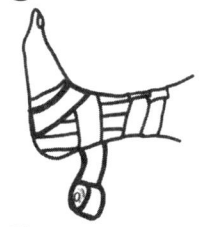
⑫ ヒールロック内側② 
⑬ ヒールロック内側③ 
⑭ サーキュラー 
⑮ アンカー

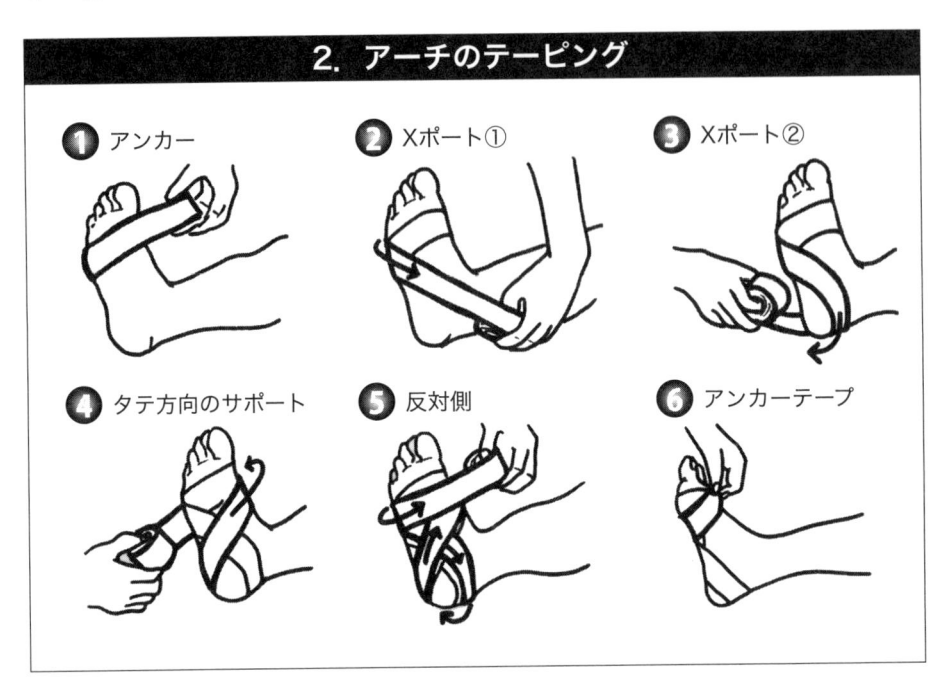

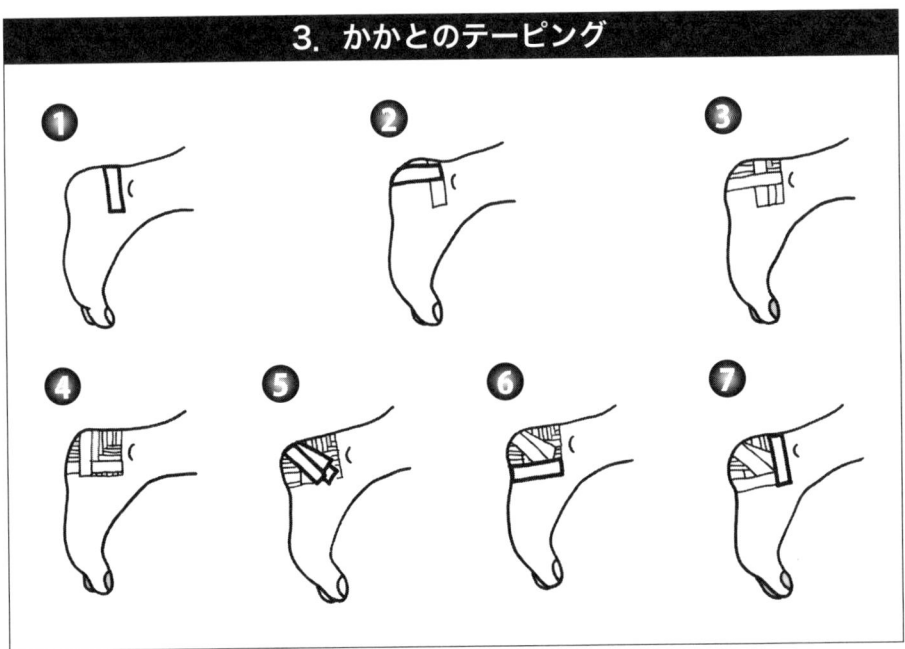

付　録

2. アーチのテーピング

1. アンカー
2. Xポート①
3. Xポート②
4. タテ方向のサポート
5. 反対側
6. アンカーテープ

3. かかとのテーピング

1.
2.
3.
4.
5.
6.
7.

付　録

4. 膝のテーピング

① アンカー
② メサポート
③ サポートの繰り返し
④ コンプレッション
⑤ コンプレッション
⑥ アンカー
⑦ サーキュラー

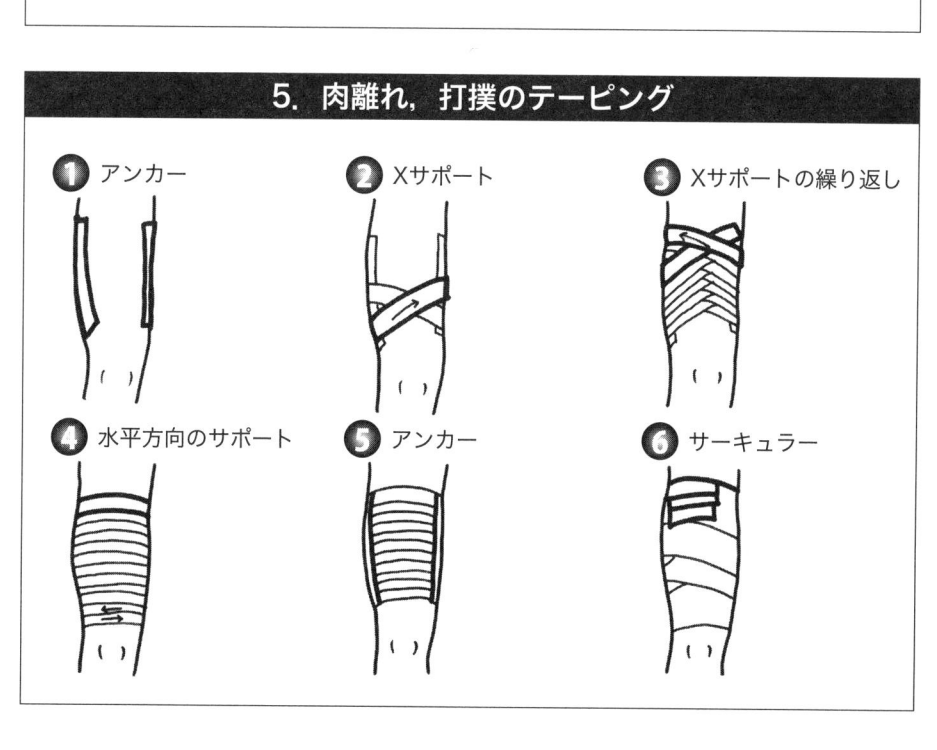

5. 肉離れ，打撲のテーピング

① アンカー
② Xサポート
③ Xサポートの繰り返し
④ 水平方向のサポート
⑤ アンカー
⑥ サーキュラー

付　録

6. 手首のテーピング

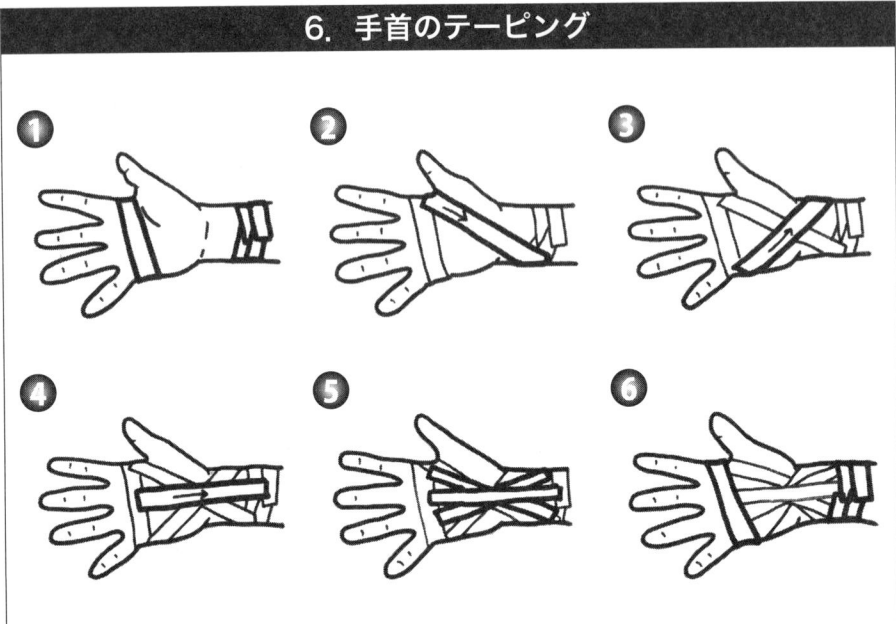

❶　❷　❸
❹　❺　❻

7. 手指のテーピング

❶ アンカー　❷ Xポート①　❸ Xポート②

❹ タテ方向のサポート　❺ 反対側2, 3, 4を行う　❻ アンカーテープ

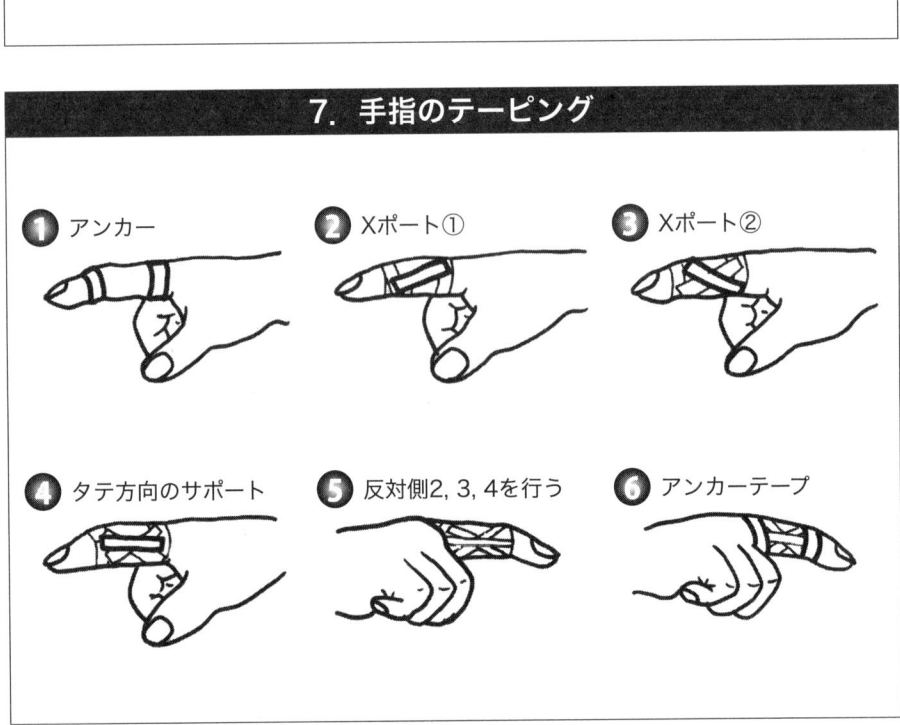

付　録

8. 肩のテーピング

① アンカー　② スペシャルサポート　③ アンカー
④　　　　　⑤ スペシャルサポート　⑥ スペシャルサポート　⑦ アンカー

9. 肘のテーピング（過伸展）

① アンカー　② Xサポート①　③ Xサポート②
④ Xサポート　⑤ アンカー　⑥ コンプレッション
⑦ コンプレッション

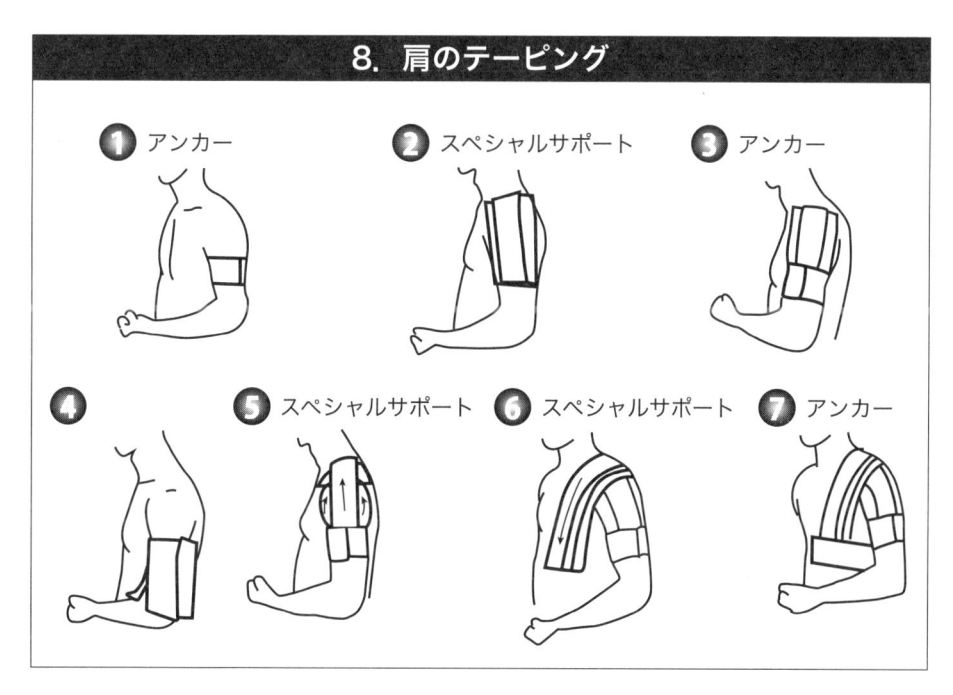

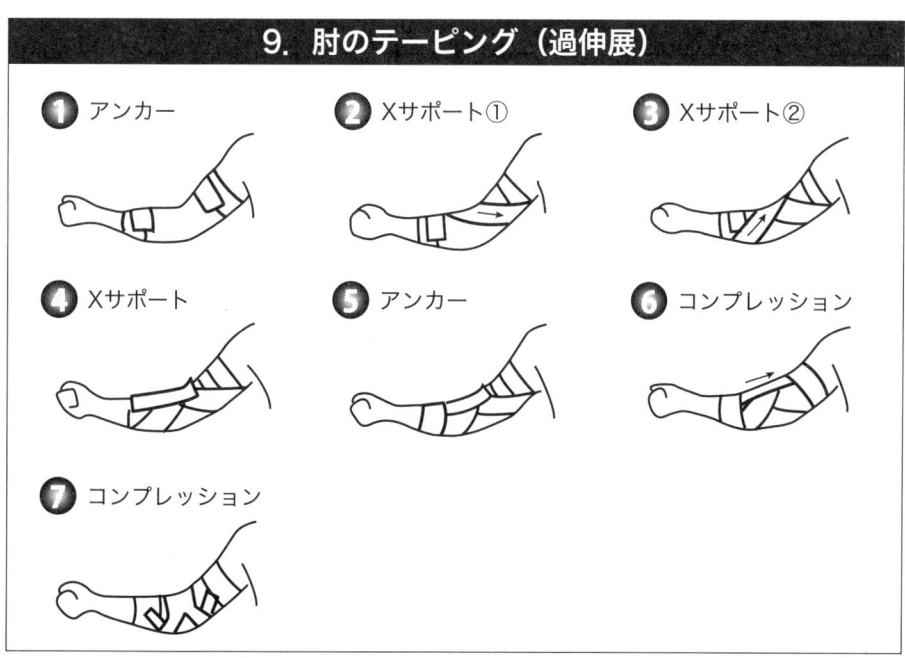

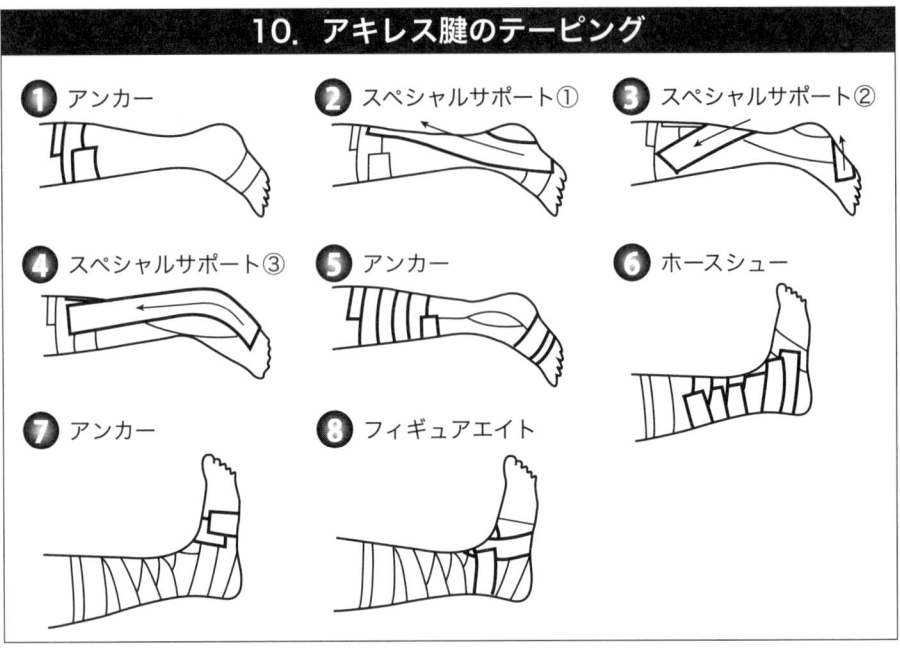

付　録

10. アキレス腱のテーピング

① アンカー
② スペシャルサポート①
③ スペシャルサポート②
④ スペシャルサポート③
⑤ アンカー
⑥ ホースシュー
⑦ アンカー
⑧ フィギュアエイト

11. 腰のテーピング

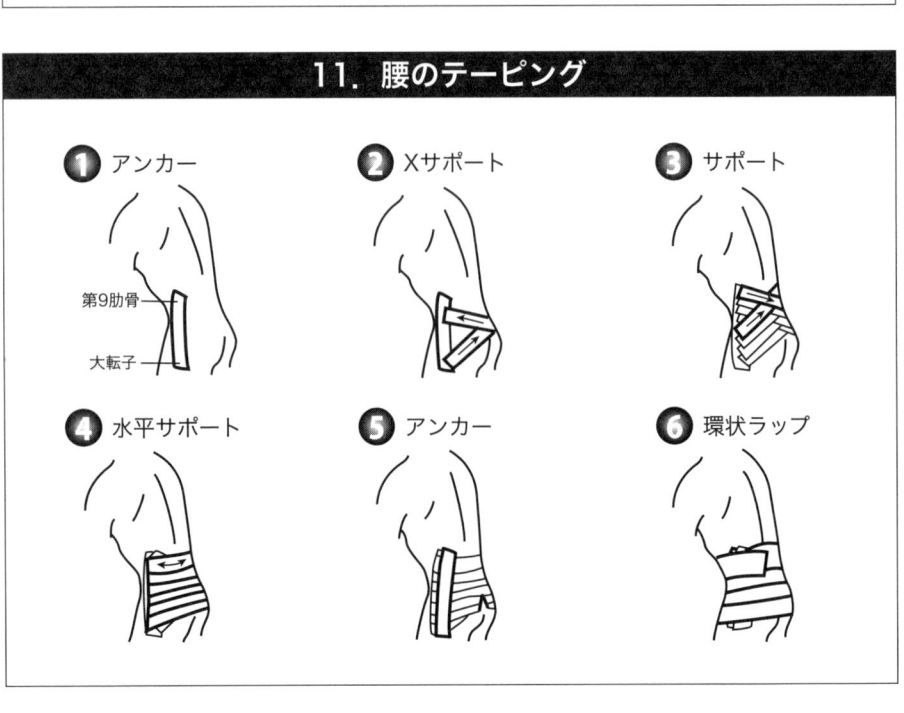

① アンカー
　第9肋骨
　大転子
② Xサポート
③ サポート
④ 水平サポート
⑤ アンカー
⑥ 環状ラップ

■著者：魚住廣信（うおずみ　ひろのぶ）
1974年　大阪体育大学体育学部体育学科卒業
現　在：H.S.S.R.プログラムス，H.S.S.R.ラボ主宰
　　　　前平成スポーツトレーナー専門学校校長
　　　　前兵庫大学健康科学部教授
　　　　日本高等学校野球連盟医科学委員会委員
著　書：スポーツ選手のためのウォームアップ・プログラム（メディカル葵出版），スポーツトレーニング（同上），クライオセラピー（同上），スポーツセラピストのためのスポーツ外傷・障害マニュアル（医道の日本社），健康ストレッチング（池田書店），イラストでわかるストレッチング（高橋書店），スポーツ外傷・障害とリハビリテーション（山海堂），読んでわかる見てわかるベースボールトレーニング（メディカルレビュー社），ファシリテート・ストレッチング（医道の日本社），指導に悩んだときのベースボールコーチングマニュアル（恒星出版），スポーツ競技学（ナップ），ロシア体育・スポーツトレーニングの理論と方法論（同上），トレーナーや治療家のためのスポーツトレーナー虎の巻（同上），マトヴェーエフ理論に基づくトップアスリートの育て方（同上）　他．

新　スポーツ外傷・障害とリハビリテーション【第2版】　（検印省略）

2008年10月19日　第1版　第1刷
2011年 2月25日　同　　第2刷
2013年12月 3日　第2版　第1刷
2017年 3月 7日　同　　第2刷

著　者　魚　住　廣　信
発行者　長　島　宏　之
発行所　有限会社　ナップ
〒111-0056　東京都台東区小島1-7-13　NKビル
TEL 03-5820-7522／FAX 03-5820-7523
ホームページ http://www.nap-ltd.co.jp/
印　刷　シナノ印刷株式会社

© 2013　Printed in Japan　　　　　　　　　　　ISBN978-4-905168-27-0

JCOPY　〈(社)出版者著作権管理機構　委託出版物〉
本書の無断複写は著作権法上での例外を除き禁じられています．複写される場合は，そのつど事前に，(社)出版者著作権管理機構（電話 03-3513-6969，FAX 03-3513-6979，e-mail: info@jcopy.or.jp）の許諾を得てください．

好評書

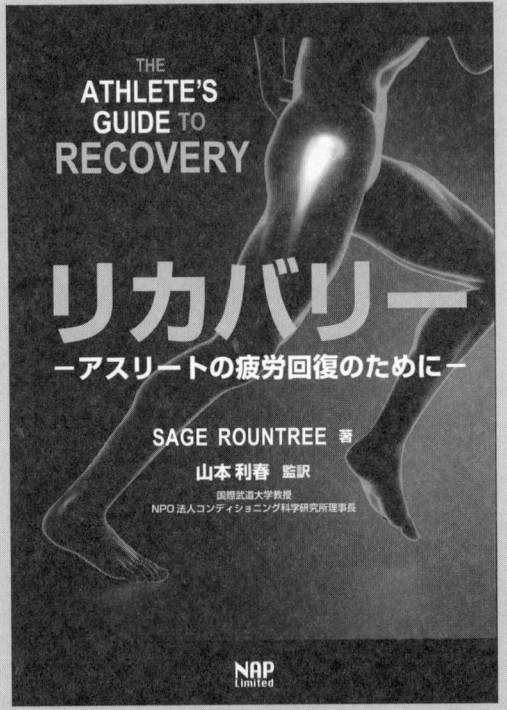

THE ATHLETE'S GUIDE TO RECOVERY

リカバリー
－アスリートの疲労回復のために－

SAGE ROUNTREE 著

山本 利春 監訳
国際武道大学教授
NPO法人コンディショニング科学研究所理事長

NAP Limited

A5判・240ページ・定価2,940円（本体価格＋税5％）
ISBN978-4-905168-22-5

SAGE ROUNTREE【著】
【監訳】山本利春　【翻訳】太田千尋・笠原政志・Aviva L.E. Smith Ueno

- スポーツは，身体の限界に挑戦するためにあるといっても過言ではない。自分の身体を限界まで動かした後，休息をとって，疲労した身体を「リカバリー」させ，さらに負荷・強度をあげることの繰り返しである。
- パフォーマンスを最大限に発揮するためには，この「リカバリー」を十分に行う必要があり，これをおろそかにするとトレーニングの効果があがらないばかりでなく，コンディションを維持できなくなったり，オーバートレーニングになりかねない。
- 本書では，これまであまり顧みられることのなかった「リカバリー」について，その評価方法や種類と特徴，状況に応じたリカバリー方法の選択についてなど，わかりやすく解説されている。